本書の特色と使い方

　現場の先生方から，1日15分程度でできる宿題プリントや，朝学習や補充学習にも使えるプリントがほしいという要望が，これまでにたくさん寄せられました。それらの先生方の要望に応え，各学年の教科書の単元にあわせて，1シート約15分〜20分でできるプリントを作成しました。算数，国語（文法），理科，社会科（または，生活科）の教科から子どもたちに習得して欲しい内容を精選して掲載しています。ぜひ，本書を活用して，基礎学力や学習習慣の定着をはかって頂ければと思います。

教科書内容の基礎学力が定着します

教科書の内容が十分に身につくよう，各社教科書を徹底研究して，各学年で習得してほしい基礎的な内容を各教科入れています。学校の授業だけではなかなか定着が難しいため，宿題，家庭学習は大変重要になってきます。本書に1年間取り組むことにより，どの子にも確実に豊かな基礎学力が定着します。

朝学習や補充学習，夏休みや冬休みの家庭学習としても使えます

毎日の宿題だけでなく，朝学習，補充学習，夏休み・冬休みの家庭学習など多様な使い方ができます。算数と理科，国語と社会など，左右異なる教科のシートを組み合わせたり，学校での学習進度に合わせて単元を入れ替えたりして，それぞれの場面に応じてご活用ください。

122%拡大してB5サイズまたは，B4サイズでご使用ください

本書は，122%拡大して使用していただくと，1ページ（A4サイズ）がB4サイズになります。B4サイズを半分に切ると，B5サイズで使えます。ぜひ拡大してご使用ください。

「算数」では，今，習っている単元と既習単元の復習ができます

「算数」では，各シートの下段に「復習」があり，前学年や，現学年での既習単元の計算問題や文章題，関連する問題を中心に掲載しています。（「復習」がないシートもあります。）

現在学習している内容だけでなく，既習内容に続けて取り組むことで，確実に力をつけることができます。

※ 教科書によって単元の順番が異なるため，ご使用の教科書によっては未習の場合もありますのでご注意ください。

目 次

理　科

解　答

九九表とかけ算 (1)

名前

1　( )にあてはまる数を書きましょう。

① 7×6の答えは，7×5の答えより( )大きい。

② 7×6の答えは，7×7の答えより( )小さい。

③ 8×7の答えは，8×6の答えより( )大きい。

④ 8×7の答えは，8×8の答えより( )小さい。

⑤ 3×6 = 3×5 + ( )　⑥ 4×8 = 4×7 + ( )

⑦ 6×7 = 6×8 − ( )　⑧ 9×8 = 9×9 − ( )

2　( )にあてはまる数を書きましょう。

① 4×6 = 6×( )　② 5×7 = 7×( )

③ 9×6 = ( )×9　④ 8×4 = ( )×8

⑤ ( )×7 = 7×8　⑥ 5×( ) = 2×5

ふく習

① 2×3　② 2×6　③ 2×7　④ 2×8

⑤ 3×6　⑥ 3×7　⑦ 3×8　⑧ 3×9

⑨ 4×3　⑩ 4×6　⑪ 4×7　⑫ 4×8

⑬ 5×3　⑭ 5×7　⑮ 5×8　⑯ 5×9

● 1箱にチョコレートが4こずつ入っています。
　5箱では，チョコレートは，全部で何こありますか。

式

答え _____

九九表とかけ算 (2)

名前

1　●は全部で何こありますか。右の図を見て，( )にあてはまる数を書きましょう。

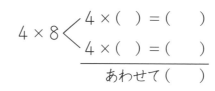

4×8 ⎰ 4×( ) = ( )
　　　　 ⎱ 4×( ) = ( )

　　　　あわせて( )

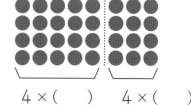

4×( )　　4×( )

2　かける数を分けて計算します。( )にあてはまる数を書きましょう。

①　6×7 ⎰ 6×3 = ( )
　　　　　　 ⎱ 6×( ) = ( )

　　　　あわせて( )

②　8×8 ⎰ 8×3 = ( )
　　　　　　 ⎱ 8×( ) = ( )

　　　　あわせて( )

③　9×6 ⎰ 9×5 = ( )
　　　　　　 ⎱ 9×( ) = ( )

　　　　あわせて( )

④　4×12 ⎰ 4×8 = ( )
　　　　　　　⎱ 4×( ) = ( )

　　　　あわせて( )

ふく習

① 6×3　② 6×7　③ 6×8　④ 6×9

⑤ 7×4　⑥ 7×5　⑦ 7×8　⑧ 7×9

⑨ 8×3　⑩ 8×4　⑪ 8×6　⑫ 8×7

⑬ 9×3　⑭ 9×4　⑮ 9×6　⑯ 9×8

● ペンの入っている箱が5箱あります。
　1箱に6本ずつ入っています。ペンは，全部で何本ありますか。

式

答え _____

九九表とかけ算 （3）

名前

月　日

1　●は全部で何こありますか。右の図を見て，（　）にあてはまる数を
書きましょう。

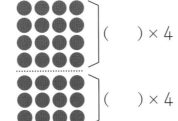

$$7 \times 4 \begin{cases} (\ ) \times 4 = (\ ) \\ (\ ) \times 4 = (\ ) \end{cases}$$

あわせて（　）

（　）× 4

（　）× 4

2　かけられる数を分けて計算します。（　）にあてはまる数を書きましょう。

① $5 \times 6 \begin{cases} 3 \times 6 = (\ ) \\ (\ ) \times 6 = (\ ) \end{cases}$

あわせて（　）

② $8 \times 7 \begin{cases} 5 \times 7 = (\ ) \\ (\ ) \times 7 = (\ ) \end{cases}$

あわせて（　）

③ $9 \times 4 \begin{cases} 6 \times 4 = (\ ) \\ (\ ) \times 4 = (\ ) \end{cases}$

あわせて（　）

④ $14 \times 5 \begin{cases} 8 \times 5 = (\ ) \\ (\ ) \times 5 = (\ ) \end{cases}$

あわせて（　）

ふく習

① 3×7
② 7×2
③ 8×2
④ 6×8

⑤ 9×9
⑥ 4×6
⑦ 7×6
⑧ 8×4

⑨ 6×7
⑩ 8×3
⑪ 9×6
⑫ 4×7

⑬ 7×8
⑭ 6×9
⑮ 8×6
⑯ 9×4

● 8cmのテープを7本つなぎます。全部で長さは何cmに
なりますか。（つなぎめの長さは考えません。）

式

答え

九九表とかけ算 （4）

名前

月　日

1　Aさん，Bさん，Cさんは，4×10 の答えのもとめ方を次のように
考えました。（　）にあてはまる数を書いて，答えをもとめましょう。

【Aさんの考え】
$4 \times 10 = 10 \times (\ )$

【Bさんの考え】
$4 \times 10 = 4 \times 9 + (\ )$

【Cさんの考え】
$4 \times 10 \begin{cases} 4 \times 6 = (\ ) \\ 4 \times (\ ) = (\ ) \end{cases}$

あわせて（　）　　答え

2　計算をしましょう。

① 6×10
② 3×10
③ 7×10
④ 9×10

⑤ 10×5
⑥ 10×2
⑦ 10×1
⑧ 10×8

ふく習

① 8×4
② 7×7
③ 8×8
④ 4×7

⑤ 5×9
⑥ 6×7
⑦ 2×6
⑧ 9×2

⑨ 7×9
⑩ 4×3
⑪ 6×3
⑫ 7×6

⑬ 3×8
⑭ 9×9
⑮ 8×9
⑯ 6×8

● 高さ6cmのつみ木を9こつみかさねます。
全部で高さは何cmになりますか。

式

答え

　（122％に拡大してご使用ください）

九九表とかけ算（5）　名前

1　■は全部で何こありますか。右の図を見て，（　）にあてはまる数を書きましょう。

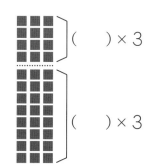

12×3 {
（　）× 3 =（　）
（　）× 3 =（　）
}

（　）× 3

（　）× 3

あわせて（　）

2　（　）にあてはまる数を書きましょう。

① 15×7 {
5 × 7 =（　）
（　）× 7 =（　）
}
あわせて（　）

② 16×6 {
8 × 6 =（　）
（　）× 6 =（　）
}
あわせて（　）

③ 4×15 {
4 × 5 =（　）
4 ×（　）=（　）
}
あわせて（　）

④ 7×12 {
7 × 4 =（　）
7 ×（　）=（　）
}
あわせて（　）

ふく習

● ⑦と①の時計の時こくを見て，⑦から①までの時間をもとめましょう。

① 　（　）分間

② 　（　）分間

九九表とかけ算（6）　名前

1　はるひさんがおはじき入れゲームをすると，右の図のようになりました。

（　）にあてはまる数を書いて，合計点をもとめましょう。

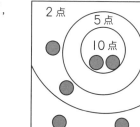

10点　10 ×（　）=（　）
5点　（　）× 0 =（　）
2点　2 ×（　）=（　）
0点　0 ×（　）=（　）
合計（　）点

2　計算をしましょう。

① 7×0　② 3×0　③ 5×0　④ 10×0

⑤ 0×2　⑥ 0×8　⑦ 0×4　⑧ 0×0

ふく習

● 次の時こくを答えましょう。

① 午前9時20分の20分前の時こく

（　　　　　）

② 午後3時30分の10分前の時こく

（　　　　　）

③ 午後1時50分の20分前の時こく

（　　　　　）

九九表とかけ算（7）

名前

● （　）にあてはまる数を書きましょう。

① 4×（　　　）＝12　　　　② 3×（　　　）＝18

③ 6×（　　　）＝48　　　　④ 5×（　　　）＝35

⑤ 7×（　　　）＝28　　　　⑥ 9×（　　　）＝54

⑦ 8×（　　　）＝72　　　　⑧ 7×（　　　）＝56

⑨ 6×（　　　）＝30　　　　⑩ 8×（　　　）＝32

⑪ （　　　）×2＝14　　　　⑫ （　　　）×5＝15

⑬ （　　　）×8＝24　　　　⑭ （　　　）×3＝27

⑮ （　　　）×9＝36　　　　⑯ （　　　）×9＝45

⑰ （　　　）×4＝8　　　　⑱ （　　　）×7＝49

⑲ （　　　）×7＝21　　　　⑳ （　　　）×6＝24

ふく習

● 次の時こくを答えましょう。

① 午前8時の20分後の時こく

（　　　　　　　　　　）

② 午後1時30分の30分後の時こく

（　　　　　　　　　　）

③ 午後7時20分の20分後の時こく

（　　　　　　　　　　）

④ 午前4時10分の30分後の時こく

（　　　　　　　　　　）

九九表とかけ算

まとめ

名前

1　（　）にあてはまる数を書きましょう。

① 7×6の答えは，7×5の答えより（　　　）大きい。

② 9×7の答えは，9×8の答えより（　　　）小さい。

③ 4×8＝4×7＋（　　　）

④ 6×6＝6×5＋（　　　）

⑤ 8×4＝8×5－（　　　）

⑥ 3×8＝3×9－（　　　）

2　計算をしましょう。

① 10×6　　　　　　② 10×8

③ 7×10　　　　　　④ 5×10

⑤ 4×0　　　　　　⑥ 10×0

⑦ 0×7　　　　　　⑧ 0×0

3　（　）にあてはまる数を書きましょう。

①
12×8＜ 2×8＝（　　）
　　　　（　　）×8＝（　　）
　　　　　　あわせて（　　）

②
6×12＜ 6×8＝（　　）
　　　　6×（　）＝（　　）
　　　　　　あわせて（　　）

4　（　）にあてはまる数を書きましょう。

① 6×（　　）＝18　　　② 8×（　　）＝64

③ 7×（　　）＝42　　　④ 9×（　　）＝36

⑤ （　　）×3＝15　　　⑥ （　　）×9＝54

⑦ （　　）×5＝35　　　⑧ （　　）×8＝72

時こくと時間 （1）

名 前

月 日

1 午前 9 時 50 分に出発して，午前 10 時 15 分に目てき地に着きました。かかった時間は何分ですか。

(　　　　　　　　)

2 次の時間をもとめましょう。

① 午前 6 時 40 分から午前 7 時 10 分まで

(　　　　　　　　)

② 午後 3 時 45 分から午後 4 時 30 分まで

(　　　　　　　　)

③ 午前 10 時から午後 2 時 10 分まで

(　　　　　　　　)

ふく習

① 26 + 43　② 76 + 18　③ 45 + 27　④ 65 + 9

● 南小学校の 3 年生は，1 組が 26 人，2 組が 28 人です。3 年生はみんなで何人ですか。

式

答え ＿＿＿＿＿＿＿

時こくと時間 （2）

名 前

月 日

1 家を午前 9 時 50 分に出て，30 分かかって駅に着きました。駅に着いた時こくは何時何分ですか。

(　　　　　　　　)

2 次の時こくをもとめましょう。

① 午後 1 時 50 分から 25 分後の時こく

(　　　　　　　　)

② 午後 4 時 10 分から 40 分前の時こく

(　　　　　　　　)

③ 午前 10 時 15 分から 35 分前の時こく

(　　　　　　　　)

ふく習

① 37 + 44　② 6 + 47　③ 8 + 57　④ 85 + 47

● ひろしさんは，くりを 48 こ拾いました。ともみさんは，ひろしさんより 7 こ多く拾いました。ともみさんはくりを何こ拾いましたか。

式

答え ＿＿＿＿＿＿＿

8　（122％に拡大してご使用ください）

時こくと時間（3）

名　前

月　　日

1 　午前9時45分に出発して，35分後に遊園地に着きました。
　　遊園地に着いたのは何時何分ですか。

（　　　　　　　　　）

2 　家を出てから電車に乗るまで20分かかります。午前8時5分の
　　電車に乗るには，何時何分までに家を出るとよいですか。

（　　　　　　　　　）

3 　午後2時40分から午後4時までサッカーの練習をしました。
　　何時間何分練習しましたか。

（　　　　　　　　　）

ふく習

① 76 − 34　　② 64 − 37　　③ 81 − 75　　④ 63 − 8

● いちごが24こあります。15こ食べると，のこりのいちごは何こに
なりますか。

式

答え＿＿＿＿＿＿＿＿

時こくと時間（4）

名　前

月　　日

1 　（　）にあてはまる数を書きましょう。

① 1分＝（　　　　）秒　　　② 1分20秒＝（　　　　　　）秒

③ 1分8秒＝（　　　　　　）秒　④ 2分＝（　　　　）秒

⑤ 70秒＝（　　　）分（　　　）秒

⑥ 90秒＝（　　　）分（　　　）秒

2 　どちらの時間の方が長いですか。長い時間の方に◯をつけましょう。

① （ 1分　　65秒 ）　　② （ 80秒　　2分8秒 ）

③ （ 200秒　　2分 ）　　④ （ 1分30秒　　130秒 ）

3 　（　）にあてはまる時間のたんいは何ですか。
　　（時・分・秒）の中から，えらんで書きましょう。

① 手をあらう時間　　　20（　　　）間

② 夜にねる時間　　　　8（　　　）間

③ 学校の昼休みの時間　20（　　　）間

ふく習

① 43 − 29　　② 64 − 4　　③ 51 − 4　　④ 126 − 78

● 兄はカードを40まい持っています。弟の持っているカードは，兄より
12まい少ないです。弟はカードを何まい持っていますか。

式

答え＿＿＿＿＿＿＿＿

時こくと時間 まとめ

1　右の時計を見て，次の時間をもとめましょう。

① 午前9時30分から午前10時10分まで
（　　　　　　）

② 午前10時55分から午前11時30分まで
（　　　　　　）

③ 午後1時40分から午後3時10分まで
（　　　　　　）

2　次の時こくをもとめましょう。

① 午後4時50分から20分後の時こく
（　　　　　　）

② 午後1時30分から45分後の時こく
（　　　　　　）

③ 午前9時10分から30分前の時こく
（　　　　　　）

④ 午前8時15分から45分前の時こく
（　　　　　　）

3　（　）にあてはまる数を書きましょう。

① 1分＝（　　　）秒

② 1分30秒＝（　　　）秒

③ 2分＝（　　　）秒

④ 80秒＝（　　　）分（　　　）秒

⑤ 105秒＝（　　　）分（　　　）秒

わり算（1）

1　クッキーが12まいあります。3人で同じ数ずつ分けると，1人分は何まいになりますか。

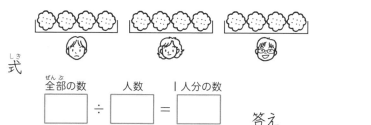

式

全部の数 ÷ 人数 ＝ 1人分の数
□ ÷ □ ＝ □

答え

2　みかんが15こあります。5人で同じ数ずつ分けると，1人分は何こになりますか。

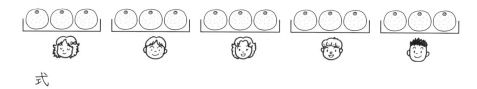

式

答え

ふく習

① 4×3　② 5×5　③ 8×3　④ 6×9
⑤ 6×3　⑥ 3×7　⑦ 7×5　⑧ 9×4
⑨ 9×6　⑩ 7×6　⑪ 2×8　⑫ 8×5
⑬ 6×4　⑭ 4×7　⑮ 7×7　⑯ 7×8

● 5人に9こずつあめを配ります。あめは全部で何こいりますか。

式

答え

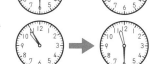
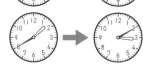

わり算（2）

名前

月　日

① 花が 18 本あります。
　3 人に同じ数ずつ分けます。
　1 人分は何本になりますか。

式

答え _____

② ジュースが 16 パックあります。
　8 人で同じ数ずつ分けると，
　1 人分は何パックになりますか。

式

答え _____

③ 14cm のテープがあります。
　同じ長さに 2 つに切ると，
　1 本は何 cm になりますか。

14cm

式

答え _____

ふく習

① 3 × 6　　② 9 × 7　　③ 4 × 2　　④ 9 × 8

⑤ 4 × 8　　⑥ 6 × 2　　⑦ 7 × 9　　⑧ 5 × 4

⑨ 8 × 2　　⑩ 3 × 5　　⑪ 8 × 6　　⑫ 7 × 3

⑬ 6 × 5　　⑭ 5 × 7　　⑮ 7 × 4　　⑯ 2 × 9

わり算（3）

名前

月　日

● 次のわり算の答えをもとめるには，かけ算九九の何のだんを使いますか。また，わり算の答えも書きましょう。

① 24 ÷ 6　　（　　　）のだん　　　　答え（　　　　）

② 30 ÷ 5　　（　　　）のだん　　　　答え（　　　　）

③ 14 ÷ 7　　（　　　）のだん　　　　答え（　　　　）

④ 32 ÷ 4　　（　　　）のだん　　　　答え（　　　　）

⑤ 40 ÷ 8　　（　　　）のだん　　　　答え（　　　　）

⑥ 16 ÷ 4　　（　　　）のだん　　　　答え（　　　　）

⑦ 18 ÷ 9　　（　　　）のだん　　　　答え（　　　　）

⑧ 54 ÷ 6　　（　　　）のだん　　　　答え（　　　　）

⑨ 45 ÷ 9　　（　　　）のだん　　　　答え（　　　　）

⑩ 48 ÷ 8　　（　　　）のだん　　　　答え（　　　　）

ふく習

① 7 × 6　　② 5 × 9　　③ 8 × 4　　④ 6 × 7

⑤ 2 × 6　　⑥ 7 × 5　　⑦ 9 × 9　　⑧ 4 × 4

⑨ 6 × 3　　⑩ 3 × 3　　⑪ 7 × 1　　⑫ 7 × 7

⑬ 4 × 5　　⑭ 9 × 3　　⑮ 6 × 0　　⑯ 8 × 8

● 3 年生が 6 人ずつでグループを作ると，8 つのグループができました。
　3 年生は，みんなで何人いますか。

式

答え _____

わり算 (4)

名
前

① あめが 12 こあります。1 人に 4 こずつ分けると，
何人に分けられますか。

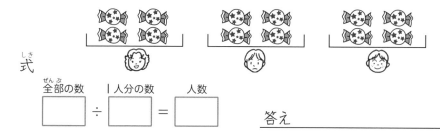

式

全部の数		1人分の数		人数
	÷		=	

答え _____

② びわが 20 こあります。1 人に 5 こずつ分けると，
何人に分けられますか。

式

答え _____

ふく習

① 8 × 7　　② 9 × 2　　③ 5 × 3　　④ 8 × 9

⑤ 6 × 6　　⑥ 4 × 6　　⑦ 3 × 4　　⑧ 5 × 6

⑨ 3 × 0　　⑩ 3 × 8　　⑪ 9 × 5　　⑫ 4 × 9

⑬ 5 × 8　　⑭ 7 × 2　　⑮ 6 × 8　　⑯ 2 × 7

● 1 まい 8 円の色紙を 6 まい買います。代金はいくらですか。

式

答え _____

わり算 (5)

名
前

① トマトが 16 こあります。
1 ふくろに 2 こずつ入れます。
何ふくろできますか。

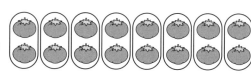

式

答え _____

② 子どもが 15 人います。長いす 1 きゃくに 3 人ずつすわります。
長いすは，何きゃくいりますか。

式

答え _____

③ 21cm のテープを 7cm ずつに切ります。
7cm のテープは何本できますか。

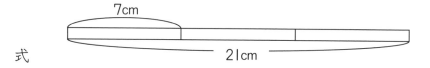

7cm

21cm

式

答え _____

ふく習

① 40 + 38　　② 54 + 27　　③ 18 + 78　　④ 6 + 59

わり算（6）

名前

① 36 ÷ 4　② 14 ÷ 2　③ 18 ÷ 3　④ 12 ÷ 4

⑤ 20 ÷ 5　⑥ 4 ÷ 2　⑦ 40 ÷ 5　⑧ 20 ÷ 4

⑨ 18 ÷ 2　⑩ 32 ÷ 4　⑪ 21 ÷ 3　⑫ 30 ÷ 5

⑬ 45 ÷ 5　⑭ 12 ÷ 3　⑮ 25 ÷ 5　⑯ 24 ÷ 4

⑰ 27 ÷ 3　⑱ 16 ÷ 4　⑲ 12 ÷ 2　⑳ 35 ÷ 5

㉑ 10 ÷ 5　㉒ 9 ÷ 3　㉓ 15 ÷ 3　㉔ 28 ÷ 4

㉕ 24 ÷ 3　㉖ 16 ÷ 2　㉗ 8 ÷ 2　㉘ 15 ÷ 5

ふく習

① 49 ＋ 18　② 67 ＋ 8　③ 75 ＋ 5　④ 84 ＋ 47

● 赤い花が 27 本，黄色い花が 54 本さいています。
花は，全部で何本さいていますか。

式

答え _____

わり算（7）

名前

① 30 ÷ 6　② 21 ÷ 7　③ 18 ÷ 9　④ 24 ÷ 8

⑤ 54 ÷ 6　⑥ 42 ÷ 6　⑦ 35 ÷ 7　⑧ 56 ÷ 8

⑨ 63 ÷ 9　⑩ 64 ÷ 8　⑪ 49 ÷ 7　⑫ 81 ÷ 9

⑬ 32 ÷ 8　⑭ 36 ÷ 6　⑮ 72 ÷ 8　⑯ 45 ÷ 9

⑰ 28 ÷ 7　⑱ 24 ÷ 6　⑲ 54 ÷ 9　⑳ 48 ÷ 8

㉑ 48 ÷ 6　㉒ 27 ÷ 9　㉓ 63 ÷ 7　㉔ 16 ÷ 8

㉕ 36 ÷ 9　㉖ 56 ÷ 7　㉗ 72 ÷ 9　㉘ 42 ÷ 7

ふく習

① 79 － 23　② 80 － 27　③ 31 － 8　④ 53 － 6

● なわとびで，きのうは 46 回とびました。今日は 53 回とびました。
今日の方が，何回多くとびましたか。

式

答え _____

わり算 (8)

名
前

わり算
まとめ ①

名
前

1　りんごが 24 こあります。

① 6人で同じ数ずつ分けると，1人分は何こになりますか。

式

答え _____

② 1人に 3こずつ分けると，何人に分けることができますか。

式

答え _____

2　金魚が 48 ぴきいます。8この金魚ばちに同じ数ずつ分けて入れます。1この金魚ばちに，何びきずつになりますか。

式

答え _____

3　56 ページの本があります。1日に 7ページずつ読むと，何日で読み終わりますか。

式

答え _____

4　計算をしましょう。

① 0 ÷ 4　　② 0 ÷ 5　　③ 0 ÷ 1　　④ 0 ÷ 9

⑤ 6 ÷ 6　　⑥ 9 ÷ 9　　⑦ 3 ÷ 1　　⑧ 7 ÷ 1

ふく習

① 70 − 27　　② 41 − 8　　③ 116 − 37　　④ 100 − 54

1　チョコレートが 18 こあります。

① 1人に 3こずつ配ります。何人に配ることができますか。

式

答え _____

② 3人で同じ数ずつ分けます。1人分は何こになりますか。

式

答え _____

2　計算をしましょう。

① 48 ÷ 6　　② 35 ÷ 7　　③ 18 ÷ 2　　④ 24 ÷ 6

⑤ 54 ÷ 9　　⑥ 63 ÷ 7　　⑦ 54 ÷ 6　　⑧ 64 ÷ 8

⑨ 36 ÷ 9　　⑩ 72 ÷ 8　　⑪ 32 ÷ 8　　⑫ 81 ÷ 9

⑬ 49 ÷ 7　　⑭ 42 ÷ 6　　⑮ 40 ÷ 8　　⑯ 45 ÷ 5

⑰ 28 ÷ 4　　⑱ 56 ÷ 8　　⑲ 16 ÷ 4　　⑳ 42 ÷ 7

㉑ 30 ÷ 6　　㉒ 27 ÷ 3　　㉓ 56 ÷ 7　　㉔ 21 ÷ 7

㉕ 63 ÷ 9　　㉖ 36 ÷ 6　　㉗ 72 ÷ 9　　㉘ 48 ÷ 8

わり算
まとめ ②

名前

① 子どもが 36 人います。

① 同じ人数で 9 チームに分かれると，
1 チーム何人ずつになりますか。

式

答え _____

② 6 人ずつでチームになると，何チームできますか。

式

答え _____

② ジュースが 18dL あります。9 このコップに同じかさずつ分けて
入れると，1 このコップは何 dL になりますか。

式

答え _____

③ 35cm のリボンがあります。5cm ずつに切ると，何本になりますか。

式

答え _____

④ 計算をしましょう。

① 21 ÷ 3	② 8 ÷ 1	③ 28 ÷ 4	④ 48 ÷ 6
⑤ 56 ÷ 8	⑥ 18 ÷ 3	⑦ 0 ÷ 6	⑧ 20 ÷ 5
⑨ 9 ÷ 9	⑩ 49 ÷ 7	⑪ 81 ÷ 9	⑫ 16 ÷ 2
⑬ 3 ÷ 3	⑭ 0 ÷ 8	⑮ 42 ÷ 7	⑯ 32 ÷ 8
⑰ 24 ÷ 3	⑱ 12 ÷ 2	⑲ 2 ÷ 1	⑳ 14 ÷ 7

たし算とひき算の筆算 (1)
くり上がりなし・くり上がり 1 回

名前

① 148 円のキャベツと，106 円のにんじんを買います。
代金は何円になりますか。

式

答え _____

② 筆算でしましょう。

① 321 ＋ 465　② 137 ＋ 432　③ 428 ＋ 367　④ 149 ＋ 845

⑤ 384 ＋ 264　⑥ 134 ＋ 383　⑦ 157 ＋ 482　⑧ 496 ＋ 352

⑨ 819 ＋ 74　⑩ 681 ＋ 67　⑪ 28 ＋ 364　⑫ 64 ＋ 745

⑬ 206 ＋ 404　⑭ 96 ＋ 612　⑮ 300 ＋ 208　⑯ 660 ＋ 240

ふく習

① 24 ÷ 6	② 15 ÷ 5	③ 18 ÷ 3	④ 63 ÷ 9
⑤ 6 ÷ 3	⑥ 0 ÷ 7	⑦ 35 ÷ 5	⑧ 32 ÷ 4

たし算とひき算の筆算 (2)

くり上がり2回・4けたになるたし算　名　前

① 日曜日に公園に来た人は，午前は198人，午後は262人でした。
日曜日に公園に来た人数は，全部で何人ですか。

式

答え _____

② 筆算でしましょう。

① 276 + 358　② 364 + 497　③ 136 + 394　④ 565 + 178

⑤ 93 + 739　⑥ 37 + 376　⑦ 846 + 55　⑧ 676 + 67

⑨ 296 + 609　⑩ 137 + 268　⑪ 359 + 142　⑫ 478 + 222

⑬ 653 + 741　⑭ 316 + 888　⑮ 869 + 923　⑯ 234 + 766

ふく習

① 25 ÷ 5　② 9 ÷ 1　③ 0 ÷ 8　④ 12 ÷ 4
⑤ 15 ÷ 3　⑥ 54 ÷ 6　⑦ 10 ÷ 2　⑧ 21 ÷ 7

たし算とひき算の筆算 (3)

くり下がりなし・くり下がりあり (1回・2回)　名　前

① ひかりさんは435円持っています。
128円のりんごを買うと，何円のこりますか。

式

答え _____

② 筆算でしましょう。

① 875 − 623　② 764 − 331　③ 834 − 428　④ 270 − 135

⑤ 387 − 97　⑥ 314 − 7　⑦ 416 − 182　⑧ 936 − 774

⑨ 647 − 359　⑩ 736 − 268　⑪ 525 − 67　⑫ 746 − 687

⑬ 340 − 285　⑭ 842 − 838　⑮ 930 − 46　⑯ 817 − 696

ふく習

① 42 ÷ 6　② 5 ÷ 1　③ 24 ÷ 4　④ 48 ÷ 8
⑤ 27 ÷ 9　⑥ 0 ÷ 5　⑦ 63 ÷ 7　⑧ 14 ÷ 2

たし算とひき算の筆算 (4)

十の位が 0 のひき算・まちがいみつけ

名
前

① 筆算でしましょう。

① 503 − 186　② 807 − 379　③ 404 − 208　④ 500 − 294

⑤ 803 − 754　⑥ 906 − 888　⑦ 700 − 693　⑧ 203 − 199

⑨ 805 − 78　⑩ 500 − 59　⑪ 603 − 6　⑫ 300 − 5

② 次の計算で, 正しいものには○を, まちがっているものには正しい
答えを,（　）の中に書きましょう。

①
```
  9 3 4
- 6 4 2
  3 9 2
```
（　　　）

②
```
  8 0 5
- 7 5 8
    4 7
```
（　　　）

③
```
  8 0 2
- 2 7 6
  5 3 6
```
（　　　）

④
```
  5 0 0
- 4 3 2
  1 6 8
```
（　　　）

ふく習

① 48 ÷ 6　② 81 ÷ 9　③ 64 ÷ 8　④ 32 ÷ 8

⑤ 16 ÷ 4　⑥ 0 ÷ 3　⑦ 5 ÷ 5　⑧ 56 ÷ 7

たし算とひき算の筆算 (5)

千からのひき算

名
前

① 筆算でしましょう。

① 1000 − 732　② 1000 − 599　③ 1000 − 106　④ 1000 − 934

⑤ 1000 − 86　⑥ 1000 − 99　⑦ 1000 − 7　⑧ 1000 − 56

② 648 円の本を買いました。1000 円さつではらうと, おつりは
何円ですか。

式

答え _____

ふく習

① 12 ÷ 2　② 7 ÷ 7　③ 45 ÷ 9　④ 28 ÷ 4

⑤ 35 ÷ 7　⑥ 3 ÷ 1　⑦ 0 ÷ 1　⑧ 36 ÷ 6

● シールが 18 まいあります。ワークシート 1 まいに 2 まいずつ
シールをはります。何まいのワークシートにはることができますか。

式

答え _____

たし算とひき算の筆算 (6)

4けたのたし算とひき算

名前

① 筆算でしましょう。

① 3752 + 4213　② 5263 + 2549　③ 6947 + 2382　④ 4369 + 1823

⑤ 5183 + 3852　⑥ 1481 + 1521　⑦ 1766 + 5456　⑧ 2645 + 4385

② 筆算でしましょう。

① 8745 − 5412　② 7126 − 4393　③ 8020 − 1745　④ 2100 − 1759

⑤ 4000 − 1234　⑥ 3120 − 312　⑦ 5000 − 55　⑧ 7004 − 6917

ふく習

①　49 ÷ 7　②　72 ÷ 9　③　18 ÷ 6　④　40 ÷ 5

⑤　40 ÷ 8　⑥　0 ÷ 9　⑦　4 ÷ 4　⑧　56 ÷ 8

● 24cmのテープを8cmずつに切ると，何本になりますか。

式

答え

たし算とひき算の筆算 (7)

いろいろな型

名前

① 58 + 956　② 274 + 698　③ 307 + 694　④ 756 + 66

⑤ 194 + 85　⑥ 508 + 498　⑦ 766 + 44　⑧ 645 + 546

⑨ 296 + 934　⑩ 508 + 905　⑪ 789 + 897　⑫ 374 + 626

⑬ 625 − 219　⑭ 736 − 495　⑮ 806 − 529　⑯ 627 − 538

⑰ 1056 − 73　⑱ 1100 − 640　⑲ 800 − 793　⑳ 1000 − 506

㉑ 914 − 91　㉒ 1000 − 67　㉓ 1004 − 925　㉔ 1001 − 75

たし算とひき算の筆算
やってみよう ①　　名前

1　絵の具道具セットは3468円，習字道具セットは2176円，さいほう道具セットは2495円です。
　　3つの道具セットを全部買うと，あわせて何円になりますか。

式

答え ＿＿＿＿＿＿＿＿＿＿

2　0，1，2，3，4，5，6，7，8，9の10まいのカードのうち，8まいを使って，次の答えになるたし算をつくりましょう。

① 4000

```
   □ □ □ □
 + □ □ □ □
 ─────────
   4 0 0 0
```

② 8000

```
   □ □ □ □
 + □ □ □ □
 ─────────
   8 0 0 0
```

たし算とひき算の筆算
やってみよう ②　　名前

1　国語じてんと，植物図かんを買います。

2180円　　　　1860円

① 代金は，あわせて何円になりますか。

式

答え ＿＿＿＿＿＿＿＿＿＿

② レジで5000円さつを出しました。おつりは何円になりますか。

式

答え ＿＿＿＿＿＿＿＿＿＿

2　次の筆算で，㋐〜㋛にかくれている数字を（　）に書きましょう。

①
```
   7 3 2
 +2㋐8
 ─────
 1000
```
㋐（　　）

②
```
   4 7 3
 +㋑9㋒
 ─────
   8 7 1
```
㋑（　　）
㋒（　　）

③
```
  ㋓2㋔
 +2㋕4
 ─────
   8 0 2
```
㋓（　　）
㋔（　　）
㋕（　　）

④
```
   6㋖4
 -2 3 7
 ─────
   4 4 7
```
㋖（　　）

⑤
```
   8 2㋗
 -㋘7 9
 ─────
   4 4 5
```
㋗（　　）
㋘（　　）

⑥
```
  ㋙0㋚
 -2㋛6
 ─────
   5 2 8
```
㋙（　　）
㋚（　　）
㋛（　　）

たし算とひき算の筆算
まとめ ①

名
前

1　テープを 255cm 使いました。まだ 375cm のこっています。
テープは, はじめに何 cm ありましたか。

式

答え _____

2　遊園地の日曜日の入場者数は, 850 人でした。そのうち, 子どもの
入場者数は 458 人でした。おとなの入場者数は何人ですか。

式

答え _____

3　筆算でしましょう。

① 629 + 294　② 684 + 117　③ 197 + 85　④ 564 + 786

⑤ 457 + 275　⑥ 186 + 681　⑦ 85 + 419　⑧ 736 + 269

⑨ 715 - 125　⑩ 420 - 227　⑪ 401 - 157　⑫ 700 - 279

⑬ 975 - 79　⑭ 1000 - 382　⑮ 1002 - 45　⑯ 1005 - 908

たし算とひき算の筆算
まとめ ②

名
前

1　右のくだものを買います。

パイナップル 846 円
マンゴー 682 円
すいか 900 円
もも 275 円

① パイナップルとすいかでは,
すいかの方が何円高いですか。

式

答え _____

② パイナップルとももを買います。
代金は何円になりますか。

式

答え _____

③ マンゴーを買って 1000 円さつを出しました。おつりは何円ですか。

式

答え _____

2　次の計算で, 正しいものには○を, まちがっているものには正しい
答えを, （　）の中に書きましょう。

①
```
  479
+ 526
  995
```
（　　　）

②
```
  682
+ 318
 1000
```
（　　　）

③
```
 1000
- 296
  704
```
（　　　）

④
```
  942
- 328
  514
```
（　　　）

3　筆算でしましょう。

① 2746 + 3284　② 379 + 4296　③ 4311 - 1963　④ 5000 - 1924

長さ（1）

名
前

● まきじゃくのめもりをよんで，（　）に長さを書きましょう。

①

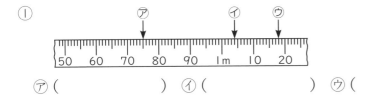

⑦　50　60　70　80　90　1m　10　20

⑦（　　　　　　　　）　⑦（　　　　　　　　）　⑦（　　　　　　　　）

②

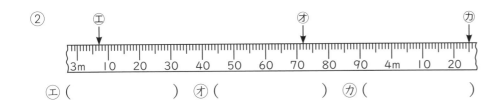

⑦　3m　10　20　30　40　50　60　70　80　90　4m　10　20

⑦（　　　　　　　　）　⑦（　　　　　　　　）　⑦（　　　　　　　　）

③

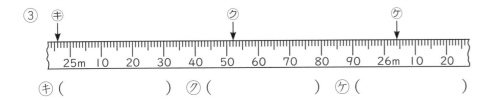

⑦　25m　10　20　30　40　50　60　70　80　90　26m　10　20

⑦（　　　　　　　　）　⑦（　　　　　　　　）　⑦（　　　　　　　　）

ふく習 ....

● （　）にあてはまる数を書きましょう。

①　1m =（　　　　　）cm　　　②　1m45cm =（　　　　　）cm

③　3m50cm =（　　　　　）cm　④　2m7cm =（　　　　　）cm

⑤　120cm =（　　）m（　　　）cm

⑥　346cm =（　　）m（　　　）cm

⑦　305cm =（　　）m（　　　）cm

⑧　1000cm =（　　）m

長さ（2）

名
前

● 次（つぎ）のものをはかるときに，べんりなものを，下の □ からえらんで
（　）に記号（きごう）を書きましょう。

①　おなかのまわりの長さ　　　　　（　　　）

②　教科書のあつさ　　　　　　　　（　　　）

③　教室の横（よこ）の長さ　　　　（　　　）

④　プールのたての長さ　　　　　　（　　　）

⑤　ノートの横の長さ　　　　　　　（　　　）

⑥　体育館（たいいくかん）のたての長さ　（　　　）

┌───┐
　⑦　30cm のものさし　　⑦　1m のまきじゃく
　⑦　10m のまきじゃく　⑦　50m のまきじゃく
└───┘

ふく習 ....

● 長さの計算をしましょう。

①　1m30cm + 2m

②　5m + 2m40cm

③　6m10cm + 2m20cm

④　2m50cm + 40cm

⑤　1m60cm + 40cm

⑥　4m50cm − 30cm

⑦　3m35cm − 2m

⑧　3m75cm − 1m40cm

⑨　2m68cm − 2m

⑩　1m − 70cm

長さ（3）

名前

① （　）にあてはまる数を書きましょう。

① 1km = （　　　　　）m　　② 3km = （　　　　　）m

③ 2km600m = （　　　　　）m

④ 4km50m = （　　　　　）m

⑤ 2000m = （　　　　）km

⑥ 4500m = （　　　）km（　　　　）m

⑦ 5080m = （　　　）km（　　　　）m

⑧ 1007m = （　　　）km（　　　　）m

② □ にあてはまる不等号（>，<）を書きましょう。

① 1km □ 990m　　　　　② 1km20m □ 1200m

③ 2km200m □ 2020m　　　④ 1km500m □ 1km50m

ふく習

① 327 + 142　② 496 + 218　③ 45 + 438　④ 654 + 756

● A町の小学生は628人です。A町の中学生は369人です。
A町の小中学生は全部で何人ですか。

式

答え＿＿＿＿＿＿＿＿＿

長さ（4）

名前

① 長さの計算をしましょう。

① 2km400m + 300m　　　② 1km800m + 2km

③ 1km300m + 2km400m　　④ 1km500m + 500m

⑤ 4km600m − 200m　　　⑥ 3km500m − 200m

⑦ 2km900m − 1km400m　　⑧ 2km − 500m

② こうたさんの家から学校までの道のりときょりは，それぞれ何mですか。また，何km何mですか。

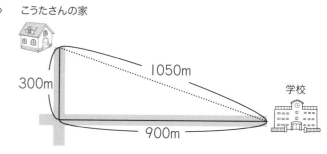

こうたさんの家

300m　　1050m　　学校

900m

道のり　式

答え （　　　　　）m，（　　）km（　　　　　）m

きょり　式

答え （　　　　　）m，（　　）km（　　　　　）m

ふく習

① 294 + 407　② 852 + 76　③ 66 + 983　④ 693 + 607

長さ（5）

名前

● けんたさんは，家から図書館まで行きます。

500m　公園
けんたさんの家
800m
450m
コンビニ
1200m　図書館

① 公園の前を通って図書館へ行くときの道のりは，何mですか。また，何km何mですか。

式

答え（　　　　）m,（　　）km（　　　　）m

② コンビニの前を通って図書館へ行くときの道のりは，何mですか。また，何km何mですか。

式

答え（　　　　）m,（　　）km（　　　　）m

③ コンビニの前を通って行く道のりの方が，公園の前を通って行く道のりより，何m長いですか。

式

答え

ふく習

① 785 － 353　② 624 － 328　③ 856 － 569　④ 805 － 437

長さ（6）

名前

● （　）にあてはまる長さのたんいを書きましょう。

① ノートのあつさ　　　　　5（　　）

② えんぴつの長さ　　　　16（　　）

③ プールのたての長さ　　25（　　）

④ 遠足で歩く道のり　　　4（　　）

⑤ 1円玉のはば　　　　　2（　　）

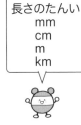

長さのたんい
mm
cm
m
km

はば

⑥ 日本一長い川　信濃川　　367（　　）

⑦ 日本一高い山　富士山　3776（　　）

⑧ えんぴつのしんの太さ　　2（　　）

しんの太さ

ふく習

① 602 － 496　② 924 － 65　③ 717 － 639　④ 1000 － 784

● 家から学校まで1200mあります。家を出て685m歩きました。あと何m歩いたら，学校に着きますか。

式

答え

長さ
まとめ

名前

1 まきじゃくのめもりをよんで，（　）に長さを書きましょう。

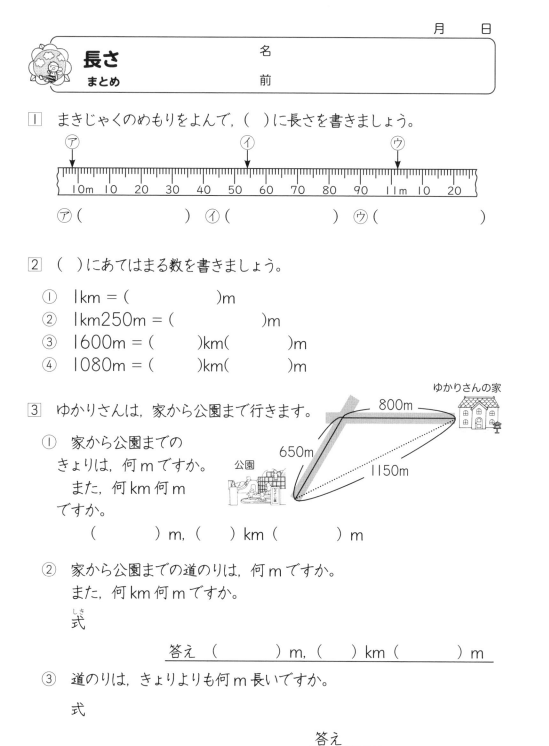

ア（　　　　　　）イ（　　　　　　）ウ（　　　　　　）

2 （　）にあてはまる数を書きましょう。

① 1km ＝ （　　　　　　）m

② 1km250m ＝ （　　　　　　）m

③ 1600m ＝ （　　　　）km（　　　　　　）m

④ 1080m ＝ （　　　　）km（　　　　　　）m

3 ゆかりさんは，家から公園まで行きます。

① 家から公園までの
きょりは，何mですか。
また，何km何m
ですか。
（　　　　　）m,（　　）km（　　　　　）m

800m
650m
1150m
公園
ゆかりさんの家

② 家から公園までの道のりは，何mですか。
また，何km何mですか。
式
答え （　　　　　）m,（　　）km（　　　　　）m

③ 道のりは，きょりよりも何m長いですか。

式

答え

あまりのあるわり算 (1)

名前

1 15このたこやきを，1人に4こずつ分けます。
何人に分けられて，何こあまりますか。

式

| 全部の数 | ÷ | 1人分の数 | ＝ | 人数 | あまり |

答え （　　　　　）人に分けられて，（　　　　　）こあまる。

2 14このヨーグルトを，1パックに3こずつ入れていきます。
何パックできて，何こあまりますか。

式

答え （　　　　　）パックできて，（　　　　　）こあまる。

3 17本のきゅうりを，5本ずつふくろに入れます。
何ふくろできて，何本あまりますか。

式

答え （　　　　　）ふくろできて，（　　　　　）本あまる。

あまりのあるわり算 (2)
名前

① ももが 13 こあります。4 人で同じ数ずつ分けると，1 人分は何こになって，何こあまりますか。

式

全部の数		人数		1人分の数		
□	÷	□	=	□	あまり	□

答え　1 人分は（　　　　）こになって，（　　　　）こあまる。

② じゃがいもが 20 こあります。3 つのかごに同じ数ずつ分けると，1 かご分は何こになって，何こあまりますか。

式

答え　1 かご分は（　　　　）こになって，（　　　　）こあまる。

③ ぎょうざが 22 こあります。
5 まいのお皿に同じ数ずつ分けると，1 皿分は何こになって，何こあまりますか。

式

答え　1 皿分は（　　　　）こになって，（　　　　）こあまる。

あまりのあるわり算 (3)
名前

① ボールが 13 こあります。
1 人に 4 こずつ分けると，何人に分けられて，何こあまりますか。

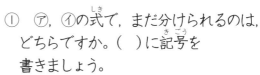
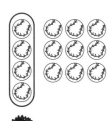

① ㋐，㋑の式で，まだ分けられるのは，どちらですか。（　）に記号を書きましょう。

㋐　13 ÷ 4 ＝ 2 あまり 5

㋑　13 ÷ 4 ＝ 3 あまり 1

（　　　　）

② ボールの数をかえて，わる数とあまりの大きさをくらべましょう。（　）にあてはまる数を書きましょう。

ボールの数		わる数		答え		あまり
12	÷	4	＝（　　　）あまり		（　0　）
13	÷	4	＝（　　　）あまり		（　　　）
14	÷	4	＝（　　　）あまり		（　　　）
15	÷	4	＝（　　　）あまり		（　　　）
16	÷	4	＝（　　　）あまり		（　　　）
17	÷	4	＝（　　　）あまり		（　　　）

③ わり算では，わる数とあまりの大きさはどうなりますか。□にあてはまる不等号（＞，＜）を書きましょう。

わる数 □ あまり

② あまりの大きさに気をつけて，計算をしましょう。

① 5 ÷ 2　　　　② 14 ÷ 3

③ 23 ÷ 5　　　　④ 19 ÷ 6

⑤ 19 ÷ 7　　　　⑥ 26 ÷ 8

あまりのあるわり算 (4)　名前

１　次のわり算の答えをもとめるには，かけ算九九の何のだんを
　　使いますか。また，わり算の答えも書きましょう。

　　① 17 ÷ 3　　（　　　　）のだん　　答え（　　　　　　　　）

　　② 25 ÷ 7　　（　　　　）のだん　　答え（　　　　　　　　）

　　③ 29 ÷ 4　　（　　　　）のだん　　答え（　　　　　　　　）

　　④ 58 ÷ 6　　（　　　　）のだん　　答え（　　　　　　　　）

２　計算をしましょう。

　　① 24 ÷ 5　　　　　　　② 8 ÷ 3

　　③ 19 ÷ 2　　　　　　　④ 33 ÷ 4

　　⑤ 29 ÷ 6　　　　　　　⑥ 16 ÷ 7

　　⑦ 32 ÷ 5　　　　　　　⑧ 34 ÷ 8

　　⑨ 23 ÷ 3　　　　　　　⑩ 38 ÷ 4

　　⑪ 19 ÷ 3　　　　　　　⑫ 44 ÷ 5

　　⑬ 70 ÷ 8　　　　　　　⑭ 45 ÷ 7

　　⑮ 39 ÷ 6　　　　　　　⑯ 80 ÷ 9

　　⑰ 60 ÷ 7　　　　　　　⑱ 50 ÷ 6

　　⑲ 25 ÷ 4　　　　　　　⑳ 59 ÷ 8

ふく習

①729 ＋ 174　　②96 ＋ 275　　③785 ＋ 316　　④965 ＋ 328

 あまりのあるわり算 (5)　名前

１　次の計算をして，たしかめもしましょう。

　　① 26 ÷ 6
　　　たしかめ　6 ×（　　　）＋（　　　）＝（　　　　　）

　　② 35 ÷ 4
　　　たしかめ　4 ×（　　　）＋（　　　）＝（　　　　　）

　　③ 32 ÷ 5
　　　たしかめ　5 ×（　　　）＋（　　　）＝（　　　　　）

　　④ 75 ÷ 9
　　　たしかめ　9 ×（　　　）＋（　　　）＝（　　　　　）

　　⑤ 68 ÷ 8
　　　たしかめ　8 ×（　　　）＋（　　　）＝（　　　　　）

２　次の計算が正しければ○を，まちがっていれば正しい答えを，（　）に
　　書きましょう。

　　① 35 ÷ 6 ＝ 6 あまり 1　　　　　　（　　　　　　　　　）

　　② 25 ÷ 8 ＝ 3 あまり 1　　　　　　（　　　　　　　　　）

　　③ 37 ÷ 4 ＝ 8 あまり 5　　　　　　（　　　　　　　　　）

　　④ 48 ÷ 7 ＝ 7 あまり 1　　　　　　（　　　　　　　　　）

ふく習

①495 ＋ 386　　②787 ＋ 45　　③836 ＋ 774　　④674 ＋ 382

あまりのあるわり算 (6)

名前

1 50まいの色紙を6人に同じ数ずつ配ります。
1人分は何まいになって，何まいあまりますか。

式

答え _____

2 牛にゅうが17dL あります。1このコップに2dL ずつ
入れます。何このコップに入れられて，何dL あまりますか。

式

答え _____

3 計算をしましょう。
　① 17 ÷ 3　　　　　② 19 ÷ 4
　③ 11 ÷ 2　　　　　④ 27 ÷ 5
　⑤ 20 ÷ 6　　　　　⑥ 32 ÷ 7
　⑦ 60 ÷ 8　　　　　⑧ 70 ÷ 9
　⑨ 22 ÷ 8　　　　　⑩ 41 ÷ 6

ふく習

①712 − 286　②624 − 396　③412 − 376　④702 − 286

● ソースが420mL あります。236mL 使うと，何mL のこりますか。

式

答え _____

あまりのあるわり算 (7)

名前

1 バラの花が53本あります。

① 7本ずつたばにして，花たばをつくります。
7本の花たばは，何たばできて，何本あまりますか。

式

答え _____

② 6人に同じ本数ずつ配ると，1人分は何本になって，何本あまり
ますか。

式

答え _____

2 次の計算が正しければ○を，まちがっていれば正しい答えを，（　）に
書きましょう。
　① 23 ÷ 4 = 6 あまり 1　　　　（　　　　　　）
　② 50 ÷ 7 = 7 あまり 1　　　　（　　　　　　）
　③ 36 ÷ 5 = 6 あまり 6　　　　（　　　　　　）
　④ 51 ÷ 8 = 6 あまり 4　　　　（　　　　　　）

ふく習

①902 − 28　②735 − 696　③1000 − 555　④1000 − 923

● 公園に赤い花と黄色い花があわせて300本さいています。そのうち
168本が赤い花です。黄色い花は何本ですか。

式

答え _____

あまりのあるわり算 (8)

名前

1　40m のロープを 6m ずつに切ります。
　6m のロープは何本できますか。

式

　　　　　　答え ＿＿＿＿＿＿＿＿

2　30 人の子どもが，長いす 1 きゃくに 4 人ずつすわります。
　みんながすわるためには，長いすは何きゃくあればいいですか。

式

　　　　　　答え ＿＿＿＿＿＿＿＿

3　たまごが 34 こあります。1 パックに 6 こずつ入れます。

① 6 こ入りのパックは，何パックできますか。

式

　　　　　　答え ＿＿＿＿＿＿＿＿

② あと，たまごが何こあれば，もう 1 パックできますか。

式

　　　　　　答え ＿＿＿＿＿＿＿＿

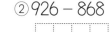

①705 − 650　②926 − 868　③1000 − 438　④1000 − 986

あまりのあるわり算 (9)

名前

1　わり算の答えが同じになる式を，線でむすびましょう。

14 ÷ 3 ・　　　　　・ 34 ÷ 6

17 ÷ 7 ・　　　　　・ 22 ÷ 5

26 ÷ 8 ・　　　　　・ 11 ÷ 4

29 ÷ 5 ・　　　　　・ 29 ÷ 9

2　26 ÷ 4 の式になる問題を 2 つ作ります。
　（　）にあてはまることばや数を下の ▭ からえらんで書きましょう。
　（同じことばや数を 2 度使ってもよい。）

① いちごが（　　　　）あります。

（　　　　）に同じ数ずつ分けると

（　　　　）分は何こになりますか。

② いちごが（　　　　）あります。

（　　　　）に（　　　　）ずつ分けると

（　　　　）に分けることができますか。

26 こ　　何人　　1 人　　4 こ　　4 人

あまりのあるわり算
発てん　　名前

1. 答えが、5あまり3になる式はどれですか。
□に記号を書きましょう。

- ㋐　33 ÷ 6
- ㋑　26 ÷ 7
- ㋒　44 ÷ 8
- ㋓　13 ÷ 2
- ㋔　48 ÷ 9
- ㋕　28 ÷ 5
- ㋖　23 ÷ 4
- ㋗　18 ÷ 3

□ □ □ □

2. 4つの箱に、えんぴつが8本ずつ入っています。
その4つの箱に、30本のえんぴつを同じ数ずつ分けて入れます。
1つの箱に入っているえんぴつは、何本になりますか。

式

答え　　　　　　　　　　　　　

3. 60cmのテープを9cmずつに切って、4本使いました。
9cmのテープは、何本のこっていますか。

式

答え　　　　　　　　　　　　　

あまりのあるわり算
まとめ ①　　名前

1. 計算をして、答えのたしかめもしましょう。

① 11 ÷ 4 ＝
たしかめ
（　）×（　）＋（　）＝（　）

② 43 ÷ 9 ＝
たしかめ
（　）×（　）＋（　）＝（　）

③ 34 ÷ 5 ＝
たしかめ
（　）×（　）＋（　）＝（　）

④ 62 ÷ 8 ＝
たしかめ
（　）×（　）＋（　）＝（　）

2. クッキーが22まいあります。

① 3人で同じまい数ずつ分けると、1人分は何まいになって、何まいあまりますか。

式

答え　　　　　　　　　　　　　

② 1ふくろに6まいずつ入れると、何ふくろできて、何まいあまりますか。

式

答え　　　　　　　　　　　　　

3. 計算をしましょう。

- ① 26 ÷ 3
- ② 38 ÷ 4
- ③ 15 ÷ 2
- ④ 29 ÷ 5
- ⑤ 40 ÷ 6
- ⑥ 52 ÷ 7
- ⑦ 30 ÷ 8
- ⑧ 42 ÷ 9
- ⑨ 61 ÷ 7
- ⑩ 53 ÷ 9

あまりのあるわり算
まとめ ②

1　計算をしましょう。

①　31 ÷ 4　　　　　②　23 ÷ 9

③　11 ÷ 3　　　　　④　18 ÷ 4

⑤　41 ÷ 6　　　　　⑥　50 ÷ 7

⑦　62 ÷ 8　　　　　⑧　52 ÷ 9

⑨　40 ÷ 7　　　　　⑩　30 ÷ 8

⑪　83 ÷ 9　　　　　⑫　23 ÷ 7

2　70ページの本があります。1日に9ページずつ読むと,
全部読み終わるのに, 何日かかりますか。

式

答え ＿＿＿＿＿＿＿＿＿＿

3　はばが55cmの本だなに, あつさが同じ7cmの本をならべていき
ます。何さつならべることができますか。

式

答え ＿＿＿＿＿＿＿＿＿＿

4　花が39本あります。6本ずつたばにして花たばをつくり, 2たば
プレゼントしました。花たばは, 何たばのこっていますか。

式

答え ＿＿＿＿＿＿＿＿＿＿

10000より大きい数 (1)

1　次の数を数字で書きましょう。

①　六万三千二百九十五　　（　　　　　　　）

②　四万六千七十　　　　　（　　　　　　　）

③　七万八千十八　　　　　（　　　　　　　）

④　三万六　　　　　　　　（　　　　　　　）

2　次の数を数字で書きましょう。

①　一万を4こ, 千を2こ, 百を7こ, 十を1こあわせた数
　　　　　　　　　　　　（　　　　　　　）

②　一万を3こ, 千を9こあわせた数
　　　　　　　　　　　　（　　　　　　　）

③　一万を6こ, 百を1こあわせた数
　　　　　　　　　　　　（　　　　　　　）

④　一万を7こ, 十を5こあわせた数
　　　　　　　　　　　　（　　　　　　　）

⑤　一万を9こ, 一を9こあわせた数
　　　　　　　　　　　　（　　　　　　　）

ふく習

● （　）にあてはまる数を書きましょう。

①　10000は1000を（　　　　）こ集めた数です。

②　10000は100を（　　　　）こ集めた数です。

③　10000より1000小さい数は（　　　　　）です。

④　10000より100小さい数は（　　　　　）です。

⑤　10000より10小さい数は（　　　　　）です。

⑥　10000より1小さい数は（　　　　　）です。

10000 より大きい数 (2)

名
前

1 次の（ ）にあてはまる数を書きましょう。

① 1000 を 10 こ集めた数　　　（　1万　）

② 1万を 10 こ集めた数　　　（　　　　）

③ 10万を 10 こ集めた数　　　（　　　　）

④ 100万を 10 こ集めた数　　　（　　　　）

2 次の数を数字で書きましょう。

① 千万を 3 こ，百万を 6 こ，十万を 4 こ，一万を 5 こあわせた数
（　　　　　　　）

② 千万を 7 こ，十万を 1 こ，一万を 9 こあわせた数
（　　　　　　　）

③ 千万を 8 こ，一万を 3 こあわせた数
（　　　　　　　）

3 次の（ ）にあてはまる数を書きましょう。

① 47050000 は，千万を（　　）こ，百万を（　　）こ，一万を
（　　）こあわせた数です。

② 90604000 は，千万を（　　）こ，十万を（　　）こ，
千を（　　）こあわせた数です。

ふく習

● 次の数直線の⑦〜⑰にあたる数を書きましょう。

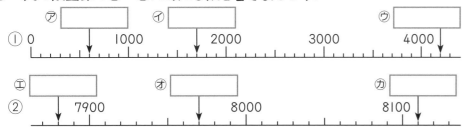

10000 より大きい数 (3)

名
前

1 次の数を数字で書きましょう。

① 1000 を 10 こ集めた数　　　（　　　　　　　）

② 1000 を 20 こ集めた数　　　（　　　　　　　）

③ 1000 を 30 こ集めた数　　　（　　　　　　　）

④ 1000 を 35 こ集めた数　　　（　　　　　　　）

⑤ 1000 を 46 こ集めた数　　　（　　　　　　　）

⑥ 1000 を 580 こ集めた数　　　（　　　　　　　）

2 次の数を数字で書きましょう。

① 10000 は 1000 を（　　　　）こ集めた数です。

② 20000 は 1000 を（　　　　）こ集めた数です。

③ 27000 は 1000 を（　　　　）こ集めた数です。

④ 62000 は 1000 を（　　　　）こ集めた数です。

⑤ 270000 は 1000 を（　　　　）こ集めた数です。

ふく習

① 7 ÷ 1　　　② 14 ÷ 2　　　③ 12 ÷ 3　　　④ 21 ÷ 3

⑤ 24 ÷ 4　　　⑥ 32 ÷ 4　　　⑦ 0 ÷ 5　　　⑧ 30 ÷ 5

⑨ 42 ÷ 6　　　⑩ 54 ÷ 6　　　⑪ 28 ÷ 7　　　⑫ 56 ÷ 7

⑬ 48 ÷ 8　　　⑭ 72 ÷ 8　　　⑮ 27 ÷ 9　　　⑯ 54 ÷ 9

　（ 122%に拡大してご使用ください ）

10000 より大きい数 (4)

名前

● 次の数直線の㋐〜㋚にあたる数を書きましょう。

①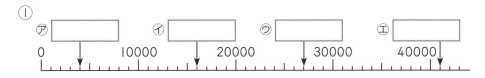

②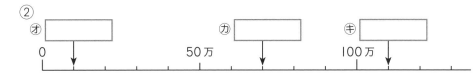

③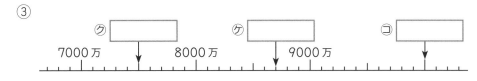

④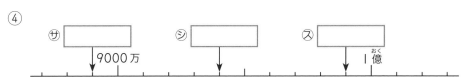

ふく習

① 656 + 249　② 497 + 73　③ 8 + 494　④ 497 + 864

● 388 円のはさみと，175 円ののりを買います。
代金は，何円になりますか。

式

答え

10000 より大きい数 (5)

名前

● 次の □ にあてはまる等号（＝），不等号（＞，＜）を書きましょう。

① 36822 □ 36288　　② 700000 □ 6000000

③ 45111 □ 41555　　④ 9999999 □ 10000000

⑤ 1234567 □ 765421　　⑥ 6000 □ 2000 + 4000

⑦ 40000 + 30000 □ 80000

⑧ 30000 □ 50000 − 20000

⑨ 900000 − 500000 □ 300000

⑩ 500000 + 500000 □ 1000000

ふく習

① 470 + 218　② 676 + 174　③ 79 + 432　④ 684 + 732

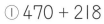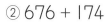

● 534 円の本を買うと，366 円のこりました。
はじめに何円持っていましたか。

式

答え

10000 より大きい数 (6)

● 次の数はどのような数といえますか。（　）にあてはまる数を
書きましょう。

(1)　14000

　①　14000 は 10000 と（　　　　　）をあわせた数です。

　②　14000 は 20000 より（　　　　　）小さい数です。

　③　14000 は 1000 を（　　　　　）こ集めた数です。

(2)　58000

　①　58000 は 50000 と（　　　　　）をあわせた数です。

　②　58000 は 60000 より（　　　　　）小さい数です。

　③　58000 は 1000 を（　　　　　）こ集めた数です。

(3)　75000

　①　75000 は 70000 と（　　　　　）をあわせた数です。

　②　75000 は 80000 より（　　　　　）小さい数です。

　③　75000 は 1000 を（　　　　　）こ集めた数です。

ふく習

① 368 + 437　② 77 + 729　③ 194 + 928　④ 786 + 769

10000 より大きい数 (7)

1　次の数を 10 倍，100 倍，1000 倍した数を書きましょう。

		10 倍	100 倍	1000 倍
①	46	（　　　　）	（　　　　）	（　　　　）
②	372	（　　　　）	（　　　　）	（　　　　）
③	1450	（　　　　）	（　　　　）	（　　　　）
④	8900	（　　　　）	（　　　　）	（　　　　）

2　計算をしましょう。

①　7 × 100　　　　　②　15 × 100

③　730 × 100　　　　④　4060 × 100

⑤　43 × 1000　　　　⑥　380 × 1000

⑦　1800 × 1000　　　⑧　1000 × 1000

ふく習

① 862 + 127　② 565 + 239　③ 548 + 98　④ 129 + 876

● ぶどうは 678 円です。マンゴーは，ぶどうより 45 円高いです。
マンゴーは何円ですか。

式

答え ＿＿＿＿＿＿＿＿

10000 より大きい数 (8)

名前

1　次の数を 10 でわった数を書きましょう。

①　60　（　　　）　②　300　（　　　）

③　470　（　　　）　④　6000　（　　　）

⑤　7200　（　　　）　⑥　10500　（　　　）

2　計算をしましょう。

①　6000 + 2000　　②　7000 + 8000

③　4万 + 9万　　④　16万 + 30万

⑤　7000 − 5000　　⑥　13000 − 9000

⑦　14万 − 8万　　⑧　42万 − 2万

ふく習

①　2 × 8　②　2 × 9　③　3 × 7　④　3 × 8

⑤　4 × 6　⑥　4 × 7　⑦　4 × 8　⑧　4 × 3

⑨　5 × 3　⑩　5 × 6　⑪　5 × 7　⑫　5 × 9

⑬　6 × 3　⑭　6 × 7　⑮　6 × 9　⑯　6 × 8

⑰　7 × 3　⑱　7 × 7　⑲　7 × 4　⑳　7 × 9

㉑　8 × 9　㉒　8 × 3　㉓　8 × 7　㉔　8 × 6

㉕　9 × 3　㉖　9 × 6　㉗　9 × 4　㉘　9 × 5

● あめを 8 こ買います。あめ 1 このねだんは，5 円です。
代金は何円になりますか。

式

答え _____

10000 より大きい数

まとめ ①

名前

1　次の数を数字で書きましょう。

①　千四百八十六万五千　　　　（　　　　）

②　七千二百万六千七十　　　　（　　　　）

③　七百万八千十　　　　　　　（　　　　）

④　千万を 9 こ，百万を 4 こ，十万を 1 こ，一万を 8 こあわせた数
　　　　　　　　　　　　　　（　　　　）

⑤　百万を 5 こ，一万を 7 こあわせた数　（　　　　）

2　次の数を数字で書きましょう。

①　1000 を 74 こ集めた数　　（　　　　）

②　1000 を 690 こ集めた数　　（　　　　）

③　10000 を 42 こ集めた数　　（　　　　）

④　10000 を 180 こ集めた数　（　　　　）

3　次の数直線の㋐〜㋗にあたる数を書きましょう。

①

②

③

10000 より大きい数

まとめ ②

名前

月　日

① 次の □ にあてはまる等号 (=)，不等号 (> , <) を書きましょう。

① 10000001 □ 10000000　　② 7700000 □ 7070000

③ 5379999 □ 5380000　　④ 10000000 □ 9999999

⑤ 3000 + 5000 □ 8000

⑥ 300万 □ 700万 - 400万

② 次の数について，（　）にあてはまる数を書きましょう。

(1) 87000

① 87000 は 80000 と（　　　　）をあわせた数です。

② 87000 は 90000 より（　　　　）小さい数です。

③ 87000 は 1000 を（　　　　）こ集めた数です。

(2) 26000

① 26000 は（　　　　）と 6000 をあわせた数です。

② 26000 は（　　　　）より 4000 小さい数です。

③ 26000 は（　　　　）を 26 こ集めた数です。

③ 計算をしましょう。

① 35 × 10　　　　　　② 208 × 100

③ 540 × 100　　　　　④ 520 × 1000

⑤ 70 ÷ 10　　　　　　⑥ 1300 ÷ 10

かけ算の筆算 ① (1)

何十，何百のかけ算

名前

月　日

① 1こ 30 円のチョコレートを 2 こ買います。
代金は何円ですか。

式

答え _____

② 計算をしましょう。

① 20 × 4　　　　　　② 30 × 5

③ 60 × 3　　　　　　④ 40 × 6

⑤ 50 × 6　　　　　　⑥ 80 × 5

⑦ 200 × 3　　　　　⑧ 700 × 3

⑨ 500 × 9　　　　　⑩ 800 × 6

⑪ 500 × 4　　　　　⑫ 600 × 5

ふく習

① 9 × 9　② 4 × 5　③ 9 × 6　④ 3 × 5

⑤ 8 × 6　⑥ 3 × 7　⑦ 5 × 8　⑧ 7 × 3

⑨ 6 × 9　⑩ 2 × 8　⑪ 9 × 8　⑫ 5 × 6

⑬ 8 × 9　⑭ 5 × 3　⑮ 7 × 4　⑯ 2 × 4

⑰ 7 × 9　⑱ 1 × 7　⑲ 9 × 2　⑳ 8 × 8

㉑ 8 × 5　㉒ 3 × 6　㉓ 9 × 5　㉔ 9 × 7

● クッキーを 7 人に 6 まいずつ配ります。
クッキーは，全部で何まいあればよいですか。

式

答え _____

かけ算の筆算 ① (2)
2けた×1けた（くり上がりなし）　名前

① 1箱に12本ずつえん筆が入っています。
　4箱では，何本になりますか。

式

答え _____

② 筆算でしましょう。

　① 21 × 3　　② 32 × 3　　③ 13 × 2　　④ 42 × 2

　⑤ 23 × 2　　⑥ 43 × 2　　⑦ 11 × 8　　⑧ 20 × 4

ふく習

① 19 ÷ 5　　　　　② 8 ÷ 3

③ 23 ÷ 5　　　　　④ 44 ÷ 6

⑤ 8 ÷ 1　　　　　⑥ 0 ÷ 8

● チョコレートが51こあります。7人で同じ数ずつ分けると，
　1人分は何こになって，何こあまりますか。

式

答え _____

かけ算の筆算 ① (3)
2けた×1けた（くり上がり1回）　名前

① 1つの辺の長さが16cmの正方形があります。
　この正方形のまわりの長さは何cmですか。

正方形　16cm

式

答え _____

② 筆算でしましょう。

　① 23 × 4　　② 18 × 4　　③ 16 × 5　　④ 19 × 3

　⑤ 26 × 3　　⑥ 49 × 2　　⑦ 14 × 5　　⑧ 47 × 2

　⑨ 42 × 4　　⑩ 81 × 3　　⑪ 53 × 3　　⑫ 71 × 9

ふく習

① 18 ÷ 4　　　　　② 9 ÷ 2

③ 14 ÷ 3　　　　　④ 16 ÷ 5

⑤ 22 ÷ 6　　　　　⑥ 50 ÷ 6

⑦ 32 ÷ 7　　　　　⑧ 30 ÷ 8

⑨ 53 ÷ 9　　　　　⑩ 42 ÷ 9

かけ算の筆算 ① (4)

2けた×1けた（くり上がり2回）　名　前

① 86 × 5　② 87 × 9　③ 75 × 6　④ 46 × 6

⑤ 24 × 6　⑥ 65 × 3　⑦ 73 × 5　⑧ 28 × 6

⑨ 64 × 7　⑩ 54 × 9　⑪ 96 × 7　⑫ 98 × 8

ふく習

① 26 ÷ 8　② 19 ÷ 4

③ 49 ÷ 5　④ 7 ÷ 2

⑤ 18 ÷ 7　⑥ 34 ÷ 9

⑦ 4 ÷ 3　⑧ 11 ÷ 6

⑨ 62 ÷ 9　⑩ 38 ÷ 5

● 52cm のリボンを 7cm ずつに切ります。
　7cm のリボンは何本できて，何 cm あまりますか。

式

答え

 かけ算の筆算 ① (5)

2けた×1けた（くり上がり2回／たし算でもくり上がる）　名　前

① 85 × 6　② 27 × 8　③ 58 × 7　④ 69 × 8

⑤ 57 × 9　⑥ 39 × 6　⑦ 47 × 9　⑧ 78 × 4

⑨ 88 × 6　⑩ 87 × 7　⑪ 86 × 6　⑫ 37 × 9

⑬ 75 × 8　⑭ 78 × 8　⑮ 73 × 7　⑯ 46 × 9

ふく習

① 68 ÷ 7　② 31 ÷ 6

③ 45 ÷ 8　④ 29 ÷ 4

⑤ 39 ÷ 7　⑥ 9 ÷ 8

⑦ 31 ÷ 4　⑧ 52 ÷ 6

● 1台のテーブルで 7人が食事をすることができます。
　41人では，テーブルは何台いりますか。

式

答え

かけ算の筆算 ① (6)
3けた×1けた（くり上がりなし）　名　前

1　1こ 231 円のカップケーキを 3 こ買います。
代金は何円ですか。

　式

　　　　　　　　　　　　　　答え ＿＿＿＿＿＿＿＿

2　筆算でしましょう。

　① 213 × 2　　② 442 × 2　　③ 313 × 3　　④ 112 × 4

　⑤ 203 × 3　　⑥ 403 × 2　　⑦ 420 × 2　　⑧ 220 × 4

ふく習

　① 390 − 196　　② 726 − 367　　③ 817 − 139　　④ 706 − 498

● なわとびをしました。ひろしさんは 392 回，みつこさんは 430 回
とびました。みつこさんの方が何回多くとびましたか。

　式

　　　　　　　　　　　　　　答え ＿＿＿＿＿＿＿＿

かけ算の筆算 ① (7)
3けた×1けた（くり上がり1回・2回）　名　前

　① 426 × 2　　② 326 × 3　　③ 218 × 4　　④ 119 × 5

　⑤ 253 × 3　　⑥ 462 × 2　　⑦ 151 × 5　　⑧ 392 × 2

　⑨ 235 × 4　　⑩ 146 × 5　　⑪ 278 × 2　　⑫ 296 × 3

ふく習

　① 350 − 63　　② 524 − 433　　③ 1000 − 453　　④ 1003 − 95

● コンビニで合計 578 円の買い物をしました。
1000 円さつではらうと，おつりは何円ですか。

　式

　　　　　　　　　　　　　　答え ＿＿＿＿＿＿＿＿

かけ算の筆算 ① (8)
3けた × 1けた（答えが4けた）　名　前

① 筆算でしましょう。

① 621 × 4　② 407 × 5　③ 735 × 5　④ 896 × 3

⑤ 386 × 4　⑥ 924 × 8　⑦ 796 × 6　⑧ 329 × 8

⑨ 867 × 6　⑩ 125 × 8　⑪ 676 × 8　⑫ 769 × 8

② 1本の長さが480cmのロープを5本買います。
　　1本のねだんは，268円です。

① 全部で何cmになりますか。
　　式

　　　　　　　　　　　　　　　答え _____

② 代金は何円になりますか。
　　式

　　　　　　　　　　　　　　　答え _____

 かけ算の筆算 ① (9)
2けた × 1けた・3けた × 1けた　名　前

① 筆算でしましょう。

① 32 × 4　② 34 × 6　③ 45 × 3　④ 18 × 2

⑤ 46 × 7　⑥ 26 × 5　⑦ 75 × 4　⑧ 67 × 8

⑨ 76 × 7　⑩ 82 × 9　⑪ 38 × 6　⑫ 86 × 7

② 筆算でしましょう。

① 541 × 6　② 375 × 4　③ 509 × 6　④ 927 × 7

⑤ 919 × 7　⑥ 168 × 5　⑦ 469 × 6　⑧ 126 × 3

⑨ 376 × 8　⑩ 706 × 4　⑪ 468 × 9　⑫ 250 × 8

かけ算の筆算 ① （10）
かけ算のくふう
名前

① （　）にあてはまる数を書きましょう。

① $7 \times 6 = 6 \times ($　　　$)$

② $8 \times 5 = ($　　　$) \times 8$

③ $3 \times 2 \times 4 = 4 \times 2 \times ($　　　$)$

④ $96 \times 5 \times 2 = ($　　　$) \times 2 \times 96$

② くふうして計算をします。（　）にあてはまる数を書きましょう。

① $76 \times 5 \times 2 = 76 \times ($　　　$)$
$= ($　　　$)$

② $98 \times 2 \times 5 = 98 \times ($　　　$)$
$= ($　　　$)$

③ $80 \times 3 \times 2 = 80 \times ($　　　$)$
$= ($　　　$)$

④ $125 \times 4 \times 2 = 125 \times ($　　　$)$
$= ($　　　$)$

ふく習

①$301 - 29$　②$736 - 688$　③$1000 - 361$　④$1000 - 915$

● 326ページの本を読んでいます。249ページ読みました。
あと何ページで全部を読み終わりますか。

式

答え　　　　　　　　　　　　

かけ算の筆算 ①
まとめ ①
名前

① 筆算でしましょう。

① 32×3　② 72×4　③ 26×4　④ 87×9

⑤ 86×5　⑥ 89×6　⑦ 37×6　⑧ 65×8

⑨ 452×3　⑩ 708×9　⑪ 386×6　⑫ 777×8

② 次の計算が正しければ○を, まちがっていれば正しい答えを, （　）に書きましょう。

①
$$\begin{array}{r} 64 \\ \times \quad 8 \\ \hline 512 \end{array}$$
（　　　）

②
$$\begin{array}{r} 39 \\ \times \quad 6 \\ \hline 1854 \end{array}$$
（　　　）

③
$$\begin{array}{r} 623 \\ \times \quad 5 \\ \hline 3015 \end{array}$$
（　　　）

④
$$\begin{array}{r} 778 \\ \times \quad 4 \\ \hline 3112 \end{array}$$
（　　　）

③ 1こ125円のパンを8こ買いました。
代金は何円になりますか。

式

答え

かけ算の筆算 ①
まとめ ②

名
前

① 筆算でしましょう。

① 34 × 3　　② 27 × 8　　③ 39 × 6　　④ 48 × 9

⑤ 84 × 5　　⑥ 89 × 9　　⑦ 75 × 8　　⑧ 99 × 9

⑨ 326 × 3　　⑩ 374 × 3　　⑪ 468 × 8　　⑫ 888 × 7

⑬ 809 × 7　　⑭ 670 × 8　　⑮ 389 × 6　　⑯ 999 × 9

② 1本 350mL で 135 円のジュースを 8 本買います。

① 代金は何円になりますか。

式

答え ＿＿＿＿＿＿＿＿＿

② 全部で何 mL ですか。

式

答え ＿＿＿＿＿＿＿＿＿

大きな数のわり算 (1)

名
前

① 60 まいのおり紙を，3 人で同じ数ずつ分けます。
1 人分は何まいになりますか。

式

答え ＿＿＿＿＿＿＿＿＿

② 計算をしましょう。

①　80 ÷ 4　　　　　　②　40 ÷ 2

③　90 ÷ 3　　　　　　④　80 ÷ 2

⑤　60 ÷ 2　　　　　　⑥　80 ÷ 8

⑦　50 ÷ 5　　　　　　⑧　30 ÷ 3

ふく習

①33 × 3　　②39 × 2　　③46 × 4　　④35 × 6

● 1 ふくろ 23 円のもやしを 3 ふくろ買います。

① 代金は何円になりますか。

式

答え ＿＿＿＿＿＿＿＿＿

② 500 円玉ではらうと，おつりは何円ですか。

式

答え ＿＿＿＿＿＿＿＿＿

大きな数のわり算 (2)

名前

① 48まいのシールを 4 人で同じ数ずつ分けます。
1 人分は何まいになりますか。

式

答え _____

② 計算をしましょう。

① 69 ÷ 3　　　② 96 ÷ 3

③ 84 ÷ 2　　　④ 88 ÷ 4

⑤ 63 ÷ 3　　　⑥ 64 ÷ 2

⑦ 55 ÷ 5　　　⑧ 88 ÷ 8

ふく習

① 231 × 3　② 236 × 4　③ 196 × 5　④ 137 × 6

● 1 ふくろ 132 円の玉ねぎを 3 ふくろ買います。

① 代金は何円になりますか。

式

答え _____

② 1000 円さつではらうと, おつりは何円ですか。

式

答え _____

分数とわり算

名前

● 次の長さをもとめます。( )にあてはまる数を書きましょう。

① 8cm の $\frac{1}{4}$ の長さは, ( )cm です。

② 9cm の $\frac{1}{3}$ の長さは, ( )cm です。

③ 60cm の $\frac{1}{3}$ の長さは, ( )cm です。

④ 80cm の $\frac{1}{4}$ の長さは, ( )cm です。

⑤ 69cm の $\frac{1}{3}$ の長さは, ( )cm です。

⑥ 48cm の $\frac{1}{4}$ の長さは, ( )cm です。

⑦ ( )cm の $\frac{1}{4}$ の長さは, 8cm です。

⑧ ( )cm の $\frac{1}{3}$ の長さは, 10cm です。

ふく習

① 738 × 3　② 468 × 5　③ 748 × 7　④ 338 × 6

● 1 しゅうが 836m のコースを 6 しゅう走りました。
全部で何 m 走ったことになりますか。また, 何 km 何 m ですか。

式

答え ( )m, ( )km ( )m

円と球（1）

名
前

① 右の図を見て，答えましょう。

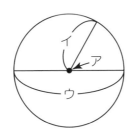

(1) 図のア，イ，ウを何といいますか。
下の（　）の中に書きましょう。
また，ア，イ，ウのせつ明として，
あう文を右からえらんで，線で
むすびましょう。

ア（　　　）・　　　・まん中の点から
　　　　　　　　　　　　円のまわりまでひいた直線

イ（　　　）・　　　・まん中の点を通って，円のまわりから
　　　　　　　　　　　　まわりまでひいた直線

ウ（　　　）・　　　・円のまん中の点

(2) （　）にあてはまることばや数を書きましょう。
① 直径は半径の（　　　　　）倍の長さです。
② 直径どうしは，円の（　　　　　）で交わります。

② 右の図で，直径を表す直線は
㋐，㋑，㋒のうちどれですか。

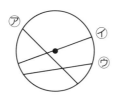

（　　　　）

ふく習

① 397 + 286　② 94 + 286　③ 537 + 8　④ 952 + 178

円と球（2）

名
前

● コンパスを使って，次の円をかきましょう。

① 半径 3cm の円　　　　② 直径 4cm の円

・　　　　　　　　　　　　　　　　・

③ 同じ点を中心として，半径 3cm5mm の円と，半径 4cm の円

・

円と球（3）

名
前

① 次の円の半径や直径は何 cm ですか。

①

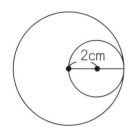

大きい円の半径（　　　）cm

大きい円の直径（　　　）cm

② 同じ大きさの円が 3 つならんでいます。

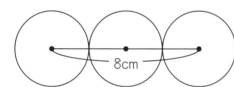

1 つの円の

半径（　　　）cm

直径（　　　）cm

② ⑦と④ではどちらが長い
ですか。コンパスを使って，
下の直線にうつしてくらべ
ましょう。

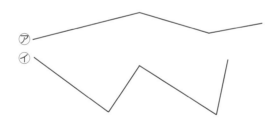

⑦

④

（　　　）

ふく習

① 824 － 337　② 763 － 264　③ 612 － 185　④ 703 － 429

 円と球（4）

名
前

● コンパスを使って，次のもようをかきましょう。

①

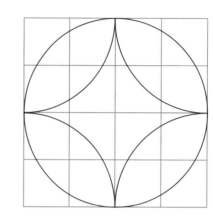 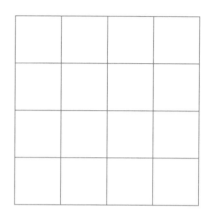

②

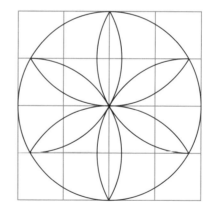 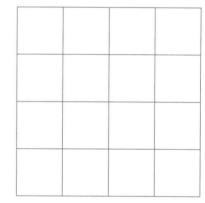

ふく習

① 721 － 27　② 536 － 478　③ 1000 － 723　④ 1000 － 191

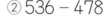 

円と球（5）　名前

① 下の図は，球をまん中で半分に切ったところです。
　 ア，イ，ウの名前を（　）に書きましょう。

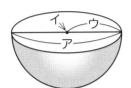

ア　（　　　　　　　　）

イ　（　　　　　　　　）

ウ　（　　　　　　　　）

② 球を切った切り口の形や大きさについて答えましょう。

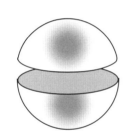

① 切り口はどんな形ですか。

　（　　　　　　　　）

② 切り口がいちばん大きくなるのは，
　どのように切ったときですか。

　（　　　　　　　　）に切ったとき

ふく習

① 28 ÷ 4　　　② 18 ÷ 3

③ 33 ÷ 6　　　④ 40 ÷ 7

⑤ 29 ÷ 3　　　⑥ 37 ÷ 5

⑦ 52 ÷ 8　　　⑧ 60 ÷ 7

● 荷物が 30 こあります。1 回に 8 こずつ運びます。
　 全部運び終わるまでに何回かかりますか。

　式

　　　　　　　　　　　　　　　　　　答え

 円と球（6）　名前

● 直径 4cm のボールがぴったり箱に入っています。
　 この箱のたてと横の長さをもとめましょう。

①

たて（　　　　）cm

横　（　　　　）cm

②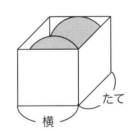

式

たて（　　　　）cm

横　（　　　　）cm

③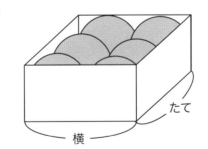

式

たて（　　　　）cm

横　（　　　　）cm

ふく習

① 42 ÷ 7　　　② 24 ÷ 6

③ 27 ÷ 4　　　④ 25 ÷ 3

⑤ 70 ÷ 8　　　⑥ 9 ÷ 8

⑦ 35 ÷ 9　　　⑧ 69 ÷ 9

円と球
まとめ ①

名前

月　日

1　右の図を見て，答えましょう。

① ア，イ，ウの名前を（　）に書きましょう。

ア（　　　　　）

イ（　　　　　）

ウ（　　　　　）

② イの長さが 4cm のとき，ウの長さは何 cm ですか。

（　　　　　）cm

③ 円の中にひくことができるもっとも長い直線は何ですか。

（　　　　　）

④ 直径はかならずどこを通りますか。

（　　　　　）

2　コンパスを使って，次の円をかきましょう。

① 半径 2cm5mm の円　　② 直径 6cm の円

・　　　　　　　　　　　　　・

円と球
まとめ ②

名前

月　日

1　⑦，④の長さをコンパスを使って下の直線にうつしとり，長い方の記号を書きましょう。

⑦

④

⑦ ＿＿＿＿＿＿＿＿＿＿＿＿＿＿＿＿＿＿

④ ＿＿＿＿＿＿＿＿＿＿＿＿＿＿＿＿＿＿

（　　　　　）

2　下の図のように，同じ大きさの３つの円が大きい円の中に入っています。

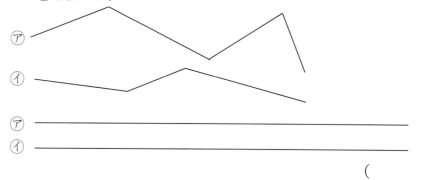

① アの長さは何 cm ですか。

式

答え＿＿＿＿＿

② イの長さは何 cm ですか。

式

答え＿＿＿＿＿

3　下のように，同じ大きさのボールが８こぴったり箱に入っています。箱の横の長さは 8cm です。

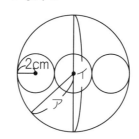

① ボール１この直径は何 cm ですか。

式

答え＿＿＿＿＿

② 箱のたての長さは何 cm ですか。

式

答え＿＿＿＿＿

（122%に拡大してご使用ください）

小数 (1)

名
前

① 水のかさは何 L ですか。

① 0.1L が (　) こ分で,（　　）L

② 0.1L が (　) こ分で,（　　）L

③ 0.1L が (　) こ分で,（　　）L

④ 0.1L が (　) こ分で,（　　）L

② 次のかさの分だけ色をぬりましょう。

① 0.7L　　　　　　② 1.5L

③ 次の数を,整数と小数に分けて書きましょう。

0.2　26　3　1.5　6.3　56

整数 (　　　　　　　　　)　　小数 (　　　　　　　　　)

ふく習

① 24 ÷ 7　　　　　② 33 ÷ 4

③ 20 ÷ 3　　　　　④ 13 ÷ 2

⑤ 41 ÷ 5　　　　　⑥ 70 ÷ 9

小数 (2)

名
前

① 下のテープの長さを調べましょう。

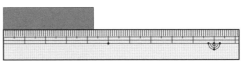

① 何 cm 何 mm ですか。

(　　) cm (　　) mm

② 何 cm ですか。小数で表しましょう。

(　　　) cm

② ★から⑦～⑦までの長さは,それぞれ何 cm ですか。

①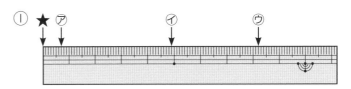

⑦ (　　　) cm　　⑦ (　　　) cm　　⑦ (　　　) cm

②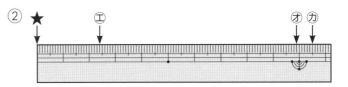

⑦ (　　　) cm　　⑦ (　　　) cm　　⑦ (　　　) cm

ふく習

① 48 ÷ 6　　　　　② 81 ÷ 9

③ 11 ÷ 3　　　　　④ 21 ÷ 6

⑤ 33 ÷ 7　　　　　⑥ 44 ÷ 9

⑦ 55 ÷ 8　　　　　⑧ 61 ÷ 7

　（ 122%に拡大してご使用ください ）

小数 (3)

名前

1　長さについて, ( ) にあてはまる数を書きましょう。

①　8mm = ( ) cm

②　1cm4mm = ( ) cm

③　16cm5mm = ( ) cm

④　0.4cm = ( ) mm

⑤　2.6cm = ( ) cm ( ) mm

⑥　16.7cm = ( ) cm ( ) mm

2　水のかさについて, ( ) にあてはまる数を書きましょう。

①　7dL = ( ) L　　②　3L2dL = ( ) L

③　19L8dL = ( ) L　　④　0.9L = ( ) dL

⑤　2.7L = ( ) L ( ) dL

⑥　10.4L = ( ) L ( ) dL

ふく習
· ·

①　14 ÷ 3　　　　　②　7 ÷ 2

③　20 ÷ 6　　　　　④　11 ÷ 4

⑤　33 ÷ 7　　　　　⑥　42 ÷ 8

⑦　35 ÷ 9　　　　　⑧　51 ÷ 6

● 60このみかんを8こずつふくろに入れます。
8こ入りのふくろは何ふくろできますか。

式

答え

小数 (4)

名前

● 次の数について, ( ) にあてはまる数を書きましょう。

①　2.6

2.6は, 1を ( ) こと, 0.1を ( ) こあわせた数です。

2.6は, 0.1を ( ) こ集めた数です。

②　9.3

9.3は, 1を ( ) こと, 0.1を ( ) こあわせた数です。

9.3は, 0.1を ( ) こ集めた数です。

③　26.4

26.4は, 10を ( ) こと, 1を ( ) こと, 0.1を
( ) こあわせた数です。

26.4は, 0.1を ( ) こ集めた数です。

④　52.7

52.7は, 10を ( ) こと, 1を ( ) こと, 0.1を
( ) こあわせた数です。

52.7は, 0.1を ( ) こ集めた数です。

ふく習
· ·

①　19 ÷ 7　　　　　②　3 ÷ 2

③　60 ÷ 9　　　　　④　41 ÷ 7

● オムレツを1人前作るのに, たまごを2こ使います。
たまごが15こあるとき, オムレツは何人前できますか。

式

答え

小数 (5)

名
前

1　次の数を書きましょう。

① 1を4こと，0.1を3こあわせた数　（　　　　）

② 10を7こと，1を9こと，0.1を5こあわせた数　（　　　　）

③ 100を1こと，10を2こと，1を8こと，

0.1を3こあわせた数　（　　　　）

④ 0.1を8こ集めた数　（　　　　）

⑤ 0.1を23こ集めた数　（　　　　）

2　（　）にあてはまる数を書きましょう。

156.4は，100を（　　　）こと，10を（　　　）こと，

1を（　　　）こと，0.1を（　　　）こあわせた数です。

また，156.4の小数第一位の数字は（　　　）です。

ふく習

① 327 + 542　② 376 + 148　③ 49 + 562　④ 978 + 242

● 電車に489人乗っています。次の駅で96人乗ってきました。
電車に乗っている人は何人になりましたか。

式

答え

小数 (6)

名
前

1　下の数直線の㋐〜㋑にあたる数を書きましょう。

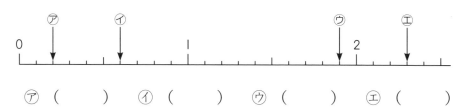

㋐（　　　）　㋑（　　　）　㋒（　　　）　㋑（　　　）

2　次の数を数直線に↓で表しましょう。

| 0.3 | 0.7 | 1.4 | 2.6 | 3.2 |

ふく習

① 496 + 542　② 634 + 82　③ 798 + 6　④ 848 + 597

● 878円の本を買ったので，おこづかいののこりが542円になりました。
はじめに持っていたおこづかいは何円でしたか。

式

答え

小数（7）

名前

① （ ）にあてはまる不等号（＞，＜）を書きましょう。

① 0.1 （　　　） 0　　　　② 0.5 （　　　） 0.7

③ 7.1 （　　　） 6.8　　　④ 2 （　　　） 1.9

⑤ 4 （　　　） 4.1　　　　⑥ 10 （　　　） 10.1

② 次の数を数直線に↓で表して，小さい順に □ に書きましょう。

| 0.4 | 1.6 | 0.8 | 2.8 | 1.3 |

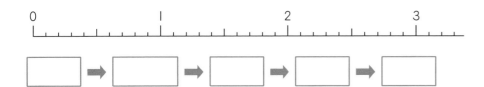

 ➡ □ ➡ □ ➡ □ ➡ □

ふく習

① 729 － 346　② 920 － 297　③ 611 － 477　④ 304 － 179

● おりづるをきのうは 237 羽，今日は 400 羽おりました。
きのうより今日の方が何羽多くおりましたか。

式

答え

小数（8）

名前

① お茶がコップに 0.2L，水とうに 0.5L あります。
あわせると何 L ですか。

式

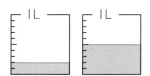

答え

② 計算をしましょう。

① 0.3 ＋ 0.4　　　　② 0.8 ＋ 0.1

③ 0.8 ＋ 0.3　　　　④ 0.9 ＋ 0.4

⑤ 0.6 ＋ 0.7　　　　⑥ 0.7 ＋ 0.8

⑦ 0.3 ＋ 0.9　　　　⑧ 0.3 ＋ 0.7

⑨ 0.5 ＋ 0.5　　　　⑩ 0.8 ＋ 0.2

ふく習

① 716 － 98　② 538 － 479　③ 1000 － 228　④ 1000 － 496

● 1km の道のりを歩きます。これまでに 320m 歩きました。
のこりは何 m ですか。

式

答え

小数（9）

名
前

1 ジュースが 0.7L あります。
そのうち 0.2L 飲みました。
ジュースは何 L のこっていますか。

式

答え _____

2 計算をしましょう。

① 0.9 − 0.4　　　　　② 0.8 − 0.5

③ 1.7 − 0.3　　　　　④ 1.6 − 0.4

⑤ 1.2 − 1　　　　　　⑥ 2.8 − 2

⑦ 1.3 − 0.6　　　　　⑧ 1.5 − 0.8

⑨ 1 − 0.5　　　　　　⑩ 1 − 0.7

ふく習

①32 × 2　　②24 × 3　　③42 × 6　　④36 × 6

● 1 セット 12 まい入りの色画用紙を 9 セット買いました。
色画用紙は全部で何まいありますか。

式

答え _____

小数（10）

名
前

1 筆算でしましょう。

① 2.3 + 1.9　　② 6.7 + 2.5　　③ 4.9 + 6.8　　④ 3.3 + 3.8

⑤ 4.2 + 3.8　　⑥ 4.4 + 2.6　　⑦ 5 + 2.3　　⑧ 7.2 + 6

2 筆算でしましょう。

① 7.2 − 3.8　　② 9.6 − 2.7　　③ 3.3 − 2.8　　④ 6 − 2.3

⑤ 13 − 3.7　　⑥ 4.6 − 3　　⑦ 9.3 − 2.3　　⑧ 12 − 11.2

ふく習

①25 × 3　　②73 × 4　　③87 × 3　　④68 × 6

小数 (11)

名前

1　筆算でしましょう。

① 7.5 + 1.8　② 0.7 + 1.6　③ 3 + 4.6　④ 9.8 + 0.2

⑤ 1.8 + 8　⑥ 1.9 + 6.7　⑦ 8.5 + 3.5　⑧ 1 + 8.1

2　筆算でしましょう。

① 5 − 1.6　② 2 − 1.7　③ 7.3 − 2.6　④ 3.5 − 2

⑤ 5.2 − 4.1　⑥ 7 − 6.1　⑦ 8.2 − 4.4　⑧ 4.2 − 3.7

ふく習

① 231 × 3　② 245 × 3　③ 137 × 6　④ 736 × 8

小数
まとめ ①

名前

1　★から㋐～㋒までの長さは，それぞれ何 cm ですか。

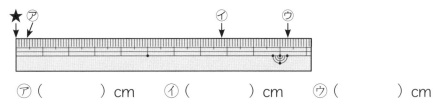

㋐ (　　　　) cm　　㋑ (　　　　) cm　　㋒ (　　　　) cm

2　( ) にあてはまる数を書きましょう。

① 4.8 は，1 を (　　　) こと，0.1 を (　　　) こあわせた数です。

② 3.7 は，0.1 を (　　　) こ集めた数です。

③ 1 を 2 こと，0.1 を 4 こあわせた数は，(　　　) です。

④ 0.1 を 75 こ集めた数は，(　　　) です。

⑤ 5cm6mm = (　　　) cm　　⑥ 8mm = (　　　) cm

⑦ 8.2cm = (　　　) cm (　　　) mm

⑧ 2.6L = (　　　) L (　　　) dL

⑨ 0.4L = (　　　) dL　　⑩ 5L7dL = (　　　) L

3　右のように，大きさのちがう 2 パックの
ジュースがあります。

① あわせると何 L ですか。

式

答え

② ちがいは何 L ですか。

式

答え

小数
まとめ ②

名前

① 下の数直線の⑦〜⑨にあたる数を書きましょう。

⑦ （　　　）　　④ （　　　）　　⑨ （　　　）　　② （　　　）

② （ ）にあてはまる不等号（ ＞, ＜ ）を書きましょう。

① 0.2 （　　　）0.3 　　　② 0.9 （　　　）0.7
③ 11.1 （　　　）11 　　　④ 3 （　　　）3.1
⑤ 5 （　　　）4.9 　　　⑥ 0 （　　　）0.2

③ 筆算でしましょう。

① 2.7 + 3.8 　② 2 + 3.5 　③ 0.8 + 5.2 　④ 1.7 + 8.3

⑤ 8.1 − 4.7 　⑥ 5 − 1.7 　⑦ 3.6 − 1.6 　⑧ 5.4 − 5

④ 青いテープの長さは 8.6m, 赤いテープの長さは 9.4m です。

① 2本のテープの長さのちがいは何 m ですか。

式　　　　　　　　　　　　　答え ＿＿＿＿＿＿

② 2本のテープをあわせると, 全部で何 m になりますか。

式　　　　　　　　　　　　　答え ＿＿＿＿＿＿

重さ（1）

名前

① 重さのたんい g を書く練習をしましょう。

1g　2g　3g　4g　5g　6g　7g

② 1円玉1こ の重さは 1g です。次のものの重さを g で表しましょう。

① スプーン

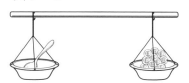

1円玉 25 こ とつりあう

（　　　　　）

② 毛糸玉

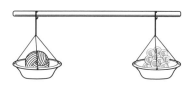

1円玉 67 こ とつりあう

（　　　　　）

③ ピーマン

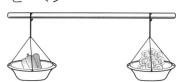

1円玉 83 こ とつりあう

（　　　　　）

ふく習

① 32 ÷ 4 　　　　② 72 ÷ 9
③ 27 ÷ 3 　　　　④ 48 ÷ 6
⑤ 28 ÷ 5 　　　　⑥ 5 ÷ 2
⑦ 51 ÷ 9 　　　　⑧ 52 ÷ 8
⑨ 51 ÷ 6 　　　　⑩ 52 ÷ 7

重さ (2)　名　前

① はかりを使って，バナナの重さを調べました。

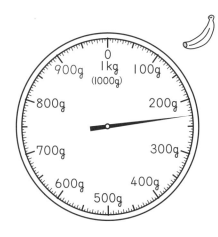

①　このはかりでは，何gまで
　　はかれますか。

（　　　　　）

②　いちばん小さい1めもりは，
　　何gを表していますか。

（　　　　　）

③　バナナの重さは何gですか。

（　　　　　）

② 夏みかんとパイナップルの重さは，それぞれ何gですか。

①　夏みかん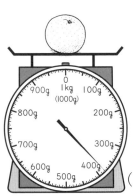

（　　　　　）

②　パイナップル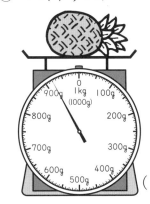

（　　　　　）

①　75 ÷ 9　　　　　②　15 ÷ 4

③　48 ÷ 7　　　　　④　14 ÷ 3

⑤　30 ÷ 8　　　　　⑥　40 ÷ 6

 重さ (3)　名　前

● はかりのはりがさしているめもりは何gですか。

①

（　　　　　）

②

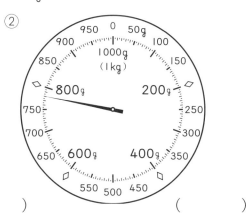

（　　　　　）

③

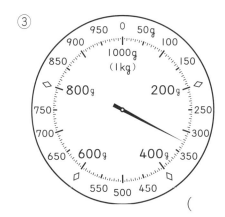

（　　　　　）

④

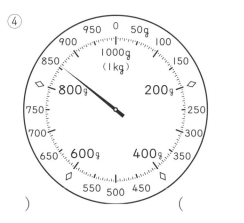

（　　　　　）

● リボンを8cmずつに切って，1人1本ずつむねにつけます。
　リボンが52cmあると，8cmのリボンは何人分できますか。

式

答え＿＿＿＿＿＿＿＿

重さ（4）

名
前

① （ ）にあてはまる数を書きましょう。

① 1kg =（　　　　　　）g　　② 2kg100g =（　　　　　　）g

③ 6kg700g =（　　　　　　）g　④ 1kg80g =（　　　　）g

⑤ 3780g =（　　）kg（　　　　）g

⑥ 2700g =（　　）kg（　　　　）g

⑦ 4030g =（　　）kg（　　　　）g

⑧ 1060g =（　　）kg（　　　　）g

② はかりを使って，スイカの重さを調べました。

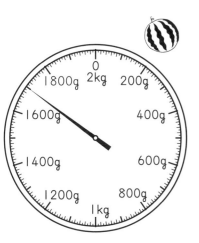

① このはかりでは，何gまではかれますか。

（　　　　　　）

② いちばん小さい1めもりは，何gを表していますか。

（　　　　　　）

③ スイカの重さは何gですか。

（　　　　　　）

ふく習

① 51 ÷ 6　　　② 43 ÷ 9　　　③ 32 ÷ 8

④ 18 ÷ 7　　　⑤ 74 ÷ 8　　　⑥ 49 ÷ 7

⑦ 70 ÷ 9　　　⑧ 9 ÷ 4　　　⑨ 33 ÷ 7

重さ（5）

名
前

● はかりのはりがさしているめもりは何gですか。
また，何kg何gですか。

①

（　　　　　　）g
（　　）kg（　　　　）g

②
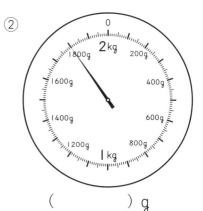

（　　　　　　）g
（　　）kg（　　　　）g

③
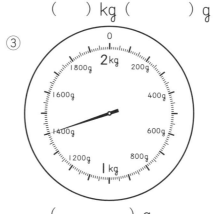

（　　　　　　）g
（　　）kg（　　　　）g

④
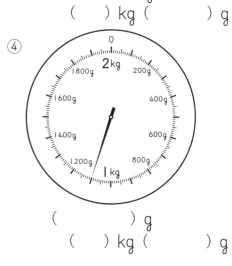

（　　　　　　）g
（　　）kg（　　　　）g

ふく習

● 31mのロープを4mずつに切ります。4mのロープは何本できて，何mあまりますか。

式

答え

重さ (6)

① 重さ 250g のかごに 850g のりんごを
入れると，何 g になりますか。
また，何 kg 何 g ですか。

　　式

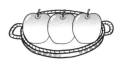

　　　　答え　(　　　　　) g ,　(　　) kg (　　　　　) g

② 重さ 300g のかごにみかんを入れてはかると，1kg100g ありました。
みかんの重さは何 g ですか。

　　式

　　　　　　　　　答え _____

③ 計算をしましょう。

　① 700g + 500g

　② 1kg700g + 300g

　③ 1kg − 600g

　④ 1kg300g − 800g

ふく習

① 468 + 234　② 653 + 87　③ 158 + 862　④ 794 + 909

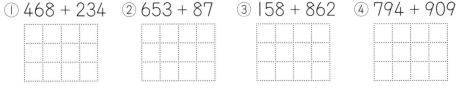

重さ (7)

① ひろしさんの体重は 28kg です。
ひろしさんが犬をだいてはかると，40kg でした。
犬の体重は何 kg ですか。

　　式

　　　　　　　　　答え _____

② 900g のランドセルに本やノートを入れて重さをはかると，
1kg700g でした。
ランドセルに入れた本やノートの重さは何 g ですか。

　　式

　　　　　　　　　答え _____

③ 重さ 800g の植木ばちに土を 1kg200g 入れました。
土を入れた植木ばちの重さはどれだけになりましたか。

　　式

　　　　　　　　　答え _____

ふく習

① 738 − 465　② 624 − 246　③ 720 − 593　④ 805 − 538

重さ (8)

重さ，長さ，かさのたんい

名
前

① （ ）にあてはまる数を書きましょう。

① 1kg = （　　　　　　）g

② 1t = （　　　　　　）kg

③ 4t = （　　　　　　）kg

④ 2000kg = （　　　　）t

⑤ 5000kg = （　　　　）t

② （ ）にあてはまる重さのたんい（g，kg，t）を書きましょう。

① 赤ちゃんの体重　　　3（　　　）

② ぞうの体重　　　　　5（　　　）

③ たまご1この重さ　60（　　　）

③ （ ）にあてはまる数を書きましょう。

① 1km = （　　　　　）m

② 1m = （　　　　　）cm

③ 1m = （　　　　　）mm

④ 1L = （　　　　　）dL

⑤ 1L = （　　　　　）mL

ふく習

①702 − 65　　②836 − 774　　③1000 − 572　　④1000 − 299

重さ

まとめ

名
前

① はかりのはりがさしているめもりを書きましょう。

①

（　　　　　　）g

②
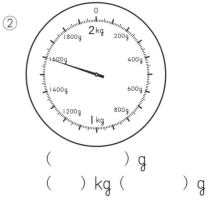
（　　　　　　）g
（　　　）kg（　　　　　　）g

② （ ）にあてはまる数を書きましょう。

① 1kg = （　　　　　）g　　② 3000g = （　　　　）kg

③ 1t = （　　　　　）kg　　④ 6000kg = （　　　　）t

③ 200gのお皿にりょう理を入れて重さをはかると，1kg100gでした。
りょう理の重さは何gですか。

式

答え

④ 重さ600gのかばんに750gの荷物を入れました。
荷物の入ったかばんの重さは何gですか。また，何kg何gですか。

式

答え （　　　　　）g ，（　　）kg（　　　　　）g

分数 (1)

名
前

1　色をぬったところの長さは、それぞれ何 m ですか。

①  m

② 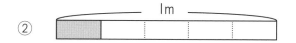 m

③  m

2　次の長さの分だけ色をぬりましょう。

① $\frac{1}{4}$ m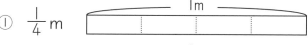

② $\frac{1}{7}$ m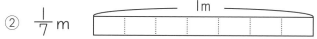

ふく習

① 24 ÷ 3　　　　② 32 ÷ 8

③ 40 ÷ 9　　　　④ 40 ÷ 7

⑤ 40 ÷ 6　　　　⑥ 31 ÷ 8

⑦ 31 ÷ 4　　　　⑧ 6 ÷ 5

● 5こで 35 円のあめがあります。
　このあめは 1 こ何円ですか。

式

答え _____

分数 (2)

名
前

1　色をぬったところの長さは、それぞれ何 m ですか。

① 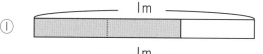 m

②  m

③  m

2　次の長さの分だけ色をぬりましょう。

① $\frac{3}{4}$ m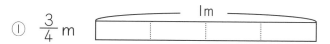

② $\frac{2}{6}$ m

③ $\frac{5}{8}$ m

3　(　)にあてはまる数を書きましょう。

① $\frac{2}{3}$ mは $\frac{1}{3}$ mの(　　　)こ分の長さです。

② $\frac{3}{4}$ mは $\frac{1}{4}$ mの(　　　)こ分の長さです。

ふく習

● 47 このドーナツを 6 こずつ箱に入れます。
　6 こ入りの箱は何箱できますか。

式

答え _____

　（122%に拡大してご使用ください）

分数（3）

名前

① 色をぬったところのかさは、それぞれ何Lですか。

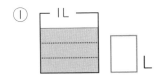 ① □ L

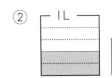 ② □ L

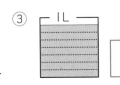 ③ □ L

② 次のかさの分だけ色をぬりましょう。

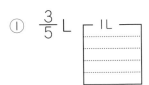 ① $\frac{3}{5}$ L

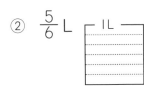 ② $\frac{5}{6}$ L

③ （　）にあてはまることばや数を書きましょう。

① $\frac{3}{5}$ や $\frac{4}{7}$ の5や7を（　　　）、3や4を（　　　）といいます。

② $\frac{3}{5}$ は $\frac{1}{5}$ を（　　　）こ集めた数です。

③ $\frac{6}{7}$ は（　　　）を6こ集めた数です。

ふく習

① 61÷7　　② 5÷2

③ 41÷6　　④ 27÷7

⑤ 77÷8　　⑥ 80÷9

● 70ページの本を1日に9ページずつ読みます。全部読み終わるまでに何日かかりますか。

式

答え＿＿＿＿＿＿＿

 分数（4）

名前

① 下の数直線を見て答えましょう。

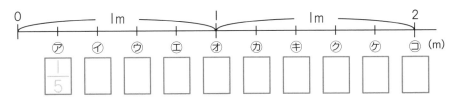

① ⑦から⊐にあたる分数を書きましょう。

② 1mと同じ長さの分数は何ですか。　1m ＝ □ m

③ $\frac{2}{5}$ m と $\frac{4}{5}$ m では、どちらがどれだけ長いですか。

□ mの方が □ m長い

② 次の数直線の⑦〜⊐にあたる分数を書きましょう。

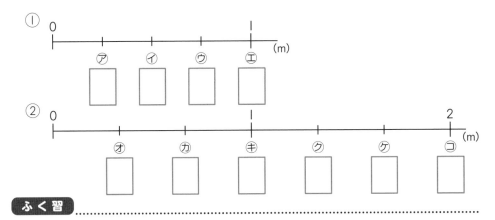

ふく習

● 子どもが33人います。4人ずつでボートに乗ります。みんなが乗るには、ボートは何そういりますか。

式

答え＿＿＿＿＿＿＿

分数 (5)

名前

① （ ）にあてはまる等号（＝）や不等号（＞，＜）を書きましょう。

① $\frac{3}{7}$（　　　）$\frac{5}{7}$

② $\frac{7}{5}$（　　　）$\frac{3}{5}$

③ 1（　　　）$\frac{6}{6}$

④ 1（　　　）$\frac{9}{8}$

② 色をぬったところの長さは，何 mですか。分数で表しましょう。

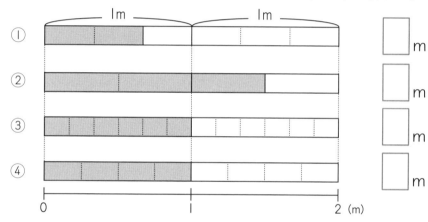

① □ m

② □ m

③ □ m

④ □ m

ふく習

① 28 ÷ 4

② 63 ÷ 7

③ 27 ÷ 4

④ 52 ÷ 7

⑤ 70 ÷ 9

⑥ 42 ÷ 8

⑦ 14 ÷ 4

⑧ 7 ÷ 5

● 60円持っています。1こ9円のラムネは何こ買えますか。

式

答え＿＿＿＿＿＿

分数 (6)

名前

① 下の数直線の⑦～⑰には分数を，⑰～⑳には小数を書きましょう。

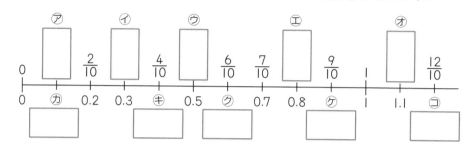

② （ ）にあてはまる小数や分数を書きましょう。

① 0.4 =（　　　）

② 0.7 =（　　　）

③ $\frac{3}{10}$ =（　　　）

④ $\frac{9}{10}$ =（　　　）

③ （ ）にあてはまる等号（＝）や不等号（＞，＜）を書きましょう。

① 0.2（　　　）$\frac{3}{10}$

② 0.7（　　　）$\frac{7}{10}$

③ 1（　　　）$\frac{10}{10}$

④ $\frac{11}{10}$（　　　）1

ふく習

① 36 ÷ 9

② 48 ÷ 8

③ 71 ÷ 8

④ 58 ÷ 6

⑤ 14 ÷ 6

⑥ 28 ÷ 3

⑦ 29 ÷ 5

⑧ 43 ÷ 9

分数（7）

名
前

① 水とうに麦茶が $\frac{4}{9}$ L 入っています。さらに麦茶を $\frac{3}{9}$ L 入れると，何 L になりますか。

式

答え ＿＿＿＿＿＿＿＿＿＿＿

② 計算をしましょう。

① $\frac{1}{3} + \frac{1}{3}$

② $\frac{3}{6} + \frac{2}{6}$

③ $\frac{1}{4} + \frac{2}{4}$

④ $\frac{1}{2} + \frac{1}{2}$

⑤ $\frac{2}{5} + \frac{1}{5}$

⑥ $\frac{2}{7} + \frac{5}{7}$

⑦ $\frac{7}{8} + \frac{1}{8}$

⑧ $\frac{6}{10} + \frac{4}{10}$

ふく習

① $10 \div 7$

② $8 \div 3$

③ $54 \div 7$

④ $52 \div 8$

⑤ $69 \div 9$

⑥ $23 \div 5$

⑦ $41 \div 9$

⑧ $9 \div 6$

● いちごが 60 こあります。8 このケーキに同じ数ずつのせると，1 このケーキにいちごは何こずつになって，何こあまりますか。

式

答え ＿＿＿＿＿＿＿＿＿＿＿

 分数（8）

名
前

① ジュースが $\frac{5}{6}$ L あります。$\frac{1}{6}$ L 飲むと，のこりは何 L になりますか。

式

答え ＿＿＿＿＿＿＿＿＿＿＿

② 計算をしましょう。

① $\frac{3}{4} - \frac{1}{4}$

② $\frac{6}{8} - \frac{3}{8}$

③ $\frac{4}{5} - \frac{2}{5}$

④ $\frac{7}{9} - \frac{2}{9}$

⑤ $1 - \frac{1}{3}$

⑥ $1 - \frac{3}{4}$

⑦ $1 - \frac{7}{10}$

⑧ $1 - \frac{5}{7}$

ふく習

① $41 \div 7$

② $62 \div 8$

③ $41 \div 6$

④ $27 \div 7$

⑤ $13 \div 9$

⑥ $18 \div 4$

⑦ $20 \div 8$

⑧ $74 \div 9$

● 20cm のロールケーキがあります。1 人 3cm ずつに切ると，何人に分けられて，何 cm あまりますか。

式

答え ＿＿＿＿＿＿＿＿＿＿＿

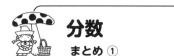

分数
まとめ ①

名前

1　色をぬったところの長さやかさを，分数で表しましょう。

① m

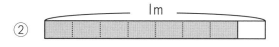
② m

③ 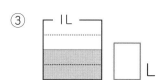 L

④ 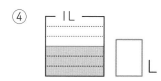 L

2　下の数直線の㋐〜㋑にあたる分数を書きましょう。

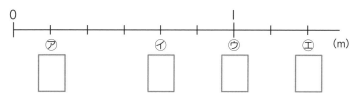

3　計算をしましょう。

① $\frac{3}{8} + \frac{2}{8}$

② $\frac{2}{5} + \frac{1}{5}$

③ $\frac{3}{10} + \frac{7}{10}$

④ $\frac{3}{7} + \frac{4}{7}$

⑤ $\frac{7}{9} - \frac{2}{9}$

⑥ $\frac{5}{6} - \frac{2}{6}$

⑦ $1 - \frac{1}{4}$

⑧ $1 - \frac{3}{8}$

分数
まとめ ②

名前

1　次の長さやかさの分だけ色をぬりましょう。

① $\frac{3}{4}$ m
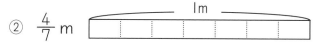

② $\frac{4}{7}$ m

③ $\frac{2}{6}$ L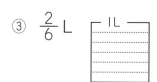

④ $\frac{5}{8}$ L

2　（　）にあてはまる数を書きましょう。

① $\frac{5}{6}$ Lは，$\frac{1}{6}$ Lの（　　　）こ分です。

② $\frac{1}{7}$ の4こ分は（　　　）です。

③ 1mは $\frac{1}{9}$ mが（　　　）こ集まった数です。

3　牛にゅうが1Lあります。$\frac{2}{6}$ L飲むと，のこりは何Lになりますか。
式

答え＿＿＿＿＿＿＿＿＿＿

4　リボンを $\frac{3}{9}$ m使うと，のこりが $\frac{4}{9}$ mになりました。
はじめにリボンは何mありましたか。

式

答え＿＿＿＿＿＿＿＿＿＿

□を使った式（1）

名
前

● わからない数を □ としてたし算の式に表し，□にあてはまる数を
もとめましょう。

① 16人の子どもが公園で遊んでいます。
　　そこへ友だちが何人か来たので，みんなで28人になりました。

式
（　　　）＋□＝（　　　）

答え　□ 人

② 200gのかごにみかんを何gか入れて重さを
　　はかると，850gになりました。

式

答え　□ g

③ ロープが何mかありました。それに15mのロープをつないで
　　50mにしました。（つなぎめの長さは考えません。）

式

答え　□ m

ふく習

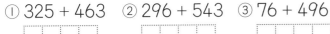

① 325 ＋ 463　② 296 ＋ 543　③ 76 ＋ 496　④ 967 ＋ 348

□を使った式（2）

名
前

● わからない数を □ としてひき算の式に表し，□にあてはまる数を
もとめましょう。

① いちごが何こかありました。そのうち34こ食べたので，
　　のこりは12こになりました。

式
□ －（　　　）＝（　　　）

答え　□ こ

② お金をいくらか持って買い物に行きました。
　　360円はらうと，のこりは440円になりました。

式

答え　□ 円

③ ジュースが何mLかありました。180mL飲むと，
　　のこりは350mLになりました。

式

答え　□ mL

ふく習

① 719 ＋ 184　② 52 ＋ 529　③ 396 ＋ 732　④ 968 ＋ 839

□を使った式（3）

名前

● わからない数を □ としてかけ算の式に表し，□ にあてはまる数を
もとめましょう。

① おにぎりが同じ数ずつのっているお皿が6皿あります。
おにぎりは全部で42こです。

式

　　　□ ×（　　　　）=（　　　　　）

答え [　　] こ

② 1箱にガムが8まいずつ入っています。
それを何箱か買ったので，ガムは全部で32まいになりました。

式

答え [　　] 箱

③ 1まい10円の画用紙を何まいか買いました。
代金は全部で100円でした。

式

答え [　　] まい

① 534 − 269　② 834 − 239　③ 712 − 364　④ 803 − 274

 □を使った式（4）

名前

● わからない数を □ としてたし算，ひき算，かけ算の式に表し，
□ にあてはまる数をもとめましょう。

① お茶がペットボトルに5dL ずつ入っています。
それを何本か買ったので，お茶は全部で40dL になりました。

式

答え [　　] 本

② バスに17人乗っています。次のバスていで
何人か乗ってきたので，バスに乗っている人は
全部で24人になりました。

式

答え [　　] 人

③ ちゅう車場に車が何台かとまっていました。
18台が出て行きました。のこりは25台になりました。

式

答え [　　] 台

① 204 − 67　② 625 − 578　③ 1000 − 377　④ 1000 − 938

かけ算の筆算 ② (1)
何十をかけるかけ算　名前

1　クッキーを１人に８まいずつ 30 人に配ります。
クッキーは全部で何まいいりますか。

式

答え _____

2　計算をしましょう。

① 4 × 20　　　　② 4 × 30

③ 6 × 40　　　　④ 8 × 50

⑤ 24 × 20　　　　⑥ 13 × 30

⑦ 40 × 20　　　　⑧ 60 × 50

ふく習

①23 × 3　②47 × 2　③63 × 3　④37 × 6

● １こ 34 円のグミを４こ買うと，代金は何円ですか。

式

答え _____

かけ算の筆算 ② (2)
２けた × ２けた＝３けた　名前

1　13 × 24 の筆算をします。（ ）にあてはまる数を書きましょう。

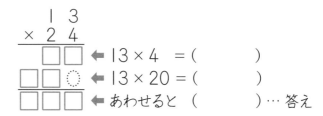

```
    1 3
  × 2 4
  □ □   ← 13 × 4  = (     )
 □ □ ○  ← 13 × 20 = (     )
 □ □ □  ← あわせると (     )… 答え
```

2　筆算でしましょう。

① 12 × 24　② 13 × 21　③ 23 × 14　④ 32 × 13

⑤ 23 × 23　⑥ 11 × 53　⑦ 45 × 12　⑧ 23 × 31

ふく習

①213 × 2　②458 × 3　③187 × 6　④839 × 4

1　1本96円の花を32本買います。代金は何円ですか。

式

答え＿＿＿＿＿＿＿＿＿＿

2　筆算でしましょう。

① 46 × 43　　② 56 × 32　　③ 92 × 73　　④ 78 × 46

⑤ 72 × 84　　⑥ 77 × 93　　⑦ 64 × 87　　⑧ 37 × 55

⑨ 76 × 54　　⑩ 83 × 65　　⑪ 49 × 87　　⑫ 66 × 38

⑬ 38 × 69　　⑭ 70 × 85　　⑮ 49 × 67　　⑯ 87 × 67

1　長さ85cmのリボンを26本つくります。リボンは全部で何cmいりますか。

式

答え＿＿＿＿＿＿＿＿＿＿

2　筆算でしましょう。

① 43 × 63　　② 80 × 96　　③ 46 × 35　　④ 36 × 45

⑤ 78 × 42　　⑥ 47 × 75　　⑦ 72 × 47　　⑧ 37 × 86

⑨ 97 × 82　　⑩ 86 × 45　　⑪ 70 × 47　　⑫ 69 × 63

⑬ 36 × 59　　⑭ 68 × 86　　⑮ 68 × 93　　⑯ 69 × 98

かけ算の筆算 ② (5)
かけ算のくふう

名
前

1　ともきさんの組の人数は28人です。
　色紙を1人に4まいずつ配ります。
　色紙は全部で何まいいりますか。

　　式

　　　　　　　　　　　答え _____

2　くふうして筆算しましょう。

① 13 × 30　　② 37 × 20　　③ 68 × 40　　④ 76 × 80

⑤ 6 × 34　　⑥ 4 × 72　　⑦ 5 × 68　　⑧ 7 × 46

ふく習

① 374 + 514　　② 278 + 436　　③ 93 + 674　　④ 857 + 763

かけ算の筆算 ② (6)
3けた × 2けた = 4けた，5けた

名
前

① 123 × 42　　② 312 × 25　　③ 212 × 28　　④ 326 × 23

⑤ 362 × 45　　⑥ 256 × 73　　⑦ 473 × 48　　⑧ 932 × 67

⑨ 871 × 76　　⑩ 296 × 87　　⑪ 489 × 46　　⑫ 876 × 94

ふく習

① 378 + 382　　② 892 + 49　　③ 673 + 387　　④ 478 + 996

 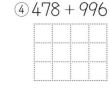

かけ算の筆算 ② (7)

十の位が 0 のかけ算・まちがいみつけ

名前

① 筆算でしましょう。

① 206 × 24　② 506 × 38　③ 307 × 68　④ 909 × 86

⑤ 807 × 40　⑥ 209 × 70　⑦ 708 × 60　⑧ 406 × 50

② 次の計算が正しければ○を，まちがっていれば正しい答えを，（　）に書きましょう。

① 58 × 50　② 78 × 64　③ 387 × 76　④ 506 × 46

```
     58          78         387         506
   × 50        × 64       ×  76       ×  46
   2540         312        2322         336
                468        2709         224
                780       29412        2576
```

（　　）　（　　）　（　　）　（　　）

ふく習

① 524 − 238　② 660 − 269　③ 438 − 169　④ 701 − 268

かけ算の筆算 ② (8)

名前

① みかんが 1 ふくろに 5 こ入って 200 円で売っています。
このみかん 15 この代金は何円ですか。

式

200 円

答え

② あめが 1 ふくろに 3 こ入って 96 円で売っています。
このあめ 18 この代金は何円ですか。

式

96 円

答え

ふく習

① 535 − 77　② 836 − 791　③ 1001 − 326　④ 1004 − 797

● 色えんぴつセットは 698 円，絵の具セットは 725 円です。
代金のちがいは何円ですか。

式

答え

かけ算の筆算 ② (9)

名前

1　白のテープは赤のテープの 4 倍の長さで 20cm です。

① 　下の図の（　）に白，赤のどちらかを書きましょう。

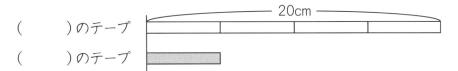

（　　　）のテープ

（　　　）のテープ

② 　赤のテープの長さを □ として，式に表します。
　　（　）にあてはまる数を書きましょう。

　　　□ ×（　　　）=（　　　）

③ 　赤のテープの長さは何 cm ですか。

式　　　　　　　　　　　　　答え

2　青のテープは黄のテープの 6 倍の長さで 24cm です。

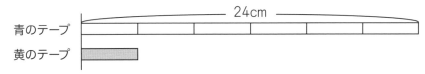

青のテープ

黄のテープ

黄のテープの長さは何 cm ですか。

式　　　　　　　　　　　　　答え

ふく習

① 2168 + 7654　② 5759 + 2595　③ 7304 − 2369　④ 8002 − 4926

かけ算の筆算 ②

まとめ ①

名前

1　筆算でしましょう。

① 34 × 42

② 34 × 84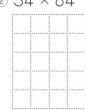

③ 70 × 84

④ 75 × 60

⑤ 64 × 87

⑥ 63 × 48

⑦ 78 × 74

⑧ 25 × 84

⑨ 256 × 32

⑩ 634 × 36

⑪ 768 × 83

⑫ 804 × 98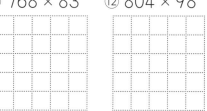

2　あめが 26 こ入っているふくろが 15 ふくろあります。
　あめは全部で何こありますか。

式

答え

3　1 こ 125 円のドーナツ 12 こと 180 円のジュースを 1 本買います。
　代金は何円になりますか。

式

答え

かけ算の筆算 ②

まとめ ②

① 次の計算が正しければ○を，まちがっていれば正しい答えを，（　）に書きましょう。

① 86 × 37

```
    86
×   37
   502
   258
  3082
```

② 77 × 48

```
    77
×   48
   616
   308
  3696
```

③ 67 × 54

```
    67
×   54
   268
   335
   603
```

④ 508 × 48

```
   508
×   48
   464
   232
  2784
```

（　　　　）　（　　　　）　（　　　　）　（　　　　）

② 子ども会では，48人でバスに乗って遠足に行きます。
バス代は1人750円です。
バス代は全部で何円になりますか。

式

答え _____

③ 1まい65円の色画用紙を12まい買いました。
1000円さつではらうと，おつりは何円ですか。

式

答え _____

④ 長さ70cmのテープを56本つくります。テープは全部で何cm いりますか。また，何m何cmですか。

式

答え （　　　　）cm, （　　）m（　　　　）cm

倍の計算 （1）

① 青のテープは6mです。赤のテープは2mです。
青のテープの長さは，赤のテープの長さの何倍ですか。

2 × □ = 6

式

答え _____

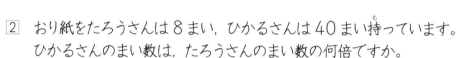
青のテープ
赤のテープ

② おり紙をたろうさんは8まい，ひかるさんは40まい持っています。
ひかるさんのまい数は，たろうさんのまい数の何倍ですか。

式

答え _____

③ 犬の体重は12kgで，ねこの体重は3kgです。
犬の体重は，ねこの体重の何倍ですか。

式

答え _____

ふく習

① 18 ÷ 6　　　② 27 ÷ 9

③ 41 ÷ 7　　　④ 62 ÷ 8

⑤ 41 ÷ 6　　　⑥ 27 ÷ 7

⑦ 13 ÷ 9　　　⑧ 18 ÷ 4

● 油が20dLあります。1本のびんに3dLずつ入れると，びんは 何本できて，何dLあまりますか。

式

答え _____

倍の計算（2）

① 赤のテープの長さは 10cm です。白のテープの長さは，赤のテープの長さの 3 倍です。白のテープの長さは何 cm ですか。

式

答え＿＿＿＿＿＿＿＿＿＿

白のテープ
10cm
赤のテープ

② コップに 2dL の水が入っています。やかんには，コップの 7 倍の水が入っています。やかんに入っている水のかさは何 dL ですか。

式

答え＿＿＿＿＿＿＿＿＿＿

③ みかん1この重さは 110g です。すいか1この重さは，みかん1この重さの 10 倍です。すいか1この重さは何 g ですか。

式

答え＿＿＿＿＿＿＿＿＿＿

ふく習

① 32 ÷ 8　　　　② 42 ÷ 7

③ 20 ÷ 8　　　　④ 74 ÷ 9

⑤ 57 ÷ 6　　　　⑥ 14 ÷ 3

⑦ 84 ÷ 9　　　　⑧ 35 ÷ 6

● お金を 52 円持っています。1こ 9 円のあめが何こ買えますか。

式

答え＿＿＿＿＿＿＿＿＿＿

倍の計算（3）

① 青のテープの長さは 24cm で，黄のテープの長さの 4 倍です。黄のテープの長さは何 cm ですか。

式

 □ ×4 = 24

答え＿＿＿＿＿＿＿＿＿＿

青のテープ
24cm
黄のテープ

② ひまわりの高さは 10 日前の高さの 3 倍で，27cm になりました。ひまわりの 10 日前の高さは何 cm でしたか。

式

答え＿＿＿＿＿＿＿＿＿＿

③ 親犬の重さは 18kg で，子犬の重さの 6 倍です。子犬の重さは何 kg ですか。

式

答え＿＿＿＿＿＿＿＿＿＿

ふく習

① 48 ÷ 6　　　　② 36 ÷ 9

③ 37 ÷ 7　　　　④ 28 ÷ 5

⑤ 39 ÷ 4　　　　⑥ 31 ÷ 8

⑦ 37 ÷ 8　　　　⑧ 32 ÷ 7

● 荷物が 40 こあります。1 回に 6 こずつ台車にのせて運びます。何回で荷物を全部運ぶことができますか。

式

答え＿＿＿＿＿＿＿＿＿＿

倍の計算 (4)

倍の倍

名前　月　日

1　マラソン大会で，小学生は 2km 走ります。

中学生は小学生の 3 倍走ります。

高校生は中学生の 2 倍走ります。

高校生は何 km 走りますか。

高校生は，小学生の何倍走ったかを考えてからもとめましょう。

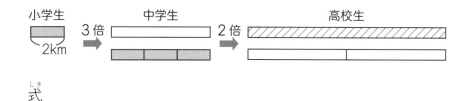

式

答え＿＿＿＿＿＿＿＿＿＿＿

2　マグカップには 3dL の水が入ります。

ビンにはマグカップの 2 倍の水が入ります。

金魚ばちにはビンの 4 倍の水が入ります。

金魚ばちには何 dL の水が入りますか。

金魚ばちには，マグカップの何倍の水が入るかを考えてから

もとめましょう。

式

答え＿＿＿＿＿＿＿＿＿＿＿

倍の計算

まとめ

名前　月　日

1　二重とびの練習をしています。

きのうは 15 回とびました。今日はきのうの 3 倍とびました。

今日は何回とびましたか。・

式

答え＿＿＿＿＿＿＿＿＿＿＿

2　箱にはチョコレートが 32 こ入っています。

ふくろにはチョコレートが 8 こ入っています。

箱のチョコレートの数は，ふくろのチョコレートの数の何倍ですか。

式

答え＿＿＿＿＿＿＿＿＿＿＿

3　大なわとびで，ひかるさんのはんは，はるかさんのはんの 3 倍の

27 回とびました。はるかさんのはんは何回とびましたか。

式

答え＿＿＿＿＿＿＿＿＿＿＿

三角形 (1)

名
前

月　日

① 次の三角形は何という三角形ですか。

① 直角のかどがある三角形　（　　　　　　　　）

② 2つの辺の長さが等しい三角形　（　　　　　　　　）

③ 3つの辺の長さが等しい三角形　（　　　　　　　　）

② コンパスを使って，下の図から二等辺三角形と正三角形をみつけて，（　）に記号を書きましょう。

二等辺三角形（　　）（　　）（　　）　正三角形（　　）（　　）（　　）

③ 下の図の①と②の辺の長さを書きましょう。

二等辺三角形
①　（　　　）cm

正三角形
②（　　　）cm

ふく習

① $\frac{2}{5} + \frac{1}{5}$　　② $\frac{1}{4} + \frac{2}{4}$

③ $\frac{4}{6} + \frac{2}{6}$　　④ $\frac{1}{3} + \frac{2}{3}$

 三角形 (2)

名
前

月　日

● 次の二等辺三角形をコンパスを使ってかきましょう。

①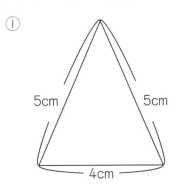

5cm　　5cm

4cm

② 辺の長さが 3cm，6cm，6cm

③ 辺の長さが 5cm，5cm，8cm

ふく習

① $\frac{4}{7} + \frac{2}{7}$　　② $\frac{4}{10} + \frac{3}{10}$

③ $\frac{5}{8} + \frac{3}{8}$　　④ $\frac{5}{9} + \frac{4}{9}$

三角形 （3）

名前

● 次の正三角形をコンパスを使ってかきましょう。

①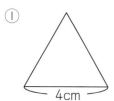

4cm

② 1辺の長さが6cm

③ 1辺の長さが5cm

ふく習

① $\dfrac{4}{5} - \dfrac{2}{5}$

② $\dfrac{7}{8} - \dfrac{2}{8}$

③ $1 - \dfrac{3}{10}$

④ $1 - \dfrac{2}{4}$

● ジュースがペットボトルに $\dfrac{1}{3}$ L，紙パックに $\dfrac{2}{3}$ L 入っています。

① あわせて何Lですか。

式

答え _____

② ちがいは何Lですか。

式

答え _____

三角形 （4）

名前

● 次の円とその中心を使って，二等辺三角形や正三角形をかきましょう。

① 辺の長さが2cm，2cm，3cmの二等辺三角形

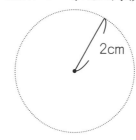

2cm

② 1辺の長さが2cmの正三角形

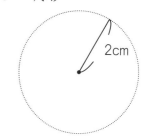

2cm

③ 辺の長さが3cm，3cm，5cmの二等辺三角形

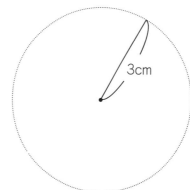

3cm

④ 1辺の長さが3cmの正三角形

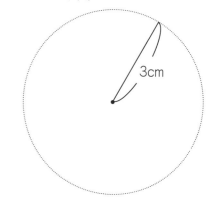

3cm

ふく習

① $\dfrac{7}{9} - \dfrac{4}{9}$

② $\dfrac{6}{7} - \dfrac{2}{7}$

③ $1 - \dfrac{2}{3}$

④ $1 - \dfrac{2}{6}$

三角形 (5)

名
前

月　日

1　（　）にあてはまることばを，右の □ からえらんで書きましょう。

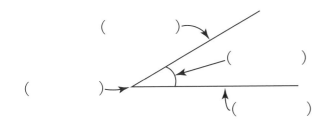

（　　　　）

（　　　　）

（　　　　）

（　　　　）

| 辺 |
| 角 |
| ちょう点 |

2　三角じょうぎのかどの形を見て，記号で答えましょう。

①　直角になっているかどは，
どれとどれですか。

（　　　）（　　　）

②　いちばんとがっているかどは，どれですか。

（　　　　）

ふく習

① $\frac{3}{7} + \frac{2}{7}$

② $\frac{5}{9} + \frac{4}{9}$

③ $\frac{3}{8} + \frac{2}{8}$

④ $\frac{3}{5} + \frac{2}{5}$

● テープが何ｍかありました。$\frac{2}{9}$ ｍ使うと，のこりは $\frac{5}{9}$ ｍに
なりました。はじめにテープは何ｍありましたか。

式

答え　　　　　　　　　　　　　　

三角形 (6)

名
前

月　日

1　角の大きさをくらべて，大きい方に○をつけましょう。

①

（　　　）（　　　）

②

（　　　）（　　　）

③
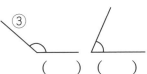
（　　　）（　　　）

④
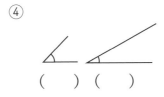
（　　　）（　　　）

⑤
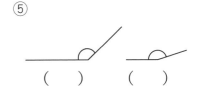
（　　　）（　　　）

2　下の角の大きさをくらべて，大きいじゅんに記号を書きましょう。

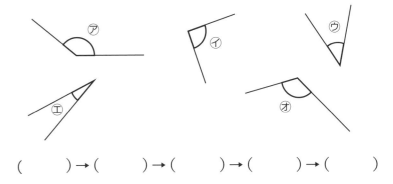

（　　　）→（　　　）→（　　　）→（　　　）→（　　　）

ふく習

① $\frac{3}{9} + \frac{6}{9}$

② $\frac{2}{7} + \frac{4}{7}$

③ $\frac{5}{6} + \frac{1}{6}$

④ $\frac{1}{8} + \frac{4}{8}$

⑤ $\frac{7}{9} - \frac{4}{9}$

⑥ $\frac{9}{10} - \frac{7}{10}$

⑦ $1 - \frac{3}{7}$

⑧ $1 - \frac{7}{12}$

三角形（7）

名前

1 次の文は，二等辺三角形，正三角形のどちらのことですか。
（　）にあてはまる方の名前を書きましょう。

① ３つの角の大きさがみんな等しい三角形　（　　　　　　　）

② ２つの角の大きさが等しい三角形　（　　　　　　　）

2 ２まいの三角じょうぎを使ってできた次の三角形の名前を，（　）に
書きましょう。

① 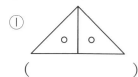　② 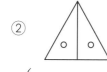　③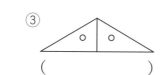

（　　　　　　　）　（　　　　　　　）　（　　　　　　　）

3 右の図のように，紙を半分におって，
点線のところで切りました。

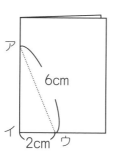

① 紙を広げると，何という三角形が
できますか。
（　　　　　　　）

② イウの長さを何cmにすれば，
広げた形が正三角形になりますか。
（　　　　　　　）

ふく習
・・

● 金色のテープは $\frac{5}{8}$ mあります。銀色のテープは１mあります。
どちらが何m長いですか。
式

答え

三角形
まとめ

名前

1 コンパスを使って，下の図から二等辺三角形と正三角形をみつけて，
（　）に記号を書きましょう。

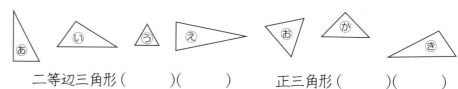

二等辺三角形（　　　）（　　　）　　正三角形（　　　）（　　　）

2 右の二等辺三角形と正三角形を
見て，答えましょう。

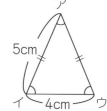 

① 辺アウの長さは何cm
ですか。　（　　　　）cm

② 角ア，角イ，角ウのうち，
角の大きさが等しいのは，どの角とどの角ですか。

角（　　　　）と角（　　　　）

③ 辺カキと辺カクは何cmですか。　（　　　　）cm

④ 正三角形には，大きさが等しい角は何こありますか。（　　　　）こ

3 次の三角形をかきましょう。

① 辺の長さが3cm，4cm，
4cmの二等辺三角形

② １辺の長さが4cmの
正三角形

ぼうグラフと表 (1)

名前

● 3年1組で，すきなやさいの絵を1つえらんで黒板にはりました。

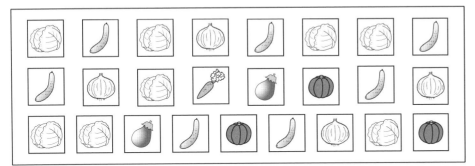

① 「正」の字を書いて，すきなやさいごとに人数を調べましょう。

② ①の表の「正」の字を使って表した数を数字になおして，下の表に書きましょう。合計も書きましょう。

すきなやさい調べ

しゅるい	人数（人）
キャベツ	
きゅうり	
玉ねぎ	
かぼちゃ	
なす	
にんじん	

すきなやさい調べ

しゅるい	人数（人）
キャベツ	
きゅうり	
玉ねぎ	
かぼちゃ	
その他	
合　計	

ふく習

① 276 + 359　② 186 + 329　③ 67 + 823　④ 546 + 78

ぼうグラフと表 (2)

名前

● 下のぼうグラフは，すきな遊びのしゅるいを調べたものです。

① グラフの1めもりは，何人を表していますか。　（　　　）人

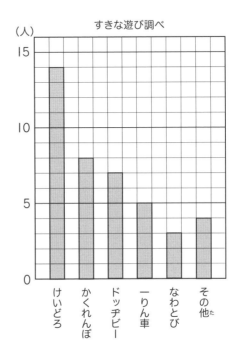

すきな遊び調べ

② グラフの人数を下の表にまとめましょう。

すきなあそび調べ

しゅるい	人数（人）
けいどろ	
かくれんぼ	
ドッヂビー	
一りん車	
なわとび	
その他	
合　計	

③ けいどろがすきな人は，ドッヂビーがすきな人より何人多いですか。

（　　　）人

ふく習

① 856 + 744　② 984 + 89　③ 736 + 784　④ 639 + 492

ぼうグラフと表（3）
名前

● 下のぼうグラフは，小学校で１週間に休んだ人数を調べたものです。

① グラフの１めもりは，何人を表していますか。

（　　　　）人

② グラフの人数を下の表にまとめましょう。

休んだ人数調べ

曜日	人数（人）
月	
火	
水	
木	
金	
合 計	

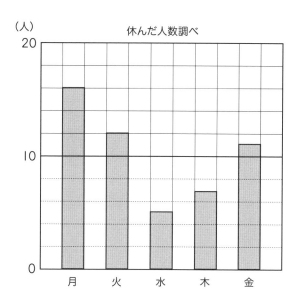

休んだ人数調べ（人）

ふく習

① 731 + 146　② 166 + 455　③ 83 + 738　④ 566 + 638

● かおりさんは，シールを 278 まい持っています。
あやさんは，かおりさんより 68 まい多くシールを持っています。
あやさんは，シールを何まい持っていますか。

式

答え

ぼうグラフと表（4）
名前

● 下の①～③のぼうグラフで，１めもりが表している大きさと，ぼうが表している大きさを書きましょう。

① （分）　　　② （m）　　　③ （円）

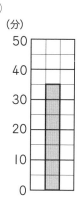 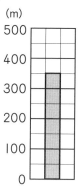

１めもり　（　　）分　　１めもり　（　　）m　　１めもり　（　　）円
ぼうの大きさ（　　）分　　ぼうの大きさ（　　）m　　ぼうの大きさ（　　）円

ふく習

① 723 − 264　② 503 − 298　③ 702 − 634　④ 1000 − 445

● おり紙でつるを 1000 羽おって，千羽づるをつくります。
これまでに，813 羽おりました。あと何羽おればいいですか。

式

答え

● ももかさんは，405 ページの本を読んでいます。
きのうまでに 267 ページ読みました。のこりは何ページですか。

式

答え

ぼうグラフと表 (5)

名前

● 下の表は，すきなパン調べの人数を表したものです。

① この表を，ぼうグラフに表しましょう。（多いじゅんにかきましょう。）

すきなパン調べ

しゅるい	人数（人）
メロンパン	11
あんパン	15
クリームパン	7
カレーパン	9
クロワッサン	3
その他	5
合　計	50

（　　）

その他

③ メロンパンがすきな
人数は，クリームパンが
すきな人数より何人多い
ですか。

（　　　　　）

④ あんパンがすきな人数は，
クロワッサンがすきな人数の
何倍ですか。

（　　　　　）

ふく習

① 738 ＋ 169　② 354 ＋ 262　③ 932 ＋ 79　④ 739 ＋ 264

ぼうグラフと表 (6)

名前

● 右の表は，駅からいろいろな場所までの
道のりを表したものです。

駅からの道のり

場所	道のり (m)
小学校	900
中学校	1200
高　校	600
病　院	300
役　場	400

① この表を，ぼうグラフに表しましょう。
（長いじゅんにかきましょう。）

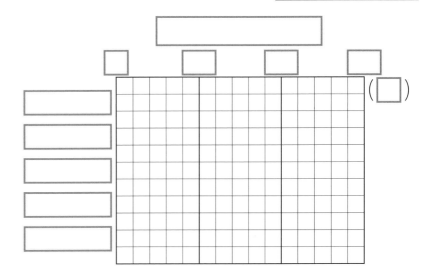

（　）

② 小学校までの道のりは，中学校までの道のりより何m短いですか。

（　　　　　　）

ふく習

① 329 － 66　② 402 － 364　③ 1000 － 283　④ 1005 － 939

ぼうグラフと表 (7)

名前

● ある小学校で、4月、5月、6月にけがをした人数を調べました。

けがをした人数 (4月)	
しゅるい	人数 (人)
すりきず	7
切りきず	6
うちみ	4
合　計	

けがをした人数 (5月)	
しゅるい	人数 (人)
すりきず	8
切りきず	5
うちみ	10
合　計	

けがをした人数 (6月)	
しゅるい	人数 (人)
すりきず	12
切りきず	3
うちみ	5
合　計	

① 上の表に合計の人数を書きましょう。

② 上の月ごとの3つの表を、1つの表に整理します。
下の表のあいているところに、あてはまる数を書きましょう。

4, 5, 6月にけがをした人数　　(人)

しゅるい ＼ 月	4月	5月	6月	合　計
すりきず	7	㋐		
切りきず		5		
うちみ			5	㋑
合　計				

③ 上の表の㋐、㋑は何を表していますか。
㋐ (　　　) 月に (　　　　　　　) のけがをした人数
㋑ 4, 5, 6月に (　　　　　　　) のけがをした人数の合計

ふく習

① 74 × 87　　② 63 × 58　　③ 68 × 84　　④ 25 × 84

ぼうグラフと表
まとめ

名前

① 下のぼうグラフは、ようきに入る水のかさを調べたものです。

① グラフのかさを下の表にまとめましょう。

ようきに入る水のかさ

入れ物	かさ (dL)
ポット	
ペットボトル	
水とう	
びん	
コップ	

ようきに入る水のかさ

(dL)

② ポットに入る水のかさは、びんに入る水のかさの何倍ですか。

(　　　　) 倍

② すきなくだものを調べました。
下の表を、ぼうグラフに表しましょう。
(多いじゅんにかきましょう。)

すきなくだもの調べ

しゅるい	人数 (人)
いちご	15
マンゴー	12
みかん	6
もも	9
りんご	5
その他	7
合　計	54

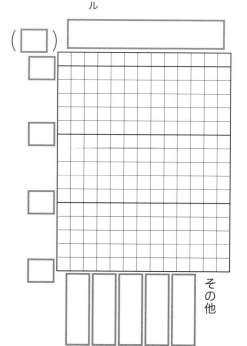

国語辞典の使い方 (1)

名前

1 次の言葉を国語辞典で調べます。国語辞典にのっているじゅんに、（　）に1～5の番号を書きましょう。

① （　）いか　（　）たこ　（　）しめじ　（　）めだか　（　）のり
② （　）くり　（　）はな　（　）なべ　（　）ふた　（　）かい
③ （　）あさ　（　）わなげ　（　）けむり　（　）とんぼ　（　）うま

2 次の二つの言葉のうち、国語辞典で先にのっている方に〇をつけましょう。

① （　）かき　（　）かぎ
② （　）グミ　（　）くみ
③ （　）たんご　（　）だんご

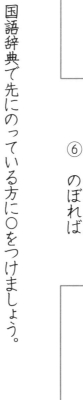

3 次の三つの言葉について、国語辞典にのっているじゅんに、（　）に1～3の番号を書きましょう。

① （　）せっけい　（　）せっけん　（　）ゼッケン
② （　）パス　（　）バス　（　）はす
③ （　）ふた　（　）ふだ　（　）ぶた

国語辞典の使い方 (2)

名前

1 次の三つの言葉について、国語辞典にのっているじゅんに、（　）に1～3の番号を書きましょう。

① （　）くら　（　）くらげ　（　）クーラー
② （　）スカート　（　）スーツ　（　）スーパー
③ （　）チーズ　（　）ちず　（　）チーター

2 次の言葉を国語辞典で調べます。見出し語は、何になりますか。□に書きましょう。

① 行きます　② きれいな
③ 食べた　④ ゆっくりと
⑤ 言え　⑥ のぼれば

3 次の二つの言葉のうち、国語辞典で先にのっている方に〇をつけましょう。

① （　）はじ　（　）はし
② （　）いえ　（　）いいえ
③ （　）びよういん　（　）びょういん

国語辞典の使い方 (3)

名前

１ 次の言葉を国語辞典で調べます。国語辞典にのっているじゅんに、（　）に1～4の番号を書きましょう。

① （　）アメリカ　（　）インド　（　）イギリス　（　）アフリカ

② （　）トースター　（　）ドーナツ　（　）とうめい　（　）とうふ

③ （　）シャワー　（　）シュークリーム　（　）しゅうじ　（　）しゅうかん

２ 次の二つの言葉のうち、国語辞典で先にのっている方に○をつけましょう。

① （　）あざ　（　）あさ

② （　）くき　（　）くぎ

③ （　）こううん　（　）コーン

３ 次の言葉を国語辞典で調べます。見出し語は、何になりますか。□に書きましょう。

① 書きます

② すぐれた

③ やさしそうな

④ 走らない

国語辞典の使い方 (4)

名前

１ ＝の言葉は、どんな意味で使われていますか。国語辞典で調べて、あてはまるものに○をつけましょう。

① お店の人に、ケーキのねだんを聞く。

（　）音や声を耳で感じ取る。

（　）人にたずねる。

（　）言われたことを受け入れる。

② 教室から校庭に出る。

（　）中から外に行く。

（　）出発する。

（　）出席する。

③ この先に駅があります。

（　）はしっこ。せんたん。

（　）それより早い時間やじゅんじょ。

（　）進んでいく方向。

④ ケーキ屋さんになるのがゆめです。

（　）ねむっている間に見るもの。

（　）いつかかなえたいと思っていること。

（　）かないそうにないのぞみ。

２ 次の文の＝の言葉を、国語辞典で調べます。何という言葉で調べればよいか□に書き、国語辞典で調べた意味も書きましょう。

どしゃぶりの雨にふられて、あわてて家にかけこんだ。

どしゃぶりの　　国語辞典で調べる言葉　意味

かけこんだ

82　（ 122％に拡大してご使用ください ）

漢字の音と訓（1）

名前

1 ──の漢字の読みを、音読みはカタカナで、訓読みはひらがなで書きましょう。

① お店で買い物（もの）をする。
（　）（　）（　）

店長さんがあいさつをする。
（　）

② 花だんにチューリップがさいている。
（　）

花のもようのハンカチ。
（　）

③ 体を動かす。
（　）（　）

動物（ぶつ）の絵をかく。
（　）

④ 本当のことを言う。
（　）（　）

くじに当たる。
（　）

2 ──の漢字の読みを書きましょう。

① 月を見る
（　）

三月
（　）

② 親切
（　）

母親
（　）

親しい
（　）

③ 月曜日
（　）

地下
（　）

下げる
（　）

下りる
（　）

漢字の音と訓（2）

名前

──の漢字の読みを書きましょう。

① 家族（ぞく）でおばあちゃんの家に遊びに行きます。
（　）　　　　　　（　）

② 火事（じ）にならないように、火のあつかいには気をつけよう。
（　）　　　　　　　　　　（　）

③ 体育（いく）の時間に、たくさん体を動（う）かした。
（　）　　　　　　　　　（　）

④ 友人は、やさしい人なので人気者（もの）だ。
（　）（　）　　　（　）

⑤ 七日は日曜日なので、休日です。
（　）　　（　）　　（　）

⑥ 遠足に行って、足がつかれた。おべんとうが足りないくらい、おなかがすいた。
（　）　　　　（　）　　　　　　　　　　（　）

漢字の音と訓（3）

1 ──の漢字の読みを書きましょう。

① 七月（　）　七日（　）　七つ（　）

② 数字（　）　数々の作品（　）　数える（　）

③ 先生（　）　生きる（　）　生まれる（　）

2 □には同じ漢字が入ります。あてはまる漢字を書きましょう。

① ［チュウ］学生　家の［なか］　一年［ジュウ］

② ［ダイ］兄　兄と［おとうと］

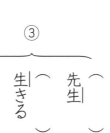

③ 家の［まえ］　午［ゼン］

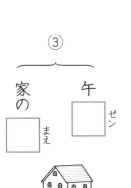

漢字の音と訓（4）

1 ──の漢字の読みを音読みはカタカナで、訓読みはひらがなで書きましょう。

① 土曜日に、庭の花だんの土にたねをまきます。（　）（　）

② 新しい本屋で、まんがの新かんを買った。（　）（　）

③ 人気のラーメン屋に行くと、行列ができていた。（　）（　）

2 □には同じ漢字が入ります。あてはまる漢字を書きましょう。

① ぼくが起きた［とき］には、もう十［じ］になっていた。

② ［きょう］室にノートをわすれているよと［おし］えてもらった。

③ ［しょ］道の時間に、今年の目ひょうを［か］いた。

こそあど言葉（1）

名前

１　次の「こそあど言葉」は、どのようなときに使われますか。線でつなぎましょう。

① この・これ　・　　　・話してからも相手からも遠い場合

② その・それ　・　　　・話し手に近い場合

③ あの・あれ　・　　　・はっきりしない場合

④ どの・どれ　・　　　・相手に近い場合

２　次のようなとき、どの「こそあど言葉」を使えばよいですか。線でつなぎましょう。

① 方向をさししめすとき　・　　・これ・それ・あれ・どれ

② 物事をさししめすとき　・　　・ここ・そこ・あそこ・どこ

③ 場所をさししめすとき　・　　・こっち・そっち・あっち・どっち

④ 様子をさししめすとき　・　　・こんな・そんな・あんな・どんな

こそあど言葉（2）

名前

●　次の文の □ にあてはまる「こそあど言葉」を、　からえらんで書きましょう。

① ケーキがたくさんある。□ ケーキを食べるかまよう。

② グーとパーの □ を出すか考える。

③ 遠くにある、□ は何のビルですか。

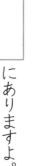

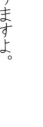

④ 本屋ならすぐ □ にありますよ。

⑤ □ に楽しそうだったのに、もうあきたの？

⑥ 道は、□ までもつづいているように思えた。

⑦ かんづめを開けるときは、□ 道具を使ってください。

```
どちら
この
そこ
あれ
あんな
どの
どこ
```

こそあど言葉（3）

名前

２ 次の文の □ にあてはまる「こそあど言葉」を、□ からえらんで書きましょう。

① ところにいるなんて、思わなかった。

② □ は、トマトです。

③ □ においてあるノートをとってください。

④ □ いうふうに言われると、なっとくします。

- それ
- そこ
- そう
- そんな

１ 次の文の □ にあてはまる「こそあど言葉」を、□ からえらんで書きましょう。

① えんぴつは、とても書きやすい。

② たなの □ がわに置いてください。

③ かけ算は □ やって計算します。

④ □ までにわかったことをせつ明します。

- この
- こう
- こっち
- これ

こそあど言葉（4）

名前

２ 次の文の □ にあてはまる「こそあど言葉」を、□ からえらんで書きましょう。

① □ すれば、うまくできるか考えよう。

② □ にがんばっても、お兄さんに勝てない。

③ りんごとみかん、□ がすきですか。

④ □ までもつづく、長い線路。

- どこ
- どう
- どちら
- どんな

１ 次の文の □ にあてはまる「こそあど言葉」を、□ からえらんで書きましょう。

① □ にがんばったのに、負けてしまった。

② 使わないものは、□ に置いてください。

③ エジソンはりっぱな発明をした。□ いう人になりたい。

④ □ 人は、むかしからの知り合いです。

- あの
- ああ
- あそこ
- あんな

次の文章から「こそあど言葉」をさがして、──を引きましょう。

① わたしは、夏の空を見上げました。そこには、白い鳥がたくさんとんでいました。あの鳥は、なんという名前なのだろう、どこに行くのだろう。わたしはずっと、そんなことを考えていました。

② キツネの住む山に雪がふり、そこは一面の銀世界になりました。キツネはふるえながら、こんなに寒い日は、あついスープが飲みたいと思いました。そして、春風はどっちからふいてくるのだろう、あっちかな、こっちかな、と外を見わたしました。

③ 「あれをもってきて。」とおばあちゃんが言いました。「どれのこと。」とぼくは聞きました。「あの大きな箱だよ。」と言うので、ぼくはあっちから箱をもってきました。けれどもおばあちゃんは、「これじゃないよ。そっちのたなの上にある箱だよ。」と言って首をふりました。

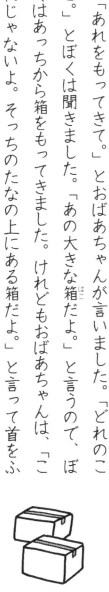

──の「こそあど言葉」は、何をさしていますか。□に書きましょう。

① 家族で動物園に行きました。そこで、大きなゾウを見ました。

② わすれ物があります。これは、だれのものですか。

③ りんごをもらいました。それを使ってジュースを作りました。

④ たなの上に箱があります。あれを取ってください。

⑤ 今日は休みです。このことを、みんなにつたえてください。

⑥ 遠足は明日です。先生は、そう言いました。

⑦ 弟が生まれた。あの日、ぼくは大よろこびだった。

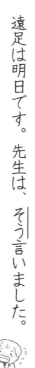

87　（122％に拡大してご使用ください）

へんとつくり (1)

名前

１
漢字を、それぞれ二つの部分に分けました。□と□の中から一つずつ組み合わせて、元の漢字を作りましょう。

糸	シ	禾
日	木	彦
イ	弓	言

会	頁	寸
巷	一	月
吾	可	火

〈れい〉 絵

２
次の漢字の「へん」の部分を、□に書きましょう。

① 板
② 読
③ 海

３
次の漢字の「つくり」の部分を、□に書きましょう。

① 頭
② 動
③ 朝

へんとつくり (2)

名前

１
次の漢字の「へん」の名前を書き、おおまかな意味を□からえらんで記号を□に書きましょう。

① イ（　　）□
② シ（　　）□
③ 木（　　）□
④ 言（　　）□

ア　木に関係のある漢字
イ　人に関係のある漢字
ウ　水に関係のある漢字
エ　言葉に関係のある漢字

２
次の漢字の「つくり」は、どんな意味を表していますか。意味を線でつなぎましょう。

頁　おおがい　・　　・　頭に関係のある漢字

力　ちから　　・　　・　力に関係のある漢字

　　　　　　　　　　・　頭に関係のある漢字

くわしくする言葉 (1)　名前

次の文の、主語と述語を（　）に書きましょう。また、くわしくする言葉（修飾語）の横に──を引きましょう。

① きれいな　花が　さきました。
主語（　　　）　述語（　　　）

② 空に　雲が　うかんでいる。
主語（　　　）　述語（　　　）

③ 弟は　ハンバーグを　食べた。
主語（　　　）　述語（　　　）

④ きのう、子ねこが　三びき　生まれた。
主語（　　　）　述語（　　　）

⑤ ぼくは、妹と　公園で　遊びました。
主語（　　　）　述語（　　　）

⑥ おばあちゃんの　家の　畑に　トウモロコシが　たくさん　できました。
主語（　　　）　述語（　　　）

くわしくする言葉 (2)　名前

次の文を読んで、答えましょう。

花だんに　白い　チューリップが　たくさん　さきました。

① 主語と述語を書きましょう。
主語（　　　）　述語（　　　）

② 文の意味をくわしくしている言葉（修飾語）を、三つ書きましょう。

③ 「白い」という言葉は、文のどの言葉をくわしくしていますか。

④ 「たくさん」という言葉は、文のどの言葉をくわしくしていますか。

⑤ 文に一つ言葉（修飾語）をくわえて、文をもっとくわしくしてみましょう。

くわしくする言葉 (3)

名前

1　——の言葉は、文の意味をくわしくしている言葉（修飾語）です。どの言葉をくわしくしているか書きましょう。

① 大きな 木が 立っている。

② ふうせんが ふわふわと とんでいった。

③ ソファで ねこが ねている。

④ 雨が パラパラと ふってきた。

2　——の言葉を、くわしくしている言葉（修飾語）はどれですか。

① 赤色の 車が 走っている。

② ぼくは ボールを けった。

③ 公園で 白い 犬が さんぽしていた。

③ わたがしのような 雲が 空に うかんでいる。

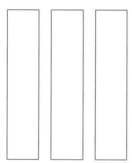

くわしくする言葉 (4)

名前

●　——の言葉は、文の意味をくわしくしている言葉（修飾語）です。どんなはたらきをしているか □ からえらんで、（ ）に記号を書きましょう。

① わたしは お母さんと（　）クッキーを（　）作りました。

② ぼくは 日曜日に（　）お父さんと（　）川に（　）行きました。

③ 山田さんの（　）ノートが つくえの（　）上に（　）おいてあった。

④ 運動場で（　）つめたい（　）風が ビュービューと（　）ふいていた。

⑤ きれいな（　）青い（　）鳥が えだの（　）上で（　）楽しそうに（　）歌っている。

⑥ 明日、（　）東京で（　）大すきな 歌手の（　）コンサートが あります。

ア　いつ
イ　どこで（に）
ウ　だれと
エ　何を（何に）
オ　だれ（何）の
カ　どんな
キ　どのように

漢字の意味（1）

名前

1

── の言葉を漢字で書きます。□ の漢字の、あてはまる方に○をつけましょう。

① 朝、はやく起きた。　早・速

② あん号をとく。　安・暗

③ りんごのかわをむく。　川・皮

④ あさがおのはをかんさつする。　歯・葉

⑤ か族ででかける。　家・化

⑥ こう通安全。　行・交

2

□ には、同じ読み方のちがう漢字が入ります。文に合う漢字を書きましょう。

① けい
　□ 図をかく。
　□ 算をする。

② しゃ
　□ 本の作
　□ 真をとる。

③ はな
　ゾウの □ は長い。
　□ がさく。

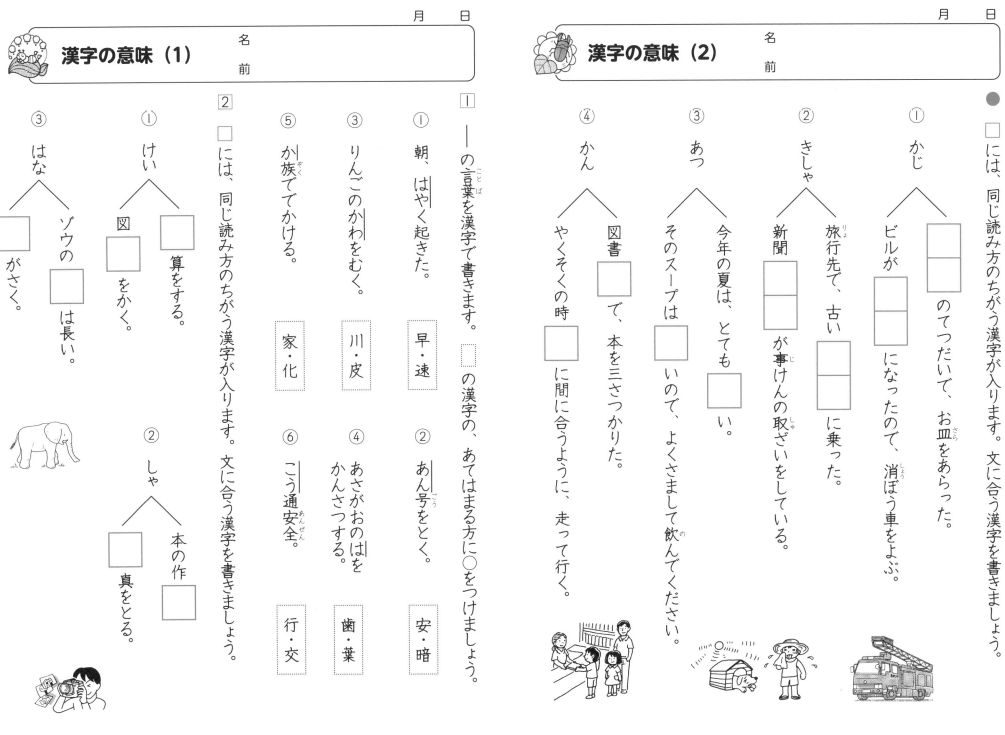

漢字の意味（2）

名前

□ には、同じ読み方のちがう漢字が入ります。文に合う漢字を書きましょう。

① かじ
　ビルが □□ になったので、消ぼう車をよぶ。
　□□ のてつだいで、お皿をあらった。

② きしゃ
　旅行先で、古い □□ に乗った。
　新聞 □□ が事けんの取ざいをしている。

③ あつ
　今年の夏は、とても □ い。
　そのスープは □ いので、よくさまして飲んでください。

④ かん
　図書 □ で、本を三さつかりた。
　やくそくの時 □ に間に合うように、走って行く。

ローマ字（1）
アルファベット・五十音

名
前

● A〜Zまでのアルファベットを書きましょう。うすい文字は，なぞりましょう。

A a　B b　C c
D d　E e　F f
G g　H h　I i
J j　K k　L l
M m　N n　O o
P p　Q q　R r
S s　T t　U u
V v　W w　X x
Y y　Z z

ローマ字（2）
アルファベット・五十音

名
前

● ローマ字の表をかんせいさせましょう。

	ア段 A	イ段 I	ウ段 U	エ段 E	オ段 O			
ア行	あ a	い i	う u	え e	お o	✕		
カ行 K k	か ( )	き ( )	く ( )	け ( )	こ ( )	きゃ ( )	きゅ ( )	きょ ( )
サ行 S s	さ ( )	し ( ) (shi)	す ( )	せ ( )	そ ( )	しゃ ( ) (sha)	しゅ ( ) (shu)	しょ ( ) (sho)
タ行 T t	た ( )	ち ( ) (chi)	つ ( ) (tsu)	て ( )	と ( )	ちゃ ( ) (cha)	ちゅ ( ) (chu)	ちょ ( ) (cho)
ナ行 N n	な ( )	に ( )	ぬ ( )	ね ( )	の ( )	にゃ ( )	にゅ ( )	にょ ( )
ハ行 H h	は ( )	ひ ( )	ふ ( ) (fu)	へ ( )	ほ ( )	ひゃ ( )	ひゅ ( )	ひょ ( )
マ行 M m	ま ( )	み ( )	む ( )	め ( )	も ( )	みゃ ( )	みゅ ( )	みょ ( )
ヤ行 Y y	や ( )	(い) (i)	ゆ ( )	(え) (e)	よ ( )			
ラ行 R r	ら ( )	り ( )	る ( )	れ ( )	ろ ( )	りゃ ( )	りゅ ( )	りょ ( )
ワ行 W w	わ ( )	(い) (i)	(う) (u)	(え) (e)	を (o)			
ン	ん ( )							
ガ行 G g	が ( )	ぎ ( )	ぐ ( )	げ ( )	ご ( )	ぎゃ ( )	ぎゅ ( )	ぎょ ( )
ザ行 Z z	ざ ( )	じ ( ) (ji)	ず ( )	ぜ ( )	ぞ ( )	じゃ ( ) (ja)	じゅ ( ) (ju)	じょ ( ) (jo)
ダ行 D d	だ ( )	ぢ ( ) (zi)	づ ( ) (zu)	で ( )	ど ( )	ぢゃ ( ) (zya)	ぢゅ ( ) (zyu)	ぢょ ( ) (zyo)
バ行 B b	ば ( )	び ( )	ぶ ( )	べ ( )	ぼ ( )	びゃ ( )	びゅ ( )	びょ ( )
パ行 P p	ぱ ( )	ぴ ( )	ぷ ( )	ぺ ( )	ぽ ( )	ぴゃ ( )	ぴゅ ( )	ぴょ ( )

　（122%に拡大してご使用ください）

① 次のローマ字の読みを書きましょう。

① akikan
(　　　　　　)

② zubon
(　　　　　　)

③ panda
(　　　　　　)

④ tosyokan
(　　　　　　)

⑤ zyanken
(　　　　　　)

⑥ takoyaki
(　　　　　　)

⑦ ebi
(　　　　　　)

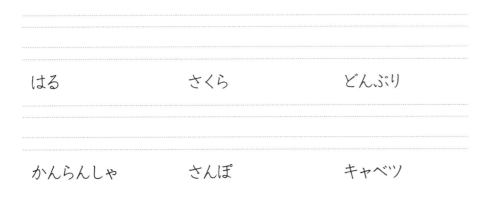
⑧ hyaku
(　　　　　　)

② 次の言葉をローマ字で書きましょう。

はる　　　　　さくら　　　　　どんぶり

かんらんしゃ　　　さんぽ　　　　キャベツ

● 次の言葉をローマ字で書きましょう。

おにぎり　　　　　ポスト　　　　　しゅくだい

ごま　　　　　　トマト　　　　　ブランコ

ちゃいろ　　　　ミツバチ　　　　あさがお

メダカ　　　　　フライパン　　　　きょく

ピアノ　　　　　しんかんせん　　　じゅんび

ローマ字（5）
のばす音、つまる音、'を使う言葉

名前

1 次のローマ字の読みを書きましょう。

① obâchan
（　　　　　　　　）

② ojîchan
（　　　　　　　　）

③ tôhu
（　　　　　　　　）

④ rappa
（　　　　　　　　）

⑤ gakkô
（　　　　　　　　）

⑥ kon'ya
（　　　　　　　　）

⑦ nyûgakusiki
（　　　　　　　　）

⑧ batto
（　　　　　　　　）

⑨ hon'ya
（　　　　　　　　）

2 次の言葉をローマ字で書きましょう。

まんいん　　　　　いっぷん　　　　　すうじ

ひっこし　　　　　くうき　　　　　こうちゃ

ローマ字（6）
のばす音、つまる音、'を使う言葉

名前

● 次の言葉をローマ字で書きましょう。

しょうがっこう　　　　ちゅうい　　　　きゅうきゅうしゃ

コッペパン　　　　バッタ　　　　しょっき

チャーハン　　　　けっこん　　　　シーツ

たっきゅう　　　　ねっこ　　　　ふうせん

こんや　　　　ラーメン　　　　きんいろ

月　日

ローマ字（7）

地名，名前

名前

1 次のローマ字は，地名です。読みを書きましょう。

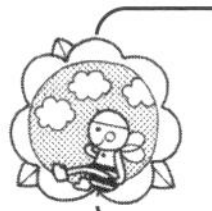

① TÔKYÔ（　　　　　　）

② Isikawa-ken（　　　　　　）

③ Shinjuku（　　　　　　）

④ HOKKAIDÔ（　　　　　　）

2 自分の名前をローマ字で書きましょう。

3 友だちの名前をローマ字で書きましょう。

4 先生の名前をローマ字で書きましょう。

月　日

ローマ字（8）

地名，名前

名前

1 ローマ字で住所が書いてあります。読みを書きましょう。

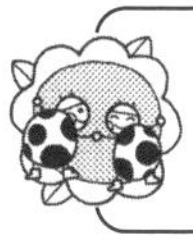

TÔKYÔ-TO　CHIYODA-KU　CHIYODA

（　　　　　　　　　　　　）

2 自分の家の住所をローマ字で書きましょう。

3 身のまわりにあるものを，ローマ字で書きましょう。

ローマ字 (9)
二つの書き方，ローマ字入力

月　日

● 次のローマ字には，書き方が二つあります。二つの書き方を，ローマ字で書きましょう。

① し　　si / shi

② しゃ

③ しゅ

④ しょ

⑤ ち

⑥ つ

⑦ ちゃ

⑧ ちゅ

⑨ ちょ

⑩ ふ

⑪ を

⑫ じ

⑬ じゃ

⑭ じゅ

⑮ じょ

⑯ ぢ

⑰ づ

⑱ ぢゃ

⑲ ぢゅ

⑳ ぢょ

ローマ字 (10)
二つの書き方，ローマ字入力

名 前

月　日

● 次の言葉をコンピューターに入力するとき，キーボードではどのようにローマ字を打てばよいですか。打つキーのローマ字や記号（−）を書きましょう。

【れい】　空気　→　KUUKI　　　プール　→　PU-RU

① キーボード

② 動物

③ 大きい

④ テーブル

⑤ 教科書

⑥ スーパーマーケット

⑦ ぶどうジュース

家の近所と方角

月　日

1 方向を表す方位について答えましょう。

① 太陽が出る方位は何ですか。

（　　　　　）

② お昼の 12 時に太陽が見える
方位は何ですか。

（　　　　　）

③ 太陽がしずむ方位は何ですか。

（　　　　　）

2 あなたの家から近所を見たとき，つぎの方角には，「道路」や「家」が
ありますか。あれば，（　）の中に○をつけましょう。なければ×をつけて，
かわりに何があるか，□に書きましょう。

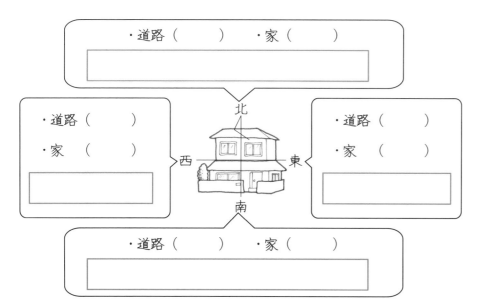

・道路（　　　）　・家（　　　）

・道路（　　　）
・家　（　　　）

北

西　　　東

南

・道路（　　　）
・家　（　　　）

・道路（　　　）　・家（　　　）

地図帳をひらいて

月　日

● 地図帳をひらいて，調べてみましょう。

① 自分の住んでいる県（都・道・府）は，何ですか。

（　　　　　　　）

② 地図帳で自分の住んでいる県（都・道・府）
の場所を見つけ，右の日本地図の中の県
（都・道・府）のさかいを赤色でなぞりましょう。

③ 自分が住んでいる市（区・町・村）は，何ですか。

（　　　　　　　）

④ 地図帳で自分の住んでいる市（区・町・村）の
場所を見つけ，右の日本地図の中に赤で●を
つけましょう。

⑤ 自分の県（都・道・
府）はまわりをいくつの
県（都・道・府）で
かこまれていますか。

（　　　　　　　）

0　　200km

⑥ 自分の県（都・道・府）を
かこんでいる県（都・道・府）
の名前を調べて書きましょう。

地図と記号（1）　名前

 地図と記号（2）　名前

● 下の①〜⑧の絵のしせつや場所は，地図の中ではどんな記号で表されていますか。記号を ⬚ からえらんで ⬚ の中に書きましょう。

① 神社

② 病院

③ 市役所

④ 図書かん

⑤ 橋

⑥ 寺

⑦ 工場

⑧ 銀行

● 下の①〜⑧の絵のしせつや場所は，地図の中ではどんな記号で表されていますか。記号を ⬚ からえらんで ⬚ の中に書きましょう。

① けいさつしょ

② はくぶつかん

③ 消防しょ

④ ゆうびん局

⑤ 山頂

⑥ 交番

⑦ 港

⑧ 石ひ

地図と記号 （3）

名
前

● 下の①～⑧の絵のしせつや場所は，地図の中ではどんな記号で表されて
いますか。記号を □ からえらんで □ の中に書きましょう。

① 鉄道と駅

② 畑

③ あれ地

④ とう台

⑤ 田

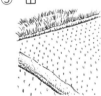

⑥ てっとう

⑦ かじゅ園

⑧ 森林

市町村のようす （1）

名
前

1　下の絵を見て，自分が住む市町村にもあるお店やしせつに赤で○をつけ，
　　□ に書きましょう。

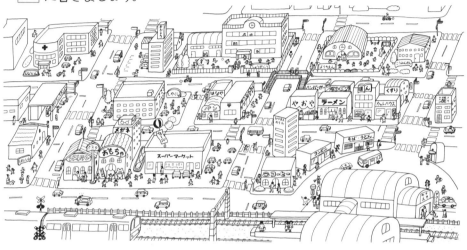

2　絵の中にある乗り物を見つけて，どんなものがあるか書きましょう。

市町村のようす（2）

名
前

● 下の絵を見て，自分が住む市町村にもあるものに赤で○をつけ，□に
書きましょう。

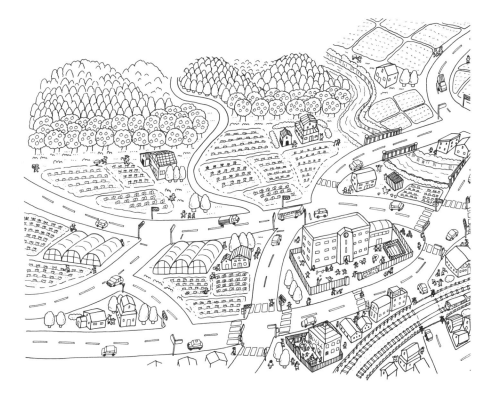

市町村のようす（3）

名
前

● 下の絵を見て，自分が住む市町村にもあるものに赤で○をつけ，□に
書きましょう。

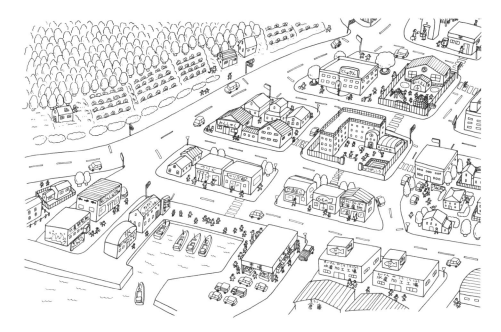

市町村のようす（4）

名前

● 地図を見るときに四方位だけでは，方角をいい表せないときがあります。東・西・南・北のあいだの方角はどう表すのか答えましょう。

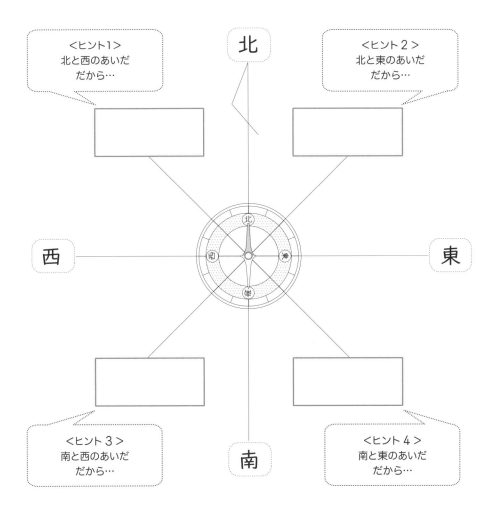

北

西

東

南

<ヒント1>
北と西のあいだ
だから…

<ヒント2>
北と東のあいだ
だから…

<ヒント3>
南と西のあいだ
だから…

<ヒント4>
南と東のあいだ
だから…

市町村のようす（5）

名前

1 下の町の地図で，学校を中心にして見ると，①～④の場所は，どの方角にあるでしょうか。八つの方角で表しましょう。

① 市役所

（　　　　　　　）

② 市民プール

（　　　　　　　）

③ ○○製菓

（　　　　　　　）

④ 消防しょ

（　　　　　　　）

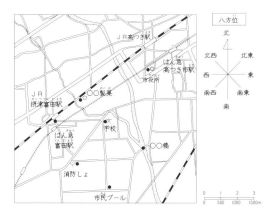

2 右の地図を見て，次の文の（　）にあてはまる方角を書きましょう。

① 東京駅の（　　　）の方に，
国立きょうぎ場がある。

② 東京駅の（　　　）の方に，
動物園がある。

③ 公園は東京駅の（　　　）の
方向にある。

3 右の地図を見て，あっている
ほうに○をつけましょう。

① 新かん線はだいたい
（　南北　・　東西　）に
走っている。

② 公園から東京駅に行くより，
公園からタワーへ行くほうが
（　遠い　・　近い　）。

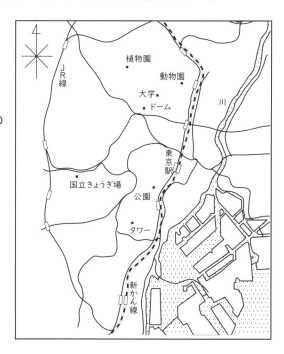

古くからのこる たて物（1）

名前

● 地いきにある昔のもの（たて物）について調べましょう。昔のものの名前や せつ明を，下からえらんで，名前や記号を書きましょう。

① 	
昔のものの名前	せつ明

② 	
昔のものの名前	せつ明

③ 	
昔のものの名前	せつ明

④ 	
昔のものの名前	せつ明

<名前>

お寺
地ぞう堂
灯ろう
神社

<せつ明>

㋐　おはかがあり，仏像があるところ。

㋑　一ばん中，灯りがつけられているもの。

㋒　鳥居があり，神様をまつっているお社。

㋓　小さなじぞうのほこら。（中に石仏がおさめられている。）

古くからのこる たて物（2）

名前

● 地いきにある昔のもの（たて物）について調べましょう。昔のものの名前や せつ明を，下からえらんで，名前や記号を書きましょう。

① 	
昔のものの名前	せつ明

② 	
昔のものの名前	せつ明

③ 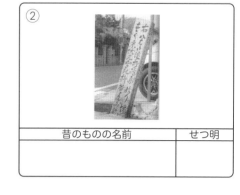	
昔のものの名前	せつ明

④ 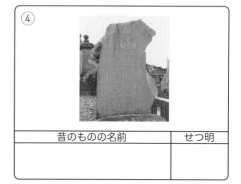	
昔のものの名前	せつ明

<名前>

レンガづくりのたて物
道しるべ
格子戸の家
石の記念ひ

<せつ明>

㋐　まどや入り口に，格子に組んだ戸をつけた古い家。

㋑　ていぼうがかんせいしたことを記念した石ひ。

㋒　昔からある道の，曲がり角に立てられたあん内。

㋓　れんがをつんでつくったたて物で，たてる方法は 140年前に日本に伝わった。

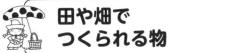

田や畑で つくられる物

名前

① 次のものの名前を下からえらんで（　）に書きましょう。

① 　② 　③ 　④

（　　　）　（　　　）　（　　　）　（　　　）

⑤ 　⑥ 　⑦ 　⑧

（　　　）　（　　　）　（　　　）　（　　　）

⑨ 　⑩ 　⑪ 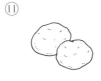　⑫

（　　　）　（　　　）　（　　　）　（　　　）

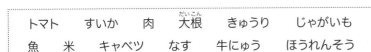

> トマト　すいか　肉　大根（だいこん）　きゅうり　じゃがいも
> 魚　米　キャベツ　なす　牛にゅう　ほうれんそう

② あなたは，きのう何を食べましたか。①の①〜⑫の中にきのう食べたものがあれば，○でかこみましょう。

③ ①の⑧は，ほとんどの人が毎日食べる大事（だいじ）な食べ物です。あなたはきのうそれを何回食べましたか。

（　　　）回

米づくり

名前

● ①〜⑥は，いねが育（そだ）つじゅん番を表（あらわ）しています。

（1）絵に色をぬりましょう。（①，②，⑥は実物大（じつぶつだい）です。）

（2）□の中は，上の絵のせつ明です。あうものをえらんで，（　）に書きましょう。

> もみ　　ほが出た　　葉（は）がふえて大きくなった
> 本葉（ほんば）が出た　　芽（め）と根（ね）が出た

① 　②

（　　　）　（　　　）

③ 　④

（　　　）　（　　　）

⑤ 　⑥

もみ

（　　　）

農家の仕事

名
前

① 次の絵は米づくりの仕事を表しています。下の □ から，絵にあうせつ明をえらんで，（　）に書きましょう。

①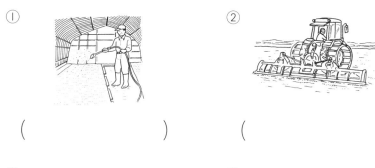

（　　　　　　　　）

②

（　　　　　　　　）

③

（　　　　　　　　）

④

（　　　　　　　　）

> しろかきをする　　もみをまいてなえを育てる
> いねかり・だっこくをする　　田植えをする

※ しろかき …… 田んぼをならして田植えのじゅんびをすること。

② 農家ではいろいろなきかいを使って仕事をしています。仕事と，そのときに使うきかいを線でむすびましょう。

しろかき　　　・　　　　　・　田植えき

田植え　　　　・　　　　　・　コンバイン

いねかり・だっこく　・　　　・　トラクター

工場の仕事

名
前

① 工場では，原料をきかいを使って加工して，原料とはべつの品物（せい品）をつくっています。原料とせい品を線でつなぎましょう。

① 大豆　　　　　・　　　　　・　かまぼこ

② 牛にゅう　　　・　　　　　・　バター

③ カカオ豆　　　・　　　　　・　とうふ

④ 魚　　　　　　・　　　　　・　ちゃわん

⑤ ねんど　　　　・　　　　　・　チョコレート

② □ にはどんなことばが入るか，下の □ からえらんで書きましょう。

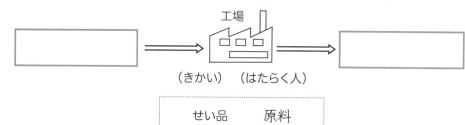

工場

（きかい）（はたらく人）

> せい品　　　原料

③ 次の絵の中で，工業せい品（工場でつくられたもの）に○をつけましょう。

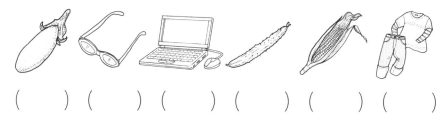

（　　）（　　）（　　）（　　）（　　）（　　）

おかし工場

● 下の絵はクッキーをつくるおかし工場のようすです。

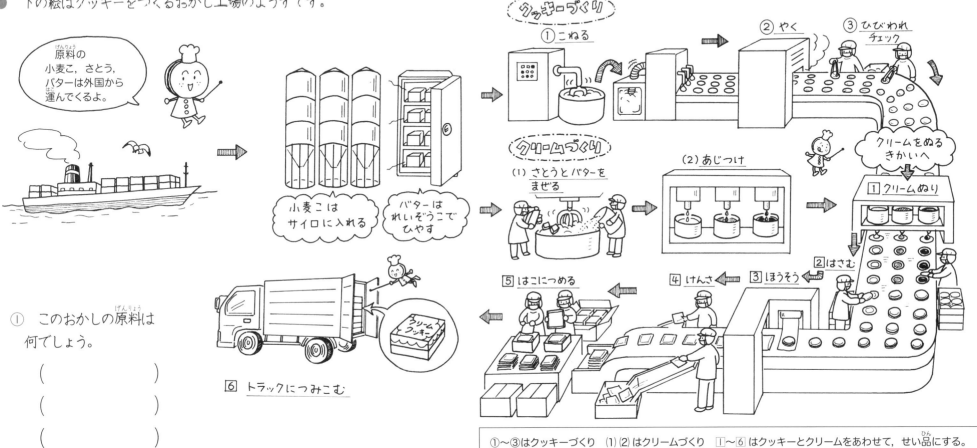

原料の小麦こ，さとう，バターは外国から運んでくるよ。

小麦こはサイロに入れる

バターはれいぞうこでひやす

クッキーづくり
① こねる
② やく
③ ひびわれチェック

クリームづくり
(1) さとうとバターをまぜる
(2) あじつけ

クリームをぬるきかいへ

1 クリームぬり
2 はさむ
3 ほうそう
4 けんさ
5 はこにつめる

① このおかしの原料は何でしょう。

（　　　　　）

（　　　　　）

（　　　　　）

6 トラックにつみこむ

①〜③はクッキーづくり　(1)(2)はクリームづくり　1〜6はクッキーとクリームをあわせて，せい品にする。

② 人がしている仕事にはどんなことがあるか書きましょう。

③ きかいを使ってしている仕事には，どんなことがあるか書きましょう。

近所のお店をたんけんしよう

名前

● 家族と買い物に行き，八百屋さんと魚屋さん，パン屋さんで売っている品物を見つけ，□の中に書きましょう。

（お店に行けないときには，スーパーマーケットの品物コーナーで見つけたり，下の絵からえらんだりして書きましょう。）

たい　　いか　　トマト　　もやし　　ほうれんそう

きゅうり　　たこ　　はまぐり

肉

玉ねぎ

さんま

パン　　クッキー　　牛にゅう　　食パン

┌─ 八百屋さん ─┐
（野菜コーナー）

┌─ 魚屋さん ─┐
（魚コーナー）

┌─ パン屋さん ─┐
（パンコーナー）

いろいろなお店

名前

① 次は何の絵でしょう。下の◻︎からえらんで，（　）に書きましょう。

①　　（　　　　　　）

②　　（　　　　　　）

③　　（　　　　　　）

④　　（　　　　　　）

┌─────────────────────────┐
スーパーマーケット　　商店がい　　コンビニエンスストア
市場（朝市，道の駅など）
└─────────────────────────┘

② お店とそのせつ明文を線でむすびましょう。

スーパーマーケット　・

朝市場　・

商店がい　・

コンビニエンスストア　・

・ 店は大きくないが，多くのしゅるいのものを売っている。

・ いろいろな店の人が，朝だけ品物を持ちこんで市場を開いて売っている。

・ 売り場が広くて，いろいろなものをたくさん売っている。

・ いろいろなお店が道路のりょうわきにならんで店を開いている。

スーパーマーケットのようすと仕事

1　下の絵から，スーパーマーケットではどんなものを売っているのか，見つけて書きましょう。

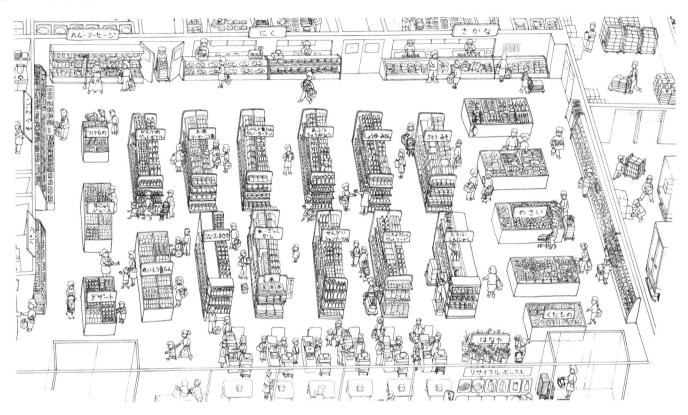

<食べ物>

<その他>

2　スーパーマーケットの人はどんな仕事をしていますか。下から番号をえらんで（　）に書きましょう。また，その仕事で気をつけていることや，くふうしていることを線でつなぎましょう。

㋐（　　）

・たりなくなった品物をなるべくはやく運んでくる。

㋑（　　）

・よく売れるものを調べたり，品切れにならないように気をつける。

㋒（　　）

・味をたしかめて，なっとくして買ってもらう。

㋓（　　）

・買い物がしやすいように見やすくならべる。

㋔（　　）

・お客さんを待たせないように早く正かくにする。品物は丁ねいにあつかう。

① 品物を運ぶ　　② 品物をならべる
③ 品物を調べる　④ レジ
⑤ 試食してもらう

109　（122%に拡大してご使用ください）

コンビニを調べよう

名前

① 次の品物のうち，コンビニに売っていないもの2つに×をつけましょう。

（　）サンドイッチ　（　）お茶

（　）たんす　　　（　）ボールペン

（　）紙コップ　　（　）テレビ

（　）おでん　　　（　）かさ

（　）おべんとう

（　）えいようドリンク

（　）下着のパンツ

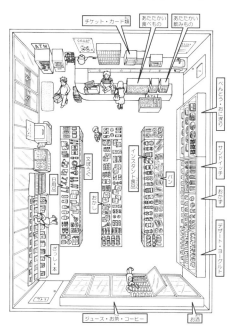

② コンビニについて，あっている
ものに6つ○をつけましょう。

（　）食べ物・飲み物・日用品など，
生活に必要なものを売っている。

（　）お店では10人以上の人がはたらいている。

（　）コンサートやスポーツのしあいのチケット（前売りけん）が買える。

（　）コンビニのお店の人は，品物を仕入れるために，おろし売り市場へ行く。

（　）たくはい便で，にもつを送れる。

（　）お金をおろしたり，電気代や電話料金をはらうことができる。

（　）売っている品物のしゅるいが多い。

（　）コピーやプリントなどを行うことができる。

町の中の消防しせつ

名前

● 下の絵は，たくさんの人が集まる学校や町の中にある消防せつびです。
次の □ の中からその消防せつびの名前をえらんで（　）に書きましょう。

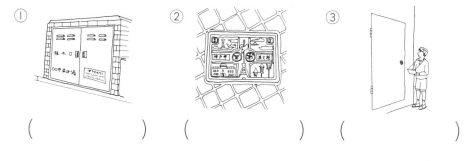

①　（　　　　　　）　②　（　　　　　　）　③　（　　　　　　）

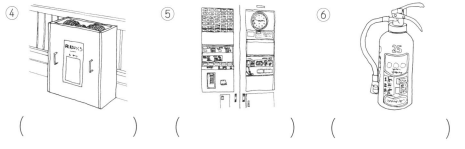

④　（　　　　　　）　⑤　（　　　　　　）　⑥　（　　　　　　）

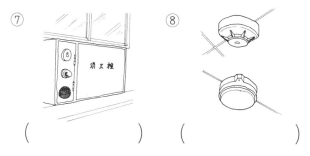

⑦　（　　　　　　）　⑧　（　　　　　　）

```
火災報知器（受信き）　けむり・熱感知器　　火災報知器・消火栓
救助ぶくろ　消火栓　消火器　防火水そう　防火とびら
```

火事が起きたら

● 火事が起こって，119番に電話をかけると，通信指令室からさまざまな
きかんに，れんらくがされます。あてはまることばを下の ▢ からえらんで
（　）に記号を書きましょう。（同じことばを何度使ってもよい。）

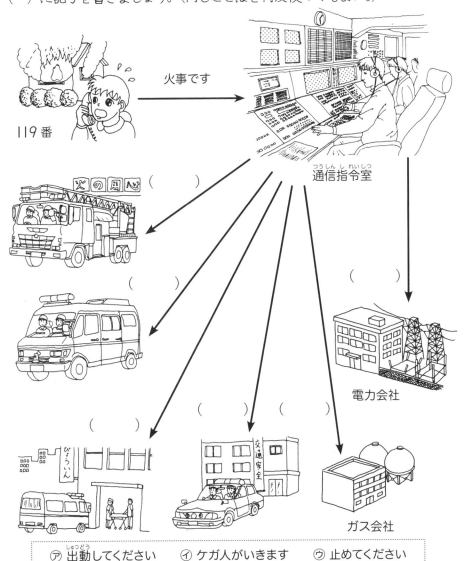

119番

火事です

通信指令室

火の用心 （　　）

（　　）

（　　　）

（　　）

電力会社

（　　） （　　）

ガス会社

びょういん

交通安全

｜ ⑦ 出動してください　　⑦ ケガ人がいきます　　⑦ 止めてください ｜

消防しさんの仕事

● 消防しさんの仕事について，下の仕事表を見ながら考えましょう。

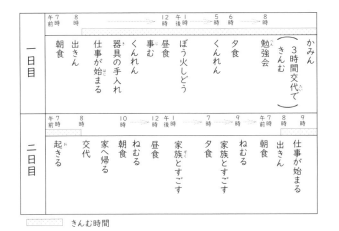

一日目	午前7時	8時			12時	午後1時	5時	6時		8時	
	朝食	出きん	仕事が始まる	器具の手入れ	ぼう火しどう	昼食	くんれん	夕食	くんれん	勉強会	かみん（3時間交代できんむ）

二日目	午前7時	8時	10時		12時	午後1時		7時	9時	午前8時	9時
	起きる	交代	家へ帰る	朝食	ねむる	昼食	家族とすごす	夕食	家族とすごす	ねむる	朝食

▢ きんむ時間

① 仕事が始まって，はじめにする仕事は何ですか。下のことばを○で
かこみましょう。

〔　くんれん　・　勉強会　・　器具の手入れ　〕

② 消防しさんは，何時間続けて消防しょにいますか。　（　　　　　　　）

③ 会社につとめている人の，ふつうのきんむ時間（8時間）と，どうちがっ
ていますか。

▢

④ 消防しさんのきんむは，どうしてこのようになっていると思いますか。

▢

交通安全のしせつ

名
前

1　下の絵をみて，交通安全に関係あるせつびやしせつを4つ見つけて書きましょう。

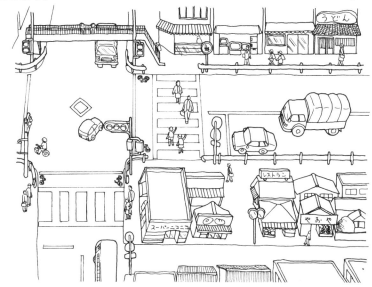

〈れい〉（しんごうき）

（　　　　　　　　　　　）（　　　　　　　　　　　）

（　　　　　　　　　　　）（　　　　　　　　　　　）

2　次の文で，消防しょの仕事にあてはまるものには○を，けいさつの仕事にあてはまるものには△をつけましょう。

（　　）火事の現場で交通整理をする。

（　　）交通いはんのとりしまりをする。

（　　）消防車で火事を消しに行く。

（　　）救急車で，けが人を病院へ運ぶ。

交通事故が起きたら

名
前

1　交通事故が起きると，どのように知らせがつたわるのでしょう。㋐～㋒の（　）にあてはまることばを下の◻からえらんで書きましょう。

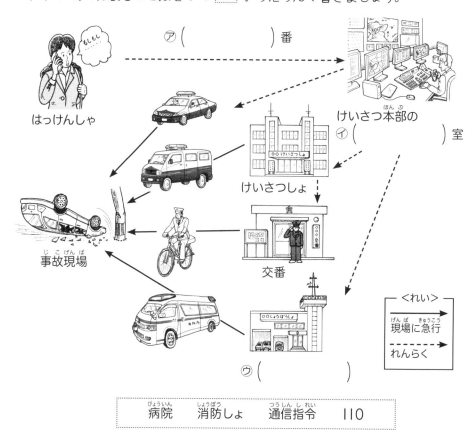

㋐（　　　　　　　）番

けいさつ本部の

㋑（　　　　　　　）室

けいさつしょ

はっけんしゃ

事故現場

交番

〈れい〉
現場に急行　→
れんらく　- - →

㋒（　　　　　　　）

病院　　消防しょ　　通信指令　　110

2　事故現場では，どのようなことが行われるのか，絵を見て答えましょう。

（　　　　　　　）（　　　　　　　）（　　　　　　　）

生活のうつりかわり

● 下の絵は，昔と今のくらしの様子を表しています。

① 下の絵の（ ）にあてはまることばを，□からえらんで書きましょう。

> せんたく　　あかり　　だんぼう　　すいじ

② 昔のくらしと今のくらしはどのようにかわってきたのか，つながりのある絵を線でむすび，今のくらしの様子を □ に書きましょう。

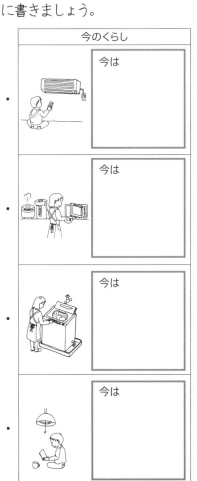

交通のうつりかわり

名 前

● 交通の様子はどのようにかわってきたのでしょうか。

① 下の絵の（ ）にあてはまることばを，□からえらんで書きましょう。

> 汽車　　自動車　　人力車　　大八車　　川ぶね

② 昔の交通で使われていたものは，今どのようになっているのでしょうか。下の □ からえらんで，その記号を □ の中に書きましょう。

ア 漁船　　イ タクシー　　ウ 電車　　エ 自動車（乗用車）　　オ トラック

昔の道具（1）

名
前

● 古い道具について調べましょう。①〜④の道具の名前や使われ方を下の
　□からえらんで書きましょう。

①

道具の名前	使われ方

②

道具の名前	使われ方

③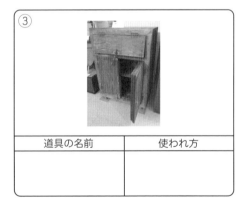

道具の名前	使われ方

④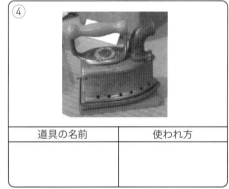

道具の名前	使われ方

＜ 道 具 の 名 前 ＞
ダイヤル式電話き　　炭アイロン　　　ランプ　　　氷れいぞうこ

＜使われ方＞
㋐ 着物のしわをのばすのに使う。
㋑ 夜，明かりをともすのに使う。
㋒ 氷を入れて，れいぞうするのに使う。
㋓ ダイヤルを回して電話をかけるのに使う。

 昔の道具（2）

名
前

● 古い道具について調べましょう。①〜④の道具の名前や使われ方を下の
　□からえらんで書きましょう。

①

道具の名前	使われ方

②

道具の名前	使われ方

③

道具の名前	使われ方

④

道具の名前	使われ方

＜ 道 具 の 名 前 ＞
五つ玉そろばん　　羽がま　　せんたく板とたらい　　はしら時計

＜使われ方＞
㋐ せんたくしたり，行水するのに使う。
㋑ 時を知るのに使う。
㋒ 火を燃やしてお米をたくのに使う。
㋓ 玉を上下させて計算するのに使う。

しぜんのかんさつ

名
前

1　春に見られる「植物」に，○をつけましょう。

① (　　　)　　　② (　　　)　　　③ (　　　)

オオイヌノフグリ　　　ナズナ　　　　エノコログサ

2　春に見られる「こん虫」に，○をつけましょう。

① (　　　)　　　② (　　　)　　　③ (　　　)

ナナホシテントウ　　アブラゼミ　　モンシロチョウ

3　生き物をかんさつするときのことで，正しいものには○を，まちがっているものには×をつけましょう。

① (　　) 生き物を細かくかんさつするのに，虫めがねを使う。

② (　　) 目をいためるので，ぜったいに虫めがねで太陽を見ない。

③ (　　) 動物と植物は生き物である。

④ (　　) 植物の花の色は，すべて白である。

⑤ (　　) 校ていや野原には1年中，同じ草花がさいている。

⑥ (　　) 動物は草しか食べない。

草花のつくりと育ち（1）

名
前

1　下に書いてあるものを，動物には○，植物には△をつけて，なかま分けをしましょう。

① メダカ　　(　　　)　　② ホウセンカ　　(　　　)

③ カブトムシ　(　　　)　　④ ヒマワリ　　(　　　)

⑤ トンボ　　(　　　)　　⑥ チューリップ　(　　　)

⑦ ミカン　　(　　　)　　⑧ アサガオ　　(　　　)

⑨ ミミズ　　(　　　)　　⑩ イヌ　　　(　　　)

⑪ サクラ　　(　　　)　　⑫ イチョウ　　(　　　)

2　下の絵のうち，ホウセンカのたねに○，ヒマワリのたねに△，アサガオのたねに□を書きましょう。

①　　　　　②　　　　　③

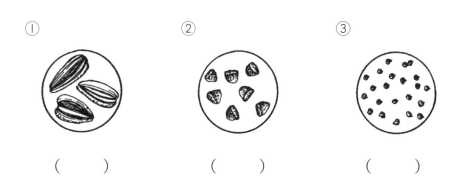

(　　　)　　　(　　　)　　　(　　　)

草花のつくりと 育ち（2）

名 前

月　日

1　ホウセンカがたねから育つじゅんに，（　）に番号を書きましょう。

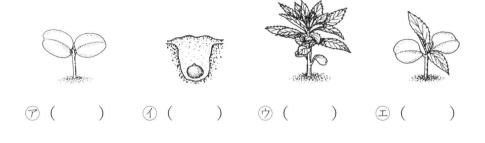

㋐（　　　）　　㋑（　　　）　　㋒（　　　）　　㋓（　　　）

2　ホウセンカのたねをまくとき，どんな注意がいりますか。正しいもの
すべてに○をしましょう。

①　（　　　　）土の上に，たねをまくだけでよい。

②　（　　　　）土をかけて，水をやる。

③　（　　　　）たねをまく前に，土をよくたがやしておく。

3　ホウセンカのたねのまき方で，正しい方に○をつけましょう。

㋐　土を少しかける　　　　㋑　土をたくさんかける

（　　　）　　　　　　　　（　　　）

草花のつくりと 育ち（3）

名 前

月　日

1　下の絵は，ホウセンカの一生がかかれています。じゅん番になるように，
（　）に番号を書きましょう。

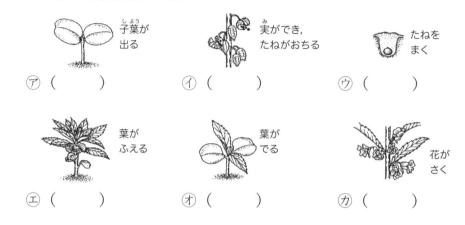

㋐（　　　）　　㋑（　　　）　　㋒（　　　）

㋓（　　　）　　㋔（　　　）　　㋕（　　　）

2　下の絵は、ヒマワリとホウセンカです。㋐～㋓の □ の中に，
根，くき，葉，子葉 のうち，あてはまることばを書きましょう。

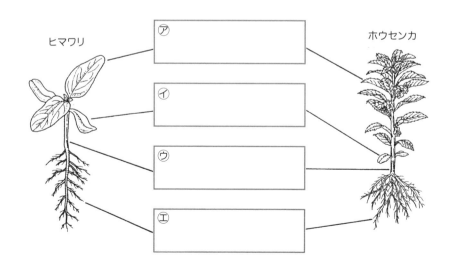

ヒマワリ　　　　　　　　　　　　　　　　ホウセンカ

㋐

㋑

㋒

㋓

草花のつくりと育ち（4）

名前

① 下の植物の（　）に，根，くき，葉 のうち，あてはまることばを書きましょう。

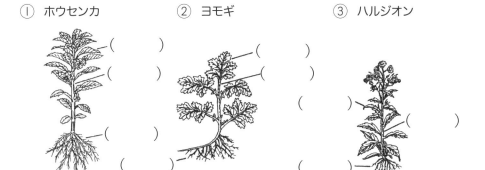

① ホウセンカ　　② ヨモギ　　③ ハルジオン

② 下の図は，春の植物のようすと，生長した夏の植物のようすを表しています。同じものを線でむすびましょう。

① タケノコ　　　㋐

② ウメ　　　　　㋑

③ ホウセンカ　　㋒

④ ヒマワリ　　　㋓

⑤ イチョウ　　　㋔

⑥ 草むら　　　　㋕

チョウの一生（1）

名前

① モンシロチョウやアゲハのたまごは，どこにうみつけられますか。（　）に，モンシロチョウなら「モ」，アゲハなら「ア」と書きましょう。

① キャベツの葉　　（　　　）

② ミカンの葉　　　（　　　）

③ アブラナの葉　　（　　　）

④ サンショウの葉　（　　　）

② 下の㋐〜㋓の図は，モンシロチョウの育つようすを表しています。（　）に育つじゅんの番号を書き，□にあてはまることばを▭からえらんで書きましょう。

㋐　　　　㋑　　　　㋒　　　　㋓

（　　　）　（　　　）　（　　　）　（　　　）

たまご　よう虫　さなぎ　せい虫

チョウの一生 （2）

名前

① 下の⑦～①の図は，アゲハの育つようすを表しています。（　）に育つ
じゅんの番号を書き，□にあてはまることばを [____] からえらんで書き
ましょう。

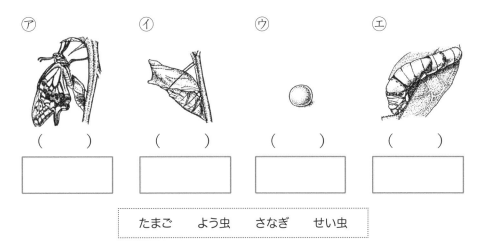

⑦（　　　）　　⑦（　　　）　　⑦（　　　）　　①（　　　）

> たまご　　よう虫　　さなぎ　　せい虫

② モンシロチョウの体のつくりを調べました。下の問題に答えましょう。

(1) モンシロチョウの絵の⑦～⑦の部分の名前を，右の □ の中から
えらんで書きましょう。

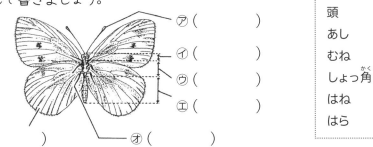

⑦（　　　　　）
⑦（　　　　　）
⑦（　　　　　）
①（　　　　　）
⑦（　　　　　）　　⑦（　　　　　）

> 頭
> あし
> むね
> しょっ角
> はね
> はら

(2) モンシロチョウの，はね，あしの数はいくつですか。

①　はねは（　　　　）まい　　②　あしは（　　　　）本

チョウの一生 （3）

名前

● 下の文は，モンシロチョウのことについて，せつ明したものです。
正しいものには○，まちがっているものには×をつけましょう。

① たまごは，キャベツの葉などにうみつけられる。　　　（　　　）

② たまごからかえったばかりのよう虫と，大きくなった　　（　　　）
　 よう虫では，色や大きさがちがう。

③ はらには，あしやはねがついている。　　　　　　　　（　　　）

④ よう虫は，かわをぬいで大きくなる。　　　　　　　　（　　　）

⑤ せい虫のはねは４まい，あしは８本である。　　　　　（　　　）

⑥ たまごのときや，さなぎのときには，えさを食べない。（　　　）

⑦ よう虫の口は，葉をかむようにできているが，せい虫の　（　　　）
　 口は，みつをすうようにできている。

⑧ たまご→よう虫→さなぎ→せい虫のじゅんで育つ。　　（　　　）

こん虫 (1)

名
前

① シオカラトンボの絵を見て，下の □ から，あてはまることばや数を
えらんで，（ ）に書きましょう。（同じことばを何回使ってもよい。）

(1) シオカラトンボの体は，（ 　　　　 ），（ 　　　　 ），
（ 　　　　 ）の（ 　　 ）つにわかれている。

(2) あしは，（ 　　 ）本あって，（ 　　　　 ）についている。

(3) はねは，（ 　　 ）まいあって，（ 　　　　 ）についている。

(4) たまご→（ 　　　　 ）→せい虫になる。チョウのように，
せい虫になる前に，（ 　　　　 ）にはならない。

よう虫	4	むね	3
はら	さなぎ	6	頭

シオカラトンボ

② 下のいろいろな動物を見て，こん虫には○，こん虫でないものには△
をつけましょう。

① クモ　　② カブトムシ　　③ ミミズ　　④ チョウ　　⑤ ダンゴムシ

（ 　 ）　　（ 　 ）　　（ 　 ）　　（ 　 ）　　（ 　 ）

⑥ カタツムリ　　⑦ カマキリ　　⑧ セミ　　⑨ トノサマバッタ　　⑩ ハエ

（ 　 ）　　（ 　 ）　　（ 　 ）　　（ 　 ）　　（ 　 ）

こん虫 (2)

名
前

① 下の絵のこん虫の育ちかたについて，(1)，(2)にあてはまるこん虫の
名前を⑦〜⑤の記号で答えましょう。

⑦ シオカラトンボ　　④ アゲハ　　⑤ カブトムシ　　⑤ オオカマキリ

(1) たまご→よう虫→さなぎ→せい虫のじゅんに育つもの。

（ 　　 ）と（ 　　 ）

(2) たまご→よう虫→せい虫のじゅんに育つもの。

（ 　　 ）と（ 　　 ）

② こん虫のせつ明で，正しいことばや数を○でかこみましょう。

(1) こん虫の体は（ 2・3 ）つの部分に分かれている。

(2) 頭には，2本の（ しょっ角・手 ）があり，（ はら・むね ）
には，ふつう（ 2・4 ）まいのはねと（ 6・8 ）本のあしがある。
しかし，はねの数は，アブやカのように（ 0・2 ）まいのものや，
アリなどのように（ 0・2 ）まいのものもいる。

1　下の図は，こん虫の体のつくりをわかりやすくかいたものです。こん虫には○，こん虫でないものには×をつけましょう。

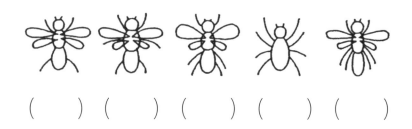

（　　）（　　）（　　）（　　）（　　）

2　下の絵は，いろいろなこん虫のせい虫やよう虫の口です。絵を見て，（　）の中に，かむ口には（カ），なめる口には（ナ），すう口には（ス）と書きましょう。

① チョウ（せい虫）　　② ハエ（せい虫）　　③ チョウ（よう虫）

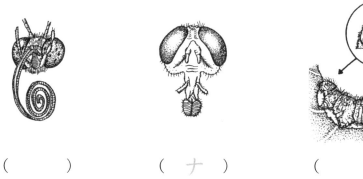

（　　　）　　　　（　ナ　）　　　　（　　　）

●　下のこん虫の体を，頭，むね，はらに色分けしてぬりましょう。
（あたま－青色，むね－赤色，はら－黄色）

① トンボのなかま　　　　　　② チョウのなかま

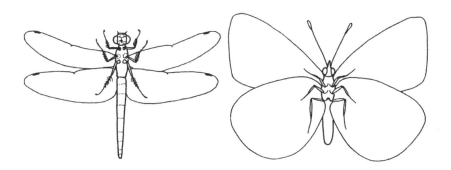

③ カマキリのなかま　　④ コオロギのなかま　　⑤ バッタのなかま

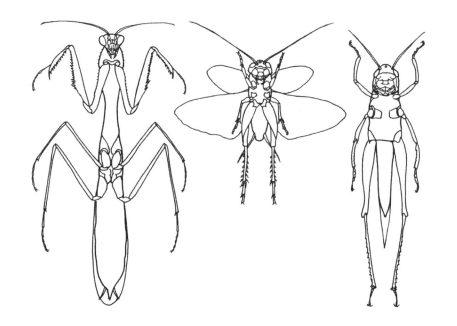

ゴムのはたらき（1）　名前

ゴムのはたらき（2）　名前

① ゴムで動くおもちゃは，ゴムの力のどんなところをり用していますか。
下の□□□から１つえらび，（　）に書きましょう。

（　　　　　　　　　　　　　　　　　　　　　　　）をり用している。

> たたく力　　おす力　　元にもどろうとする力

② 下の図のように，わゴムの，①のびの長さ（引っぱる長さ），②数を
かえて，車の走り方を調べました。（　）の中のことばの正しい方に○を
しましょう。

① わゴムののびの長さ（引っぱる長さ）をかえて，走るきょりを調べ
ました。引っぱったときの手ごたえは，⑰のほうが（ 強い・弱い ）。

　⑧ わゴムののびの長さ　6cm　　　⑰ わゴムののびの長さ　12cm
　　わゴムの数　１本　　　　　　　　わゴムの数　１本

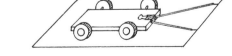 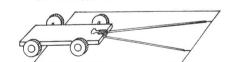

② わゴムの数をかえて，走るきょりを調べました。
・調べるとき，わゴムの引っぱる長さを（ 同じにする・かえる ）。
・引っぱったときの手ごたえは⑳のほうが（ 強い ・ 弱い ）。

　⑪ わゴムののびの長さ　6cm　　　⑳ わゴムののびの長さ　6cm
　　わゴムの数　１本　　　　　　　　わゴムの数　２本

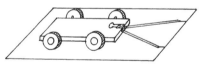 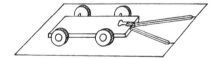

① わゴムの引っぱる長さをかえて，車を動かしました。どちらの方が
遠くまで車が走りましたか。遠くまで走った方に○をつけましょう。

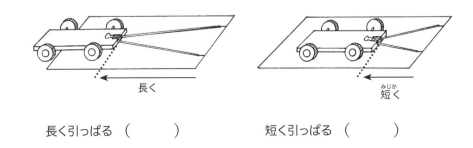

長く引っぱる　（　　　　）　　　　　短く引っぱる　（　　　　）

② わゴムの本数をかえて，車を動かしました。どちらの方が遠くまで
車が走りましたか。遠くまで走った方に○をつけましょう。

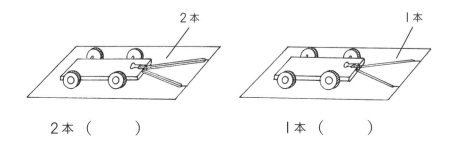

2本　（　　　　）　　　　　　　　　1本　（　　　　）

風のはたらき（1）

名前

1 風の力で動いているものを，右の □ からえらんで３つ書きましょう。

（　　　　　　　　　　　　　　　）

（　　　　　　　　　　　　　　　）

（　　　　　　　　　　　　　　　）

> 風車
> 水車
> ヨット
> かざぐるま

2 風の力で動く車の形や向きをかえて走らせました。よく風をうける方に〇をしましょう。

① （　　　）　　　　　　　　　　　　　（　　　）

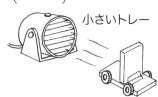　小さいトレー　　　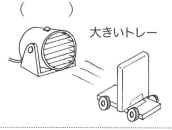　大きいトレー

② （　　　）　　　　　　　　　　　　　（　　　）

　丸い紙コップ　　　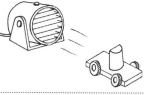　半分に切った丸い紙コップ

③ （　　　）　　　　　　　　　　　　　（　　　）

　トレーの向きを風のふいてくる方向にかたむける　　　　トレーの向きをかえる

風のはたらき（2）

名前

1 風の強さと車が走るきょりを調べました。強い風と弱い風では，どちらの方が走ったきょりが長くなりますか。

（　　　　　　　　　　　　　　　）

強い風　　　　　　　　　　　弱い風

2 下のはたの動き方を見て，強く風が当たっているものからじゅんに１，２，３の番号を書きましょう。

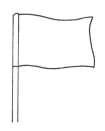

（　　　）　　　（　　　）　　　（　　　）

音 (1)

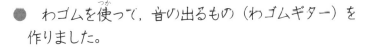

● わゴムを使って，音の出るもの（わゴムギター）を作りました。

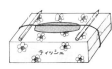

① わゴムをどのようにすると，音が出ますか。

（　　　　　　　　　　　　　　　　）

② 音はどこから出ていますか。

（　　　　　　　　　　　　　　　　）

③ 音が出ているとき，わゴムはどうなっていますか。正しい方に○をつけましょう。

（　動いている　・　止まっている　）

④ 音が出ているときのわゴムの動きとして，下の３つの中から正しいもの１つに○をつけましょう。

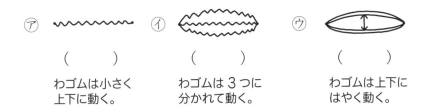

⑦　（　　　）　　④　（　　　）　　⑨　（　　　）

わゴムは小さく　　わゴムは３つに　　わゴムは上下に
上下に動く。　　　分かれて動く。　　はやく動く。

音 (2)

1 （　）にあてはまることばを下の□からえらんで書きましょう。

① トライアングルを（　　　　　　）と音が出ます。水の入った水そうに入れてたたくと，（　　　　　　）がふるえて，小さな（　　　　　　）がおこります。

なみ　水　たたく

② びんとはった（　　　　　　）を指で（　　　　　　）と音が出ます。
大きい音が出ているときのわゴムのふれるはばは，（　　　　　）なります。
小さな音が出ているときのわゴムのふれるはばは，（　　　　　）なります。

大きく　わゴム　小さく　はじく

2 下の図は，わゴムを強くはじいたり，弱くはじいたりしたときのようすを表しています。

① 強くはじいたのは，どちらですか。（　　　）

② 弱くはじいたのは，どちらですか。（　　　）

③ 大きい音が出たのは，どちらですか。（　　　）

④ 小さい音が出たのは，どちらですか。（　　　）

音 (3)

名前

● 音のつたわり方を調べてみました。

① つくえ（木）に耳をあて，つくえのはしをぼうでそっとたたくと，音は聞こえますか。

（　　　　　　　　　）

② 手すり（鉄）のはしに耳をあて，もう一方のはしをぼうでそっとたたと，音は聞こえますか。

（　　　　　　　　　）

③ ①，②のことから，どのようなことが分かりますか。（ ）にあてはまることばを下のからえらんで書きましょう。

つくえ（木）や手すり（鉄）は（　　　）をよく（　　　　　　　）。

> 音　　つたえる　　つたえない

音 (4)

名前

● 糸電話とトライアングルをつないで，音のつたわり方を調べました。

① 紙コップを耳にあて，トライアングルをたたくと，音は聞こえますか。

（　　　　　　　　　）

② 音が出ているとき，糸はどうなりますか。

（　　　　　　　　　）

③ 音が出ているとき，糸を指でつまむと，音はどうなりますか。

（　　　　　　　　　）

④ 糸電話の音のつたわり方について，（ ）にあてはまることばを下の□からえらんで書きましょう。

トライアングルをたたくと，トライアングルが（　　　　　　　），

つながっている糸電話の糸に（　　　　　　　　），糸電話に

つながっている紙コップを（　　　　　　　　）。

> つたわり　　ふるえ　　ふるわす

 かげと太陽の
動き（1）

名
前

月　日

① 右の図を見て、次の問題に答えましょう。

① ⑦と⑦では、地面の温度は、
どちらがあたたかいですか。 （　　）

② ⑦と⑦では、雨がふったとき、
どちらが はやくかわきますか。 （　　）

③ ⑦と⑦では、どちらがすずしい
ですか。 （　　）

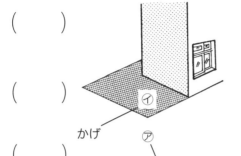

かげ
⑦
日なた

② 温度計について答えましょう。

① 上の図で、正しい温度計のめもりの読み方は、
⑦～⑦のどれですか。 （　　）

② 下の温度計の目もりを読んで、（　）に数字を書きましょう。

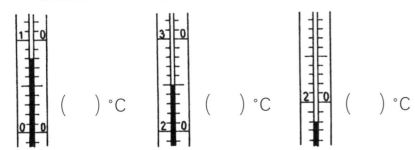

（　）℃　　（　）℃　　（　）℃

 かげと太陽の
動き（2）

名
前

月　日

① 右のしゃ光ばんで、太陽のかんさつをしました。（ぜったいに太陽を
直せつ見ない。）

① 太陽は、どんな形に見えましたか。

（　　　　　　　　　　　　）

② 太陽いがいのものは、見えますか。

（　　　　　　　　　　　　）

② 太陽とかげのでき方について、問題に答えましょう。

① 電柱のかげのでき方から、太陽のあるところは、
⑦、⑦、⑦のうち、どれですか。

太陽
⑦
⑦
⑦
電柱
電柱のかげ

（　　）

② 木のかげをよく見て、立っているぼうのかげを図にかきこみましょう。

かげと太陽の動き（3）

名前

光の学習（1）

名前

□1　次の文のうち，正しいものには○，まちがっているものには×をしましょう。

① (　　) かげは，太陽と反対がわにできる。

② (　　) 時間がたつと，太陽は動くが，かげは動かない。

③ (　　) かげは，太陽と同じ方向にできる。

④ (　　) 太陽は，東からのぼり，南の空をとおって，西にしずむ。

⑤ (　　) かげも，東→南→西へ動く。

⑥ (　　) 一日のうちで，正午のかげがいちばん長い。

⑦ (　　) 時間がたつと，太陽が動くので，もののかげも動く。

⑧ (　　) 方位じしんのはりは，北と南を向いて止まる。色のついたはりが北を向く。

□2　右の図のように，かげの動きをかんさつしました。

① ⑨の方角を書きましょう。　(　　　　)

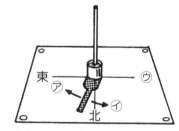

② 図のぼうのかげは，午後2時ごろのものです。このあと，ぼうのかげは㋐と㋑のどちらに動きますか。　(　　　　)

③ かげが，時間がたつと，動くわけを書きましょう。

(　　　　　　　　　　　　　　　　　　　)

□1　自分から光を出しているものには，どんなものがありますか。2つ書きましょう。

(　　　　　　　　) (　　　　　　　　)

□2　かがみを使って，まと当てをしました。下の図をよく見て，問題に答えましょう。

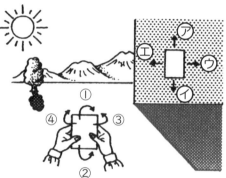

(1) かがみを③の方にかたむけると，光は，㋐〜㋘のうち，どちらに動きますか。　(　　　)

(2) 木に光を当てようとすると，①〜④のどの方に動かすとよいですか。　(　　　)

光の学習（2）

① （　）にあてはまることばを，下の□□□からえらんで，記号で
書きましょう。

右の図のかべにうつっている

光は，（　　）からきた光が，

（　　）ではね返されて，

うつっているものです。

光は，かがみからかべまで，

（　　）進みます。

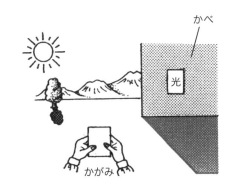

⟡ ㋐ 曲がって　㋑ かがみ　㋒ 太陽
㋓ まっすぐ　㋔ 月　㋕ 手

② ろうそくのほのおを，下の図のように㋐，㋑の2本のホースで
見ました。ほのおがホースのあなから見えるのは，どちらですか。
また，そのわけも書きましょう。

見えるのは　（　　　）

わけ

光の学習（3）

● ㋐，㋑，㋒の図のように，かがみを使って，かべに日光をはね返し
ました。

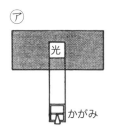
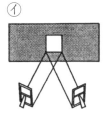
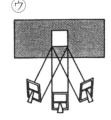

(1) いちばん明るくなるのはどれですか。　　　（　　　）

(2) 光の集まったところの温度を調べてみて，
いちばんあたたかくなるのはどれですか。　（　　　）

(3) 次の文で，正しい文には○を，まちがっている文には×を
つけましょう。

① （　　） 光をたくさん重ね合わせると，かがみ１まいのとき
より明るくなる。

② （　　） 光をたくさん重ね合わせても，かがみ１まいのときと
明るさはかわらない。

③ （　　） 光をたくさん重ね合わせると，かがみ１まいのとき
より温度が高くなる。

④ （　　） 光をたくさん重ね合わせても，かがみ１まいのときと
温度はかわらない。

光の学習（4）

① 2本のしけんかんに，同じりょうの水を入れ，②の方のしけんかんの
まわりを黒くして，かがみで日光をあてました。（　）にあてはまることば
を　　からえらんで書きましょう。

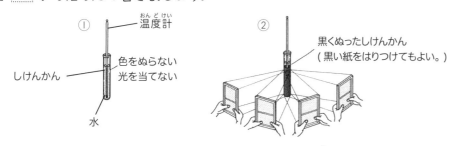

しけんかんを（　　　　　）して，かがみで日光を集めた方が，

温度は（　　　　　）なる。

> ひくく　　黒く　　高く

② 下の家の図の中で，日光をうまく取り入れて，あたたかさをり用して
いるところを赤くぬりましょう。

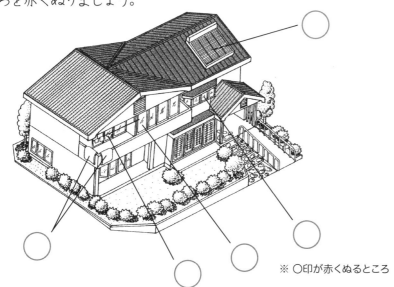

※ ○印が赤くぬるところ

光の学習（5）

① 大きな虫めがねと小さな虫めがねで，紙をこがしてみました。
（　）にあてはまることばを下の　　からえらんで書きましょう。
（同じことばを何回使ってもよい。）

大きい虫めがね　　　　　小さい虫めがね

（　　　　　　）虫めがねの

方が，（　　　　　　）を集めるところが（　　　　　　）から，はやく

紙をこがす。

> 光　　大きい　　小さい

② 虫めがねを使って，光の進み方を調べました。白い紙を虫めがねに
近いところから，少しずつはなしていくと，①，②，③，④の4つの
ところで明るさがちがいました。

白い紙を下げていく。

(1) ①〜④の明るい部分の大体の大きさを，
下の　　の中に円でかきましょう。

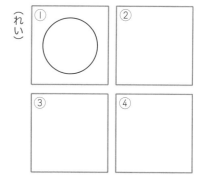

（れい）

①	②
○	
③	④

(2) （　）にあてはまることばを下の　　からえらんで書きましょう。

虫めがねを通った光は，明るい部分が（　　　　　　）なるように
進み，やがて，明るい部分は（　　　　　　）になる。そのあと，明るい
部分は，また，（　　　　　　）なる。ガラス板を通った光は，
（　　　　　　）すすむ。

> まっすぐに　　小さく　　同じ　　大きく　　点

電気で明かりをつける（1）　名前

月　日

1　下の絵の（　）にあてはまる名前を書きましょう。

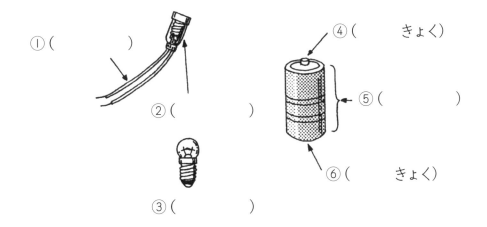

① （　　　　　）
② （　　　　　）
③ （　　　　　）

④ （　　　きょく）
⑤ （　　　　　）
⑥ （　　　きょく）

2　下の図で，豆電球（ソケットあり）に明かりがつくものに○，つかないものに×を，（　）に書き入れましょう。

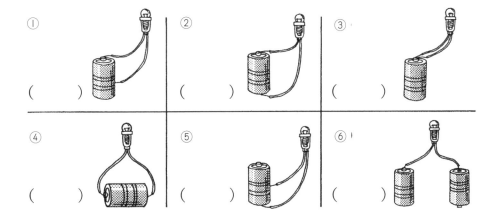

① （　　　）
② （　　　）
③ （　　　）
④ （　　　）
⑤ （　　　）
⑥ （　　　）

電気で明かりをつける（2）　名前

月　日

1　下の図で，豆電球（ソケットなし）に明かりがつくものに○，つかないものに×を，（　）に書き入れましょう。

①	②	③
（　　）	（　　）	（　　）
④	⑤	⑥
（　　）	（　　）	（　　）

2　下のいろいろなものの中で，電気を通すものには○，通さないものには×をしましょう。

① 鉄のくぎ　（　　　）
② プラスチックじょうぎ（　　　）
③ わゴム　（　　　）
④ 10円玉　（　　　）
⑤ 画びょう　（　　　）
⑥ 紙　（　　　）
⑦ 1円玉　（　　　）
⑧ アルミホイル　（　　　）
⑨ 木　（　　　）
⑩ はさみ（はの部分）　（　　　）
⑪ ガラス　（　　　）
⑫ ぬの　（　　　）

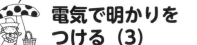

電気で明かりをつける（3）

名
前

① 右の図のように，かん電池と豆電球をつなぎましたが，明かりがつきません。つかないわけとして考えられるもの4つに○をしましょう。

① （　）　かん電地の電気がなくなっている。

② （　）　導線が，かた方だけ長い。

③ （　）　豆電球のソケットがゆるんでいる。

④ （　）　導線が，ビニールの中で切れている。

⑤ （　）　かん電池と，導線のつなぎ方がまちがっている。

⑥ （　）　豆電球の中の細い線（フィラメント）が切れている。

② （　）にあてはまることばを，下の＿＿からえらんで，記号で書きましょう。

(1) 豆電球の明かりをつけるためには，（　　　）の（　　　）きょくから

出た（　　　）が（　　　）の中の細い線（フィラメント）を通り，かん

電池の（　　　）きょくに入るようにします。電気の通り道が（　　　）

のわになっていることがたいせつです。

(2) （　　　）は，電気を通すせいしつがあります。

```
⑦ 金ぞく    ⑦ ＋    ⑦ －    ⑤ かん電池
⑦ ひとつながり  ⑦ 電気   ⑦ 豆電球
```

電気で明かりをつける（4）

名
前

● 明かりがつくおもちゃを作りました。下のおもちゃの電気の通り道を，絵の中に赤えんぴつでかいてみましょう。

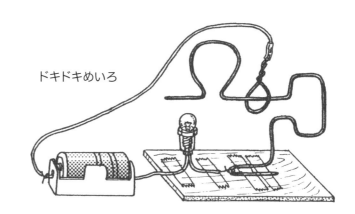

ドキドキめいろ

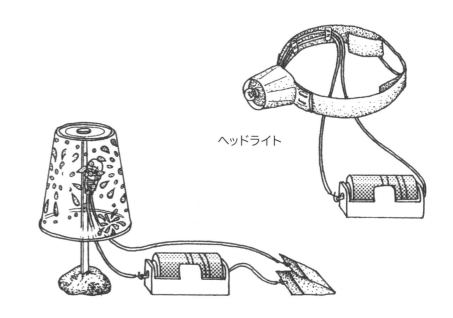

ヘッドライト

じしゃく (1)

① じしゃくにつくものに○，つかないものに×をつけましょう。

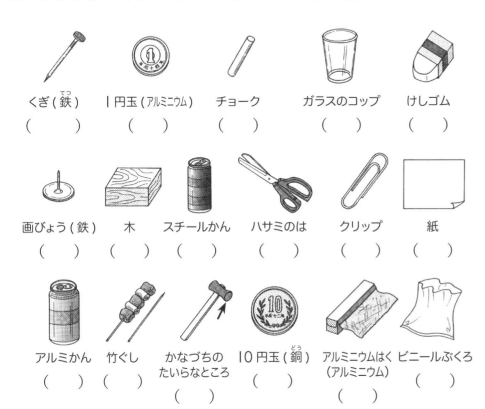

くぎ(鉄)	1円玉(アルミニウム)	チョーク	ガラスのコップ	けしゴム
(　　)	(　　)	(　　)	(　　)	(　　)

画びょう(鉄)	木	スチールかん	ハサミのは	クリップ	紙
(　　)	(　　)	(　　)	(　　)	(　　)	(　　)

アルミかん	竹ぐし	かなづちの たいらなところ	10円玉(銅)	アルミニウムはく (アルミニウム)	ビニールぶくろ
(　　)	(　　)	(　　)	(　　)	(　　)	(　　)

② 他にじしゃくにつくものを，下に書きましょう。

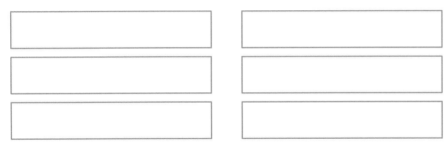

じしゃく (2)

① 下の図のじしゃくのどこに，鉄くぎがよく引きつけられますか。

(1) 下のじしゃくの図で，鉄くぎがよく引きつけられるところ2つに ○をつけましょう。

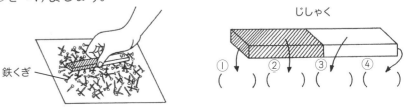

じしゃく

鉄くぎ

①(　　) ②(　　) ③(　　) ④(　　)

(2) (　)にあてはまることばを，下の □ からえらんで書きましょう。

・じしゃくが，鉄をもっとも強く引きつけるところを(　　　　)と いいます。

・じしゃくには，(　　　　)と(　　　　)があります。

> Sきょく　　きょく　　Nきょく

② 下のいろいろなじしゃくの，Sきょくに○をしましょう。

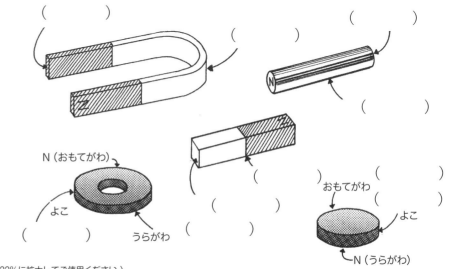

N (おもてがわ)
よこ
うらがわ
おもてがわ
よこ
N (うらがわ)

じしゃく（3）

● じしゃくのきょくについて，調べました。

(1) 下の図のように，2つのじしゃくをおいて，引き合うか，しりぞけ
合うか，調べました。引き合うものに○を，しりぞけ合うものに×を
つけましょう。

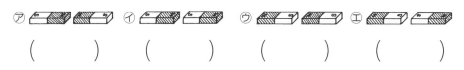

㋐ （　　　）　　㋑ （　　　）　　㋒ （　　　）　　㋓ （　　　）

(2) 図のように，じしゃくのNきょくに鉄くぎをつけました。

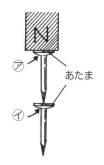
あたま

① 鉄くぎの頭の㋐と㋑は，
それぞれNとSの，どちらの
きょくになりますか。

㋐ （　　　）　　㋑ （　　　）

② じしゃくからはなした鉄くぎに，さ鉄をふりかけました。さ鉄は，
くぎにどのようにつきましたか。正しいものを1つえらんで，○をつけ
ましょう。

さ鉄

㋐ （　　　）　　㋑ （　　　）　　㋒ （　　　）

じしゃく（4）

① じしゃくを下の図のようにつるして，自由に動けるようにしておきます。
じしゃくは，どの方向を向いて止まりますか。

(1) ①～③のうち，正しいものに○をしましょう。

① （　　　） 勝手な方向を向いて止まる。

② （　　　） じしゃくのNきょくが，北を向いて
止まる。

③ （　　　） じしゃくのNきょくが，南を向いて
止まる。

(2) このようなじしゃくのせいしつを使った道具の名前を書きましょう。

（　　　　　　　　　　　　）

② 下の図のように，じしゃくを使って，クリップを空中にうかせました。
そして，じしゃくとクリップの間にプラスチックの下じきをいれました。
クリップは，どうなりましたか。

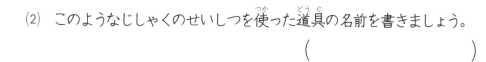

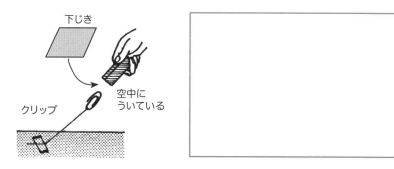
下じき
クリップ
空中に
ういている

じしゃく (5)

① 下の図のように，ぼうじしゃくをまん中でおりました。おれたじしゃく
のはたらきは，どうなりましたか。次の文で正しいものを2つえらんで，
○をつけましょう。

① (　)　2つとも，じしゃくの
　　　　はたらきがない。

② (　)　2つとも，じしゃくの
　　　　はたらきがある。

③ (　)　じしゃくのきょくが，
　　　　なくなる。

④ (　)　じしゃくのきょくは，
　　　　それぞれにある。

おる

② ゴムのぼうじしゃくを下の図のように3つに切りました。切ったぼう
じしゃくの (　) にN，Sのきょくを書き入れましょう。Nでも，Sでも
ないと思うときは，×を書きましょう。

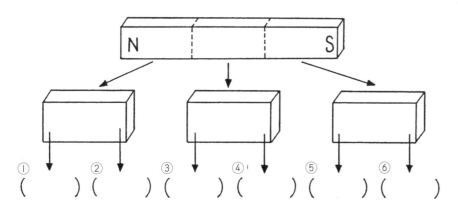

① (　　　) ② (　　　) ③ (　　　) ④ (　　　) ⑤ (　　　) ⑥ (　　　)

物の重さ (1)

① 下の図の中で，てんびんがつり合うものはどれですか。つり合うもの
に○，つり合わないものに×をつけましょう。

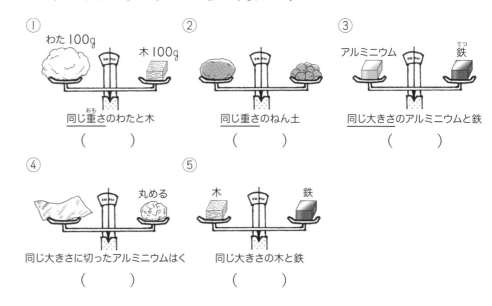

① わた100g　木100g
同じ重さのわたと木
(　　　)

②
同じ重さのねん土
(　　　)

③ アルミニウム　鉄
同じ大きさのアルミニウムと鉄
(　　　)

④ 丸める
同じ大きさに切ったアルミニウムはく
(　　　)

⑤ 木　鉄
同じ大きさの木と鉄
(　　　)

② 同じかさ（体積）の鉄，木，銅，アルミニウムを使って，てんびんで
重さくらべをしました。てんびんが下がる方に○をしましょう。

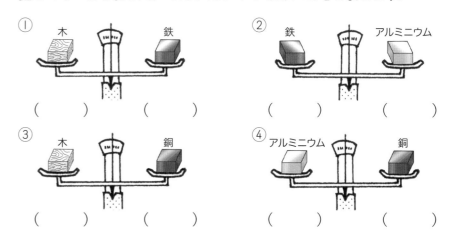

① 木　鉄
(　　　) (　　　)

② 鉄　アルミニウム
(　　　) (　　　)

③ 木　銅
(　　　) (　　　)

④ アルミニウム　銅
(　　　) (　　　)

物の重さ（2）

名
前

① 次のもので，重さがあるものに○を，ないものに×をつけましょう。

・土　（　　）　　・水（　　）　・はっぽうスチロール（　　）

・空気（　　）　　・氷（　　）　・ぬいばり（　　）

・鉄　（　　）　・しおのつぶ（　　）　・ティッシュペーパー１まい（　　）

② はじめに，同じ形で同じ重さのねん土をのせて，天びんをつり合わせ
ておきました。その後，かた方だけをいろいろな形にかえました。下の図
で，かえた後の形で，重さがかわらないものに○をつけましょう。

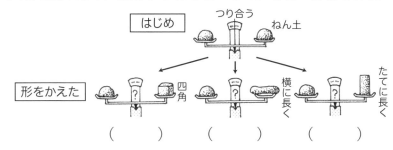

（　　　）　　　（　　　）　　　（　　　）

③ はじめに，天びんに角ざとうとおもりをのせて，①の図のように
つり合わせておきました。この角ざとうを②の図のようにこなごなに
すると，天びんは，どうなりますか。正しいものに○をつけましょう。

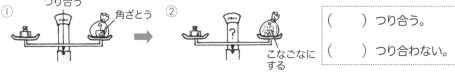

（　　）つり合う。

（　　）つり合わない。

④ はじめに，①の図のように，石をビーカーの外において，重さを
つり合わせました。この石を②の図のようにビーカーの水の中に
入れると，天びんはどうなりますか。正しいものに○をつけましょう。

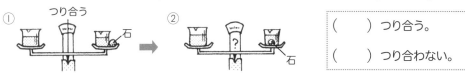

（　　）つり合う。

（　　）つり合わない。

物の重さ（3）

名
前

① 同じかさ（体積）の木，アルミニウム，鉄，銅の重さをはかりで
はかりしました。重たいじゅんにならべましょう。

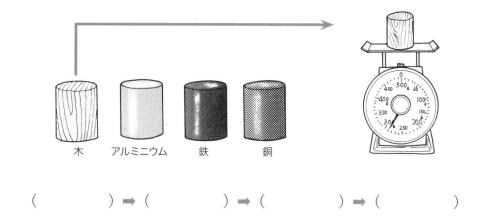

木　　　アルミニウム　　鉄　　　銅

（　　　　　　）➡（　　　　　　）➡（　　　　　　）➡（　　　　　　）

② 次の文の正しい方に○をつけましょう。

① つり合っているものの一方の形をかえても，天びんは
（　つり合う　・　つり合わない　）。

② 同じ体積のもので，もののしゅるいがちがうと天びんは
（　つり合う　・　つり合わない　）。

③ 同じ重さのもので，もののしゅるいがちがうと天びんは
（　つり合う　・　つり合わない　）。

解答

P.4

九九表とかけ算（1）　名前

① （ ）にあてはまる数を書きましょう。
① 7×6の答えは、7×5の答えより（ 7 ）大きい。
② 7×6の答えは、7×7の答えより（ 7 ）小さい。
③ 8×7の答えは、8×6の答えより（ 8 ）大きい。
④ 8×7の答えは、8×8の答えより（ 8 ）小さい。
⑤ 3×6＝3×5＋（ 3 ）　⑥ 4×8＝4×7＋（ 4 ）
⑦ 6×7＝6×8－（ 6 ）　⑧ 9×8＝9×9－（ 9 ）

② （ ）にあてはまる数を書きましょう。
① 4×6＝6×（ 4 ）　② 5×7＝7×（ 5 ）
③ 9×6＝（ 6 ）×9　④ 8×4＝（ 4 ）×8
⑤ （ 8 ）×7＝7×8　⑥ 5×（ 2 ）＝2×5

ふく習
① 2×3 6 ② 2×6 12 ③ 2×7 14 ④ 2×8 16
⑤ 3×6 18 ⑥ 3×7 21 ⑦ 3×8 24 ⑧ 3×9 27
⑨ 4×3 12 ⑩ 4×6 24 ⑪ 4×7 28 ⑫ 4×8 32
⑬ 5×3 15 ⑭ 5×7 35 ⑮ 5×8 40 ⑯ 5×9 45

● 1箱にチョコレートが4こずつ入っています。
5箱では、チョコレートは、全部で何こありますか。
4×5＝20　答え 20こ

九九表とかけ算（2）　名前

① ●は全部で何こありますか。右の図を見て、（ ）にあてはまる数を書きましょう。

4×8 〈 4×5＝20 ／ 4×3＝12　あわせて 32
4×（5）　4×（3）

② かける数を分けて計算します。（ ）にあてはまる数を書きましょう。
① 6×7 〈 6×3＝18 ／ 6×4＝24　あわせて 42
　8×7 〈 8×3＝24 ／ 8×5＝40　あわせて 64
③ 9×9 〈 9×5＝45 ／ 9×4＝36　あわせて 54
　4×12 〈 4×8＝32 ／ 4×4＝16　あわせて 48

ふく習
① 6×3 18 ② 6×7 42 ③ 6×8 48 ④ 6×9 54
⑤ 7×4 28 ⑥ 7×5 35 ⑦ 7×8 56 ⑧ 7×9 63
⑨ 8×3 24 ⑩ 8×4 32 ⑪ 8×6 48 ⑫ 8×7 56
⑬ 9×3 27 ⑭ 9×4 36 ⑮ 9×6 54 ⑯ 9×8 72

● ペンの入っている箱が5箱あります。
1箱に6本ずつ入っています。ペンは、全部で何本ありますか。
6×5＝30　答え 30本

P.5

九九表とかけ算（3）　名前

① ●は全部で何こありますか。右の図を見て、（ ）にあてはまる数を書きましょう。

7×4 〈 4×4＝（16） ／ 3×4＝（12）　あわせて 28
（4）×4　（3）×4

② かけられる数を分けて計算します。（ ）にあてはまる数を書きましょう。
① 5×6 〈 3×6＝（18） ／ 2×6＝（12）　あわせて 30
　8×7 〈 5×7＝35 ／ 3×7＝21　あわせて 56
③ 9×4 〈 6×4＝24 ／ 3×4＝12　あわせて 36
　14×5 〈 8×5＝40 ／ 6×5＝30　あわせて 70

ふく習
① 3×7 21 ② 7×2 14 ③ 8×2 16 ④ 6×8 48
⑤ 9×9 81 ⑥ 4×6 24 ⑦ 7×6 42 ⑧ 4×8 32
⑨ 6×7 42 ⑩ 3×8 24 ⑪ 9×6 54 ⑫ 4×7 28
⑬ 8×7 56 ⑭ 9×6 54 ⑮ 8×6 48 ⑯ 4×9 36

● 8cmのテープを7本つなぎます。全部で長さは何cmになりますか。（つなぎめの長さは考えません。）
8×7＝56　答え 56cm

九九表とかけ算（4）　名前

① Aさん、Bさん、Cさんは、4×10の答えのもとめ方を次のように考えました。（ ）にあてはまる数を書いて、答えをもとめましょう。

【Aさんの考え】
4×10＝10×（4）

【Bさんの考え】
4×10＝4×9＋（4）

【Cさんの考え】
4×10 〈 4×6＝24 ／ 4×4＝16　あわせて 40　答え 40

② 計算をしましょう。
① 6×10 60 ② 3×10 30 ③ 7×10 70 ④ 9×10 90
⑤ 10×5 50 ⑥ 10×2 20 ⑦ 10×10 100 ⑧ 10×8 80

ふく習
① 8×4 32 ② 7×7 49 ③ 8×8 64 ④ 7×4 28
⑤ 5×9 45 ⑥ 7×6 42 ⑦ 2×6 12 ⑧ 9×2 18
⑨ 7×9 63 ⑩ 4×3 12 ⑪ 6×3 18 ⑫ 7×6 42
⑬ 3×8 24 ⑭ 9×9 81 ⑮ 8×9 72 ⑯ 6×8 48

● 高さ6cmのつみ木を9こつみかさねます。全部で高さは何cmになりますか。
6×9＝54　答え 54cm

P.6

九九表とかけ算（5）　名前

① ■は全部で何こありますか。右の図を見て、（ ）にあてはまる数を書きましょう。
（4）×3
12×3 〈 4×3＝12 ／ 8×3＝24　あわせて 36
（8）×3

② （ ）にあてはまる数を書きましょう。
① 15×7 〈 5×7＝35 ／ 10×7＝70　あわせて 105
② 16×6 〈 8×6＝48 ／ 8×6＝48　あわせて 96
③ 4×15 〈 4×5＝20 ／ 4×10＝40　あわせて 60
④ 7×12 〈 7×4＝28 ／ 7×8＝56　あわせて 84

ふく習
● ⑦と④の時計の時こくを見て、⑦から④までの時間をもとめましょう。
① （20）分間
② （25）分間

九九表とかけ算（6）　名前

① はるひさんがおはじき入れゲームをすると、右の図のようになりました。（ ）にあてはまる数を書いて、合計点をもとめましょう。

10点　10×（2）＝20
5点　（5）×0＝（0）
2点　2×（3）＝（6）
0点　0×（5）＝（0）
合計 26点

② 計算をしましょう。
① 7×0 0 ② 3×0 0 ③ 5×0 0 ④ 10×0 0
⑤ 0×2 0 ⑥ 0×8 0 ⑦ 0×4 0 ⑧ 0×0 0

ふく習
● 次の時こくを答えましょう。
① 午前9時20分の20分前の時こく（ 午前9時 ）
② 午後3時30分の10分前の時こく 午後3時20分
③ 午後1時50分の20分前の時こく 午後1時30分

P.7

九九表とかけ算（7）　名前

● （ ）にあてはまる数を書きましょう。
① 4×（3）＝12　② 3×（6）＝18
③ 6×（8）＝48　④ 5×（7）＝35
⑤ 7×（4）＝28　⑥ 9×（6）＝54
⑦ 8×（9）＝72　⑧ 7×（8）＝56
⑨ 6×（5）＝30　⑩ 8×（4）＝32
⑪ （7）×2＝14　⑫ （3）×5＝15
⑬ （3）×8＝24　⑭ （9）×3＝27
⑮ （4）×9＝36　⑯ （5）×9＝45
⑰ （2）×4＝8　⑱ （7）×7＝49
⑲ （3）×7＝21　⑳ （4）×6＝24

ふく習
● 次の時こくを答えましょう。
① 午前8時の20分後の時こく 午前8時20分
② 午後1時30分の30分後の時こく 午後2時
③ 午後7時20分の20分後の時こく 午後7時40分
④ 午前4時10分の30分後の時こく 午前4時40分

九九表とかけ算　まとめ　名前

① （ ）にあてはまる数を書きましょう。
① 7×6の答えは、7×5の答えより（ 7 ）大きい。
② 9×7の答えは、9×8の答えより（ 9 ）小さい。
③ 4×8＝4×7＋（ 4 ）
④ 6×6＝6×5＋（ 6 ）
⑤ 8×4＝8×5－（ 8 ）
⑥ 3×8＝3×9－（ 3 ）

② 計算をしましょう。
① 10×6 60 ② 10×8 80
③ 7×10 70 ④ 5×10 50
⑤ 0×7 0 ⑥ 0 0
⑦ 0×7 0 ⑧ 0 0

③ （ ）にあてはまる数を書きましょう。
12×8 〈 2×8＝16 ／ 10×8＝80　あわせて 96
6×12 〈 6×8＝48 ／ 6×4＝24　あわせて 72

④ （ ）にあてはまる数を書きましょう。
① 6×（3）＝18　② 8×（8）＝64
③ 7×（6）＝42　④ 9×（4）＝36
⑤ （5）×3＝15　⑥ （6）×9＝54
⑦ （7）×5＝35　⑧ （9）×8＝72

135

P.8

時こくと時間（1）　名前

① 午前９時50分に出発して，午前10時15分に目てき地に着きました。かかった時間は何分ですか。

25分（間） →

② 次の時間をもとめましょう。

① 午前６時40分から午前７時10分まで

30分（間） →

② 午後３時45分から４時30分まで

45分（間） →

③ 午前10時から午後２時10分まで

4時間10分 →

ふく習

① 26＋43　② 76＋18　③ 45＋27　④ 65＋9

69　**94**　**72**　**74**

● 南小学校の３年生は，１組が26人，２組が28人です。３年生はみんなで何人ですか。

26＋28＝54　答え **54人**

時こくと時間（2）　名前

① 家を午前９時50分に出て，30分かかって駅に着きました。駅に着いた時こくは何時何分ですか。

午前10時20分

② 次の時こくをもとめましょう。

① 午後１時50分から25分後の時こく

午後2時15分

② 午後４時10分から40分前の時こく

午後3時30分

③ 午前10時15分から35分前の時こく

午前9時40分

ふく習

① 37＋44　② 6＋47　③ 8＋57　④ 85＋47

81　**53**　**65**　**132**

● ひろしさんは，くりを48こ拾いました。ともみさんは，ひろしさんより７こ多く拾いました。ともみさんはくりを何こ拾いましたか。

48＋7＝55　答え **55こ**

P.9

時こくと時間（3）　名前

① 午前９時45分に出発して，35分後に遊園地に着きました。遊園地に着いたのは何時何分ですか。

午前10時20分

② 家を出てから電車に乗るまで20分かかります。午前８時５分の電車に乗るには，何時何分までに家を出るとよいですか。

午前7時45分

③ 午後２時40分から午後４時までサッカーの練習をしました。何時間何分練習しましたか。

1時間20分 →

ふく習

① 76－34　② 64－37　③ 81－75　④ 63－8

42　**27**　**6**　**55**

● いちごが24こあります。15こ食べると，のこりのいちごは何こになりますか。

24－15＝9　答え **9こ**

時こくと時間（4）　名前

① （　）にあてはまる数を書きましょう。

① １分＝（**60**）秒　② １分20秒＝（**80**）秒

③ １分８秒＝（**68**）秒　④ ２分＝（**120**）秒

⑤ 70秒＝（**1**）分（**10**）秒

⑥ 90秒＝（**1**）分（**30**）秒

② どちらの時間の方が長いですか。長い時間の方に○をつけましょう。

① （１分　**65秒**）　② （80秒　**2分8秒**）

③ （**200秒**　２分）　④ （１分30秒　**130秒**）

③ （　）にあてはまる時間のたんいは何ですか。（時・分・秒）の中から，えらんで書きましょう。

① 手をあらう時間　20（**秒**）間

② 夜にねる時間　8（**時**）間

③ 学校の昼休みの時間　20（**分**）間

ふく習

① 43－29　② 64－37　③ 51－4　④ 126－78

14　**60**　**47**　**48**

● 兄はカードを40まい持っています。弟の持っているカードは，兄より12まい少ないです。弟はカードを何まい持っていますか。

40－12＝28　答え **28まい**

P.10

時こくと時間　まとめ　名前

① 右の時計を見て，次の時間をもとめましょう。

① 午前９時30分から午前10時10分まで

40分（間） →

② 午前10時55分から午前11時30分まで

35分（間） →

③ 午後１時40分から午後３時10分まで

1時間30分 →

② 次の時こくをもとめましょう。

① 午後４時50分から20分後の時こく

午後5時10分

② 午後１時30分から45分後の時こく

午後2時15分

③ 午前９時10分から30分前の時こく

午前8時40分

④ 午前８時15分から45分前の時こく

午前7時30分

③ （　）にあてはまる数を書きましょう。

① １分＝（**60**）秒

② １分30秒＝（**90**）秒

③ ２分＝（**120**）秒

④ 80秒＝（**1**）分（**20**）秒

⑤ 105秒＝（**1**）分（**45**）秒

わり算（1）　名前

① クッキーが12まいあります。３人で同じ数ずつ分けると，１人分は何まいになりますか。

式　全部の数　人数　１人分の数

12　÷　**3**　＝　**4**　答え **4まい**

② みかんが15こあります。５人で同じ数ずつ分けると，１人分は何こになりますか。

式　15÷5＝3　答え **3こ**

ふく習

① 4×3　**12**　② 5×5　**25**　③ 8×3　**24**　④ 6×9　**54**

⑤ 4×3　**18**　⑥ 5×3　**21**　⑦ 7×5　**35**　⑧ 4×9　**36**

⑨ 9×6　**54**　⑩ 7×6　**42**　⑪ 2×8　**16**　⑫ 8×5　**40**

⑬ 6×4　**24**　⑭ 4×7　**28**　⑮ 7×7　**49**　⑯ 7×8　**56**

● ５人に９こずつあめを配ります。あめは全部で何こいりますか。

9×5＝45　答え **45こ**

P.11

わり算（2）　名前

① 花が18本あります。３人に同じ数ずつ分けます。１人分は何本になりますか。

式　18÷3＝6　答え **6本**

② ジュースが16パックあります。８人で同じ数ずつ分けると，１人分は何パックになりますか。

式　16÷8＝2　答え **2パック**

③ 14cmのテープがあります。同じ長さに２つに切ると，１本は何cmになりますか。

式　14÷2＝7　答え **7cm**

ふく習

① 3×6　**18**　② 9×7　**63**　③ 4×2　**8**　④ 9×8　**72**

⑤ 4×8　**32**　⑥ 6×2　**12**　⑦ 7×9　**63**　⑧ 5×4　**20**

⑨ 8×2　**16**　⑩ 3×5　**15**　⑪ 8×6　**48**　⑫ 7×3　**21**

⑬ 6×5　**30**　⑭ 5×7　**35**　⑮ 7×4　**28**　⑯ 2×9　**18**

わり算（3）　名前

● 次のわり算の答えをもとめるには，かけ算九九の何のだんを使いますか。また，わり算の答えも書きましょう。

① 24÷6　（**6**）のだん　答え（**4**）

② 30÷5　（**5**）のだん　答え（**6**）

③ 14÷7　（**7**）のだん　答え（**2**）

④ 32÷4　（**4**）のだん　答え（**8**）

⑤ 40÷8　（**8**）のだん　答え（**5**）

⑥ 16÷4　（**4**）のだん　答え（**4**）

⑦ 18÷9　（**9**）のだん　答え（**2**）

⑧ 54÷6　（**6**）のだん　答え（**9**）

⑨ 45÷9　（**9**）のだん　答え（**5**）

⑩ 48÷8　（**8**）のだん　答え（**6**）

ふく習

① 7×6　**42**　② 5×9　**45**　③ 8×4　**32**　④ 6×7　**42**

⑤ 2×6　**12**　⑥ 7×5　**35**　⑦ 9×9　**81**　⑧ 4×4　**16**

⑨ 6×3　**18**　⑩ 3×3　**9**　⑪ 1×7　**7**　⑫ 7×7　**49**

⑬ 4×5　**20**　⑭ 9×3　**27**　⑮ 6×0　**0**　⑯ 8×8　**64**

● ３年生が６人ずつのグループを作ると，８つのグループができました。３年生は，みんなで何人いますか。

6×8＝48　答え **48人**

P.12

わり算（4）

① あめが12こあります。1人に4こずつ分けると、何人に分けられますか。

式　12÷4＝3　　答え　3人

② びわが20こあります。1人に5こずつ分けると、何人に分けられますか。

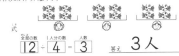

式　20÷5＝4　　答え　4人

ふく習

① 8×7＝56　② 9×2＝18　③ 5×3＝15　④ 8×9＝72
⑤ 6×6＝36　④ 4×3＝12　③ 3×4＝12　⑧ 5×6＝30
⑨ 3×0＝0　⑩ 3×8＝24　⑪ 9×5＝45　⑫ 4×9＝36
⑬ 5×8＝40　⑭ 7×2＝14　⑮ 6×8＝48　⑯ 2×7＝14

● 1まい8円の色紙を6まい買います。代金はいくらですか。

8×6＝48　　答え　48円

わり算（5）

① トマトが16こあります。1ふくろに2こずつ入れます。何ふくろできますか。

式　16÷2＝8　　答え　8ふくろ

② 子どもが15人います。長いす1きゃくに3人ずつすわります。長いすは、何きゃくいりますか。

式　15÷3＝5　　答え　5きゃく

③ 21cmのテープを7cmずつに切ります。7cmのテープは何本できますか。

式　21÷7＝3　　答え　3本

ふく習

① 40＋38＝78　② 54＋27＝81　③ 18＋78＝96　④ 6＋59＝65

P.13

わり算（6）

① 36÷4＝9　② 14÷2＝7　③ 18÷3＝6　④ 12÷4＝3
⑤ 20÷4＝5　⑥ 4÷2＝2　⑦ 40÷5＝8　⑧ 20÷4＝5
⑨ 18÷2＝9　⑩ 32÷4＝8　⑪ 21÷3＝7　⑫ 30÷5＝6
⑬ 45÷9＝5　⑭ 12÷3＝4　⑮ 25÷5＝5　⑯ 24÷4＝6
⑰ 27÷9＝3　⑱ 16÷4＝4　⑲ 12÷2＝6　⑳ 35÷5＝7
㉑ 10÷5＝2　㉒ 9÷3＝3　㉓ 15÷5＝3　㉔ 28÷7＝4
㉕ 24÷3＝8　㉖ 16÷2＝8　㉗ 8÷2＝4　㉘ 15÷5＝3

ふく習

① 49＋18＝67　② 67＋8＝75　③ 75＋5＝80　④ 84＋47＝131

● 赤い花が27本、黄色い花が54本さいています。花は、全部で何本さいていますか。

27＋54＝81　　答え　81本

わり算（7）

① 30÷6＝5　② 21÷7＝3　③ 18÷9＝2　④ 24÷8＝3
⑤ 54÷6＝9　⑥ 42÷6＝7　⑦ 35÷7＝5　⑧ 56÷8＝7
⑨ 63÷9＝7　⑩ 64÷8＝8　⑪ 49÷7＝7　⑫ 81÷9＝9
⑬ 32÷8＝4　⑭ 36÷6＝6　⑮ 72÷8＝9　⑯ 45÷9＝5
⑰ 28÷7＝4　⑱ 24÷6＝4　⑲ 54÷9＝6　⑳ 48÷8＝6
㉑ 48÷6＝8　㉒ 27÷9＝3　㉓ 63÷7＝9　㉔ 16÷8＝2
㉕ 36÷9＝4　㉖ 56÷7＝8　㉗ 72÷8＝8　㉘ 42÷7＝6

ふく習

① 79－23＝56　② 80－27＝53　③ 31－8＝23　④ 53－6＝47

● なわとびで、きのうは46回とびました。今日は53回とびました。今日の方が、何回多くとびましたか。

53－46＝7　　答え　7回

P.14

わり算（8）

① りんごが24こあります。

① 6人で同じ数ずつ分けると、1人分は何こになりますか。

24÷6＝4　　答え　4こ

② 1人に3こずつ分けると、何人に分けられますか。

24÷3＝8　　答え　8人

② 金魚が48ぴきいます。8この金魚ばちに同じ数ずつ分けて入れます。1この金魚ばちに、何びきずつになりますか。

48÷8＝6　　答え　6ぴき

③ 56ページの本があります。1日に7ページずつ読むと、何日で読み終わりますか。

56÷7＝8　　答え　8日

④ 計算をしましょう。

① 0÷4＝0　② 0÷5＝0　③ 0÷1＝0　④ 0÷9＝0
⑤ 6÷1＝6　⑥ 9÷1＝9　⑦ 3÷1＝3　⑧ 7÷1＝7

ふく習

① 70－27＝43　② 41－8＝33　③ 116－37＝79　④ 100－54＝46

わり算　まとめ①

① チョコレートが18こあります。

① 1人に3こずつ配ります。何人に配ることができますか。

18÷3＝6　　答え　6人

② 3人で同じ数ずつ分けます。1人分は何こになりますか。

18÷3＝6　　答え　6こ

② 計算をしましょう。

① 48÷6＝8　② 35÷7＝5　③ 18÷2＝9　④ 24÷6＝4
⑤ 54÷9＝6　⑥ 63÷9＝7　⑦ 54÷9＝6　⑧ 64÷8＝8
⑨ 36÷9＝4　⑩ 72÷9＝8　⑪ 32÷8＝4　⑫ 81÷9＝9
⑬ 49÷7＝7　⑭ 42÷6＝7　⑮ 40÷8＝5　⑯ 45÷5＝9
⑰ 28÷7＝4　⑱ 56÷7＝8　⑲ 16÷4＝4　⑳ 42÷7＝6
㉑ 30÷6＝5　㉒ 27÷9＝3　㉓ 56÷7＝8　㉔ 21÷7＝3
㉕ 63÷7＝9　㉖ 36÷6＝6　㉗ 72÷9＝8　㉘ 48÷6＝6

P.15

わり算　まとめ②

① 子どもが36人います。

① 同じ人数で9チームに分かれると、1チーム何人ずつになりますか。

36÷9＝4　　答え　4人

② 6人ずつでチームになると、何チームできますか。

36÷6＝6　　答え　6チーム

② ジュースが18dLあります。9このコップに同じかさずつ分けて入れると、1このコップは何dLになりますか。

18÷9＝2　　答え　2dL

③ 35cmのリボンがあります。5cmずつに切ると、何本になりますか。

35÷5＝7　　答え　7本

④ 計算をしましょう。

① 21÷7＝3　② 8÷1＝8　③ 28÷4＝7　④ 48÷6＝8
⑤ 56÷7＝8　⑥ 18÷3＝6　⑦ 0÷6＝0　⑧ 20÷5＝4
⑨ 9÷9＝1　⑩ 49÷7＝7　⑪ 81÷9＝9　⑫ 16÷2＝8
⑬ 3÷3＝1　⑭ 0÷7＝0　⑮ 42÷6＝7　⑯ 32÷8＝4
⑰ 24÷3＝8　⑱ 12÷6＝2　⑲ 2÷1＝2　⑳ 14÷7＝2

たし算とひき算の筆算（1）　くり上がりなし・くり上がり1回

① 148円のキャベツと、106円のにんじんを買います。代金は何円ですか。

148＋106＝254　　答え　254円

② 筆算でしましょう。

① 321＋465＝786　② 137＋432＝569　③ 428＋367＝795　④ 149＋845＝994
⑤ 384＋264＝648　⑥ 134＋383＝517　⑦ 157＋482＝639　⑧ 496＋352＝848
⑨ 819＋74＝893　⑩ 681＋67＝748　⑪ 28＋364＝392　⑫ 64＋745＝809
⑬ 206＋404＝610　⑭ 96＋612＝708　⑮ 300＋208＝508　⑯ 660＋240＝900

ふく習

① 24÷4＝6　② 15÷3＝5　③ 18÷3＝6　④ 63÷9＝7
⑤ 6÷3＝2　⑥ 0÷7＝0　⑦ 35÷5＝7　⑧ 32÷4＝8

P.16

たし算とひき算の筆算 (2) 名前
くり上がり2回・4けたになるたし算

① 日曜日に公園に来た人は，午前は198人，午後は262人でした。
日曜日に公園に来た人数は，全部で何人ですか。

$198 + 262 = 460$

答え **460人**

② 筆算でしましょう。

①276+358	②364+497	③136+394	④565+178
634	861	530	743

⑤93+739	⑥37+376	⑦846+55	⑧676+67
832	413	901	743

⑨296+609	⑩137+268	⑪359+142	⑫478+222
905	405	501	700

⑬653+741	⑭316+888	⑮869+923	⑯234+766
1394	1204	1792	1000

ふく習
① 25÷5 **5**　② 9÷1 **9**　③ 0÷8 **0**　④ 12÷4 **3**
⑤ 15÷3 **5**　⑥ 54÷6 **9**　⑦ 10÷2 **5**　⑧ 21÷7 **3**

16　（122％に拡大してご使用ください）

たし算とひき算の筆算 (3) 名前
くり下がりなし・くり下がりあり (1回・2回)

① ひかりさんは435円持っています。
128円のりんごを買うと，何円のこりますか。

$435 - 128 = 307$

答え **307円**

② 筆算でしましょう。

①875-623	②764-331	③834-428	④270-135
252	433	406	135

⑤387-97	⑥314-7	⑦416-182	⑧936-774
290	307	234	162

⑨647-359	⑩736-268	⑪525-67	⑫746-687
288	468	458	59

⑬340-285	⑭842-838	⑮930-46	⑯817-696
55	4	884	121

ふく習
① 42÷7 **6**　② 5÷1 **5**　③ 24÷4 **6**　④ 48÷8 **6**
⑤ 27÷3 **9**　⑥ 0÷5 **0**　⑦ 63÷7 **9**　⑧ 14÷2 **7**

P.17

たし算とひき算の筆算 (4) 名前
十の位が0のひき算・まちがいみつけ

① 筆算でしましょう。

①503-186	②807-379	③404-208	④500-294
317	428	196	206

⑤803-754	⑥906-888	⑦700-693	⑧203-199
49	18	7	4

⑨805-78	⑩500-59	⑪603-6	⑫300-5
727	441	597	295

② 次の計算で，正しいものには○を，まちがっているものには正しい
答えを，（　）の中に書きましょう。

①
```
  934
- 642
  392
```
（292）

②
```
  805
- 758
   47
```
（○）

③
```
  802
- 276
  536
```
（526）

④
```
  500
- 432
  168
```
（68）

ふく習
① 48÷6 **8**　② 81÷9 **9**　③ 64÷8 **8**　④ 32÷8 **4**
⑤ 16÷4 **4**　⑥ 0÷3 **0**　⑦ 5÷1 **5**　⑧ 56÷7 **8**

17　（122％に拡大してご使用ください）

たし算とひき算の筆算 (5) 名前
千からのひき算

① 筆算でしましょう。

①1000-732	②1000-599	③1000-106	④1000-934
268	401	894	66

⑤1000-86	⑥1000-99	⑦1000-7	⑧1000-56
914	901	993	944

② 648円の本を買いました。1000円さつではらうと，おつりは
何円ですか。

$1000 - 648 = 352$

答え **352円**

ふく習
① 12÷2 **6**　② 7÷1 **7**　③ 45÷9 **5**　④ 28÷7 **4**
⑤ 35÷7 **5**　⑥ 3÷1 **3**　⑦ 0÷10 **0**　⑧ 36÷6 **6**

● シールが18まいあります。ワークシート1まいずつに2まいずつ
シールをはります。何まいのワークシートにはることができますか。

$18 ÷ 2 = 9$

答え **9まい**

P.18

たし算とひき算の筆算 (6) 名前
4けたのたし算とひき算

① 筆算でしましょう。

①3752+4213	②5263+2549	③6947+2382	④4369+1823
7965	7812	9329	6192

⑤5183+3852	⑥1481+1521	⑦1766+5456	⑧2645+4385
9035	3002	7222	7030

② 筆算でしましょう。

①8745-5412	②7126-4393	③8020-1745	④2100-1759
3333	2733	6275	341

⑤4000-1234	⑥3120-312	⑦5000-55	⑧7004-6917
2766	2808	4945	87

ふく習
① 49÷7 **7**　② 72÷9 **8**　③ 18÷6 **3**　④ 40÷5 **8**
⑤ 40÷8 **5**　⑥ 0÷9 **0**　⑦ 4÷1 **4**　⑧ 56÷8 **7**

● 24cmのテープを8cmずつに切ると，何本になりますか。

$24 ÷ 8 = 3$

答え **3本**

18　（122％に拡大してご使用ください）

たし算とひき算の筆算 (7) 名前
いろいろな型

①58+956	②274+698	③307+694	④756+66
1014	972	1001	822

⑤194+85	⑥508+498	⑦766+44	⑧645+546
279	1006	810	1191

⑨296+934	⑩508+905	⑪789+897	⑫374+626
1230	1413	1686	1000

⑬625-219	⑭736-495	⑮806-529	⑯627-538
406	241	277	89

⑰1056-73	⑱1100-640	⑲800-793	⑳1000-506
983	460	7	494

㉑914-91	㉒1000-67	㉓1004-925	㉔1001-75
823	933	79	926

P.19

たし算とひき算の筆算 やってみよう① 名前

① 絵の具道具セットは3468円，習字道具セットは2176円，
さいほう道具セットは2495円です。
3つの道具セットを全部買うと，あわせて何円になりますか。

$3468 + 2176 + 2495 = 8139$

答え **8139円**

② ⓪,①,②,③,④,⑤,⑥,⑦,⑧,⑨の10まいのカードのうち，
8まいを使って，次の答えになるたし算をつくりましょう。

① 4000

（例）
```
  2403
+ 1597
  4000
```

② 8000

（例）
```
  5807
+ 2193
  8000
```

たし算とひき算の筆算 やってみよう② 名前

① 国語じてんと，植物図かんを買います。

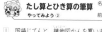
国語じてん 2180円

植物図かん 1860円

① 代金は，あわせて何円になりますか。

$2180 + 1860 = 4040$

答え **4040円**

② レジで5000円さつを出しました。おつりは何円になりますか。

$5000 - 4040 = 960$

答え **960円**

② 次の筆算で，⑦〜⑦にかくれている数字を（　）に書きましょう。

①
```
  732
+ 2⑦8
 1000
```
⑦（6）

②
```
  473
+ 1⑦7
  871
```
⑦（3）

③
```
 ⑦2④
+ 2④4
  802
```
⑦（5）④（8）⑦（7）

④
```
  6④
- 237
  447
```
④（8）

⑤
```
  822
- 2⑦9
  5④3
```
④（4）⑦（7）

⑥
```
 コ⑦サ
- 2⑦6
  528
```
コ（8）⑦（4）サ（7）④（3）⑦（7）

19　（122％に拡大してご使用ください）

138

解答

P.20

たし算とひき算の筆算 まとめ①

① テープを 255cm 使いました。まだ 375cm のこっています。
ア テープは，はじめに何 cm ありましたか。
$255 + 375 = 630$
答え **630cm**

② 遊園地の日曜日の入場者数は，850人でした。そのうち，子どもの入場者数は458人でした。おとなの入場者数は何人ですか。
$850 - 458 = 392$ 答え **392人**

③ 筆算でしましょう。
①629 + 294　②684 + 117　③197 + 85　④564 + 786
923　**801**　**282**　**1350**
⑤457 + 275　⑥186 + 681　⑦85 + 419　⑧736 + 269
732　**867**　**504**　**1005**
⑨715 − 125　⑩420 − 227　⑪401 − 157　⑫700 − 279
590　**193**　**244**　**421**
⑬975 − 79　⑭1000 − 382　⑮1002 − 45　⑯1005 − 908
896　**618**　**957**　**97**

たし算とひき算の筆算 まとめ②

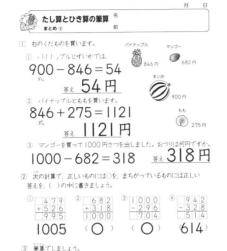

① 右のくだものを買います。
① パイナップルとすいかでは：
式 $900 - 846 = 54$
答え **54円**

② パイナップルとももも買います。
式 $846 + 275 = 1121$
1121円

③ マンゴーを買って 1000 円さつを出しました。おつりは何円ですか。
$1000 - 682 = 318$ 答え **318円**

② 次の計算で，正しいものには○，まちがっているものには正しい答えを，（ ）の中に書きましょう。
①
```
  479
+ 526
  995
```
1005
②
```
  682
+ 318
 1000
```
（ ○ ）
③
```
 1000
− 296
  704
```
（ ○ ）
④
```
  942
− 328
  514
```
614

③ 筆算でしましょう。
①2746 + 3284　②379 + 4296　③4311 − 1963　④5000 − 1924
6030　**4675**　**2348**　**3076**

P.21

長さ（1）

● まきじゃくのめもりをよんで，（ ）に長さを書きましょう。
①ア（ 75cm ）イ（ 1m4cm ）ウ（ 1m18cm ）
②エ（ 3m7cm ）オ（ 3m72cm ）カ（ 4m25cm ）
③キ（ 24m96cm ）ク（ 25m52cm ）ケ（ 26m4cm ）

ふく習
● （ ）にあてはまる数を書きましょう。
① 1m = （ 100 ）cm　　② 1m45cm = （ 145 ）cm
③ 3m50cm = （ 350 ）cm　④ 2m7cm = （ 207 ）cm
⑤ 120cm = （ 1 ）m（ 20 ）cm
⑥ 346cm = （ 3 ）m（ 46 ）cm
⑦ 305cm = （ 3 ）m（ 5 ）cm
⑧ 1000cm = （ 10 ）m

長さ（2）

● 次のものをはかるときに，べんりなものを，下の □ からえらんで（ ）に記号を書きましょう。
① おなかのまわりの長さ　　（ イ ）
② 教科書のあつさ　　　　　（ ア ）
③ 教室の横の長さ　　　　　（ ウ ）
④ プールのたての長さ　　　（ エ ）
⑤ ノートの横の長さ　　　　（ ア ）
⑥ 体育館のたての長さ　　　（ エ ）

ア 30cmのものさし　　イ 1mのまきじゃく
ウ 10mのまきじゃく　　エ 50mのまきじゃく

ふく習
● 長さの計算をしましょう。
① 1m30cm + 2m　　　**3m30cm**
② 5m + 2m40cm　　　**7m40cm**
③ 6m10cm + 2m20cm　**8m30cm**
④ 2m50cm + 40cm　　**2m90cm**
⑤ 1m60cm + 40cm　　**2m**
⑥ 4m50cm − 30cm　　**4m20cm**
⑦ 3m35cm − 2m　　　**1m35cm**
⑧ 3m75cm − 1m40cm　**2m35cm**
⑨ 2m68cm − 2m　　　**68cm**
⑩ 1m − 70cm　　　　**30cm**

P.22

長さ（3）

① （ ）にあてはまる数を書きましょう。
① 1km = （ 1000 ）m　② 3km = （ 3000 ）m
③ 2km600m = （ 2600 ）m
④ 4km50m = （ 4050 ）m
⑤ 2000m = （ 2 ）km
⑥ 4500m = （ 4 ）km（ 500 ）m
⑦ 5080m = （ 5 ）km（ 80 ）m
⑧ 1007m = （ 1 ）km（ 7 ）m

② □ にあてはまる不等号（>，<）を書きましょう。
① 1km 【>】 990m
② 1km20m 【<】 1200m
③ 2km200m 【>】 2020m
④ 1km500m 【>】 1km50m

ふく習
① 327 + 142　②496 + 278　③95 + 438　④654 + 756
469　**774**　**533**　**1410**

● A町の小学生は 628人です。A町の中学生は 369人です。A町の小中学生は全部で何人ですか。
$628 + 369 = 997$ 答え **997人**

長さ（4）

① 長さの計算をしましょう。
① 2km400m + 300m　　**2km700m**
② 1km800m + 2km　　 **3km800m**
③ 1km300m + 2km400m　**3km700m**
④ 1km500m + 500m　　**2km**
⑤ 4km600m − 200m　　**4km400m**
⑥ 3km500m − 200m　　**3km300m**
⑦ 2km900m − 1km400m　**1km500m**
⑧ 2km − 500m　　　　**1km500m**

② こうたさんの家から学校までの道のりときょりは，それぞれ何mですか。また，何km何mですか。

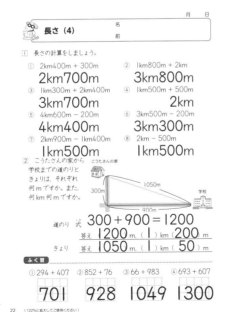

道のり 式 $300 + 900 = 1200$
答え **1200m**，（ 1 ）km（ 200 ）m
きょり　答え **1050m**，（ 1 ）km（ 50 ）m

ふく習
①294 + 407　②852 + 76　③66 + 983　④693 + 607
701　**928**　**1049**　**1300**

P.23

長さ（5）

● けんたさんは，家から図書館まで行きます。

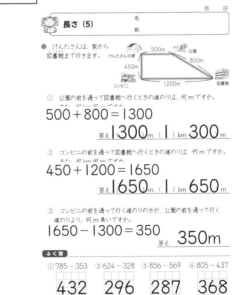

① 公園の前を通って図書館へ行くときの道のりは，何mですか。
$500 + 800 = 1300$
答え **1300m**，（ 1 ）km **300m**

② コンビニの前を通って図書館へ行くときの道のりは，何mですか。
$450 + 1200 = 1650$
答え **1650m**，（ 1 ）km **650m**

③ コンビニの前を通って行く道のりの方が，公園の前を通って行く道のりより，何m長いですか。
$1650 - 1300 = 350$ 答え **350m**

ふく習
①785 − 353　②624 − 328　③856 − 569　④805 − 437
432　**296**　**287**　**368**

長さ（6）

● （ ）にあてはまる長さのたんいを書きましょう。
① ノートのあつさ　　　 5（ mm ）
② えんぴつの長さ　　　16（ cm ）
③ プールのたての長さ　25（ m ）
④ 遠足で歩く道のり　　 4（ km ）
⑤ 1円玉のはば　　　　 2（ cm ）

長さのたんい
mm
cm
m
km

⑥ 日本一長い川（信濃川）　367（ km ）
⑦ 日本一高い山（富士山）3776（ m ）
⑧ えんぴつのしんの太さ　 2（ mm ）

ふく習
①602 − 496　②924 − 65　③717 − 639　④1000 − 784
106　**859**　**78**　**216**

● 家から学校まで 1200m あります。家を出て 685m 歩きました。あと何m歩いたら，学校に着きますか。
$1200 - 685 = 515$ 答え **515m**

P.24

長さ　まとめ

① まきじゃくのめもりをよんで，（　）に長さを書きましょう。

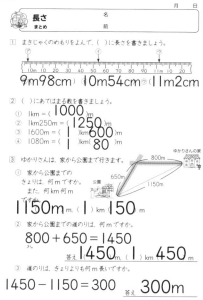

⑦ 9m98cm　⑦ 10m54cm　⑦ 11m2cm

② （　）にあてはまる数を書きましょう。
① 1km = （ 1000 ）m
② 1km250m = （ 1250 ）m
③ 1600m = （ 1 ）km（ 600 ）m
④ 1080m = （ 1 ）km（ 80 ）m

③ ゆかりさんは，家から公園まで行きます。

① 家から公園までのきょりは，何mですか。また，何km何m ですか。

1150 m，1 km 150 m

② 家から公園までの道のりは，何mですか。

800 + 650 = 1450

答え 1450 m，1 km 450 m

③ 道のりは，きょりよりも何m長いですか。

1450 − 1150 = 300　答え 300m

あまりのあるわり算（1）

① 15このたいやきを，1人に4こずつ分けます。何人に分けられて，何こあまりますか。

式
全部の数 ÷ 1人分の数 = 人数 あまり
15 ÷ 4 = 3 あまり 3

答え（ 3 ）人に分けられて，（ 3 ）こあまる。

② 14このヨーグルトを，1パックに3こずつ入れていきます。何パックできて，何こあまりますか。

14 ÷ 3 = 4 あまり 2

答え（ 4 ）パックできて，（ 2 ）こあまる。

③ 17本のきゅうりを，5本ずつふくろに入れます。何ふくろできて，何本あまりますか。

17 ÷ 5 = 3 あまり 2

答え（ 3 ）ふくろできて，（ 2 ）本あまる。

P.25

あまりのあるわり算（2）

① ももが13あります。4人で同じ数ずつ分けると，1人分は何こになって，何こあまりますか。

式
全部の数 ÷ 人数 = 1人分の数 あまり
13 ÷ 4 = 3 あまり 1

答え 1人分は（ 3 ）こになって，（ 1 ）こあまる。

② じゃがいもが20あります。3つのかごに同じ数ずつ分けると，1かご分は何こになって，何こあまりますか。

20 ÷ 3 = 6 あまり 2

答え 1かご分は（ 6 ）こになって，（ 2 ）こあまる。

③ ぎょうざが22あります。5まいのお皿に同じ数ずつ分けると，1皿分は何こになって，何こあまりますか。

22 ÷ 5 = 4 あまり 2

答え 1皿分は（ 4 ）こになって，（ 2 ）こあまる。

あまりのあるわり算（3）

① ボールが13あります。1人に4こずつ分けると，何人に分けられて，何こあまりますか。

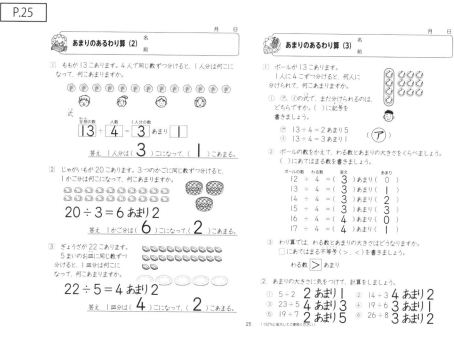

① ⑦，⑦の式で，まだ分けられるのは，どちらですか。（　）に記号を書きましょう。

⑦ 13 ÷ 4 = 2 あまり 5
⑦ 13 ÷ 4 = 3 あまり 1

（ ⑦ ）

② ボールの数をかえて，わる数とあまりの大きさをくらべましょう。（　）にあてはまる数を書きましょう。

ボールの数		わる数		答え		あまり
12	÷	4	=	（ 3 ）	あまり	（ 0 ）
13	÷	4	=	（ 3 ）	あまり	（ 1 ）
14	÷	4	=	（ 3 ）	あまり	（ 2 ）
15	÷	4	=	（ 3 ）	あまり	（ 3 ）
16	÷	4	=	（ 4 ）	あまり	（ 0 ）
17	÷	4	=	（ 4 ）	あまり	（ 1 ）

③ わり算では，わる数とあまりの大きさはどうなりますか。□にあてはまる不等号（＞，＜）を書きましょう。

わる数 ＞ あまり

④ あまりの大きさに気をつけて，計算をしましょう。
① 5 ÷ 2 = 2 あまり 1　② 14 ÷ 4 = 3 あまり 2
③ 23 ÷ 5 = 4 あまり 3　④ 19 ÷ 6 = 3 あまり 1
⑤ 19 ÷ 7 = 2 あまり 5　⑥ 26 ÷ 8 = 3 あまり 2

P.26

あまりのあるわり算（4）

① 次のわり算の答えをもとめるには，かけ算九九の何のだんを使いますか。また，わり算の答えも書きましょう。
① 17 ÷ 3 （ 3 ）のだん　答え（ 5 あまり 2 ）
② 25 ÷ 7 （ 7 ）のだん　答え（ 3 あまり 4 ）
③ 29 ÷ 4 （ 4 ）のだん　答え（ 7 あまり 1 ）
④ 58 ÷ 6 （ 6 ）のだん　答え（ 9 あまり 4 ）

② 計算をしましょう。
① 24 ÷ 5 = 4 あまり 4　② 8 ÷ 3 = 2 あまり 2
③ 19 ÷ 6 = 3 あまり 1　④ 33 ÷ 4 = 8 あまり 1
⑤ 29 ÷ 6 = 4 あまり 5　⑥ 16 ÷ 7 = 2 あまり 2
⑦ 32 ÷ 5 = 6 あまり 2　⑧ 34 ÷ 8 = 4 あまり 2
⑨ 23 ÷ 3 = 7 あまり 2　⑩ 38 ÷ 4 = 9 あまり 2
⑪ 19 ÷ 3 = 6 あまり 1　⑫ 44 ÷ 5 = 8 あまり 4
⑬ 70 ÷ 9 = 7 あまり 6　⑭ 45 ÷ 7 = 6 あまり 3
⑮ 39 ÷ 6 = 6 あまり 3　⑯ 80 ÷ 9 = 8 あまり 8
⑰ 60 ÷ 7 = 8 あまり 4　⑱ 50 ÷ 6 = 8 あまり 2
⑲ 25 ÷ 4 = 6 あまり 1　⑳ 59 ÷ 8 = 7 あまり 3

ふく習
① 729 + 174 = 903
② 96 + 275 = 371
③ 785 + 316 = 1101
④ 965 + 328 = 1293

あまりのあるわり算（5）

① 次の計算をして，たしかめもしましょう。
① 26 ÷ 6 = 4 あまり 2
たしかめ 6 × （ 4 ） + （ 2 ） = （ 26 ）
② 35 ÷ 4 = 8 あまり 3
たしかめ 4 × （ 8 ） + （ 3 ） = （ 35 ）
③ 32 ÷ 5 = 6 あまり 2
たしかめ 5 × （ 6 ） + （ 2 ） = （ 32 ）
④ 75 ÷ 9 = 8 あまり 3
たしかめ 9 × （ 8 ） + （ 3 ） = （ 75 ）
⑤ 68 ÷ 8 = 8 あまり 4
たしかめ 8 × （ 8 ） + （ 4 ） = （ 68 ）

② 次の計算が正しければ○を，まちがっていれば正しい答えを，（　）に書きましょう。
① 35 ÷ 6 = 6 あまり 1　（ 5 あまり 5 ）
② 25 ÷ 8 = 3 あまり 1　（ ○ ）
③ 37 ÷ 4 = 8 あまり 5　（ 9 あまり 1 ）
④ 48 ÷ 7 = 7 あまり 7　（ 6 あまり 6 ）

ふく習
① 495 + 386 = 881
② 787 + 45 = 832
③ 836 + 774 = 1610
④ 674 + 382 = 1056

P.27

あまりのあるわり算（6）

① 50まいの画用紙を，6人に同じ数ずつ配ります。1人分は何まいになって，何まいあまりますか。

式 50 ÷ 6 = 8 あまり 2

8まいになって，2まいあまる。

② ジュースが17dLあります。コップに2dLずつ入れます。何このコップに入れられて，何dLあまりますか。

式 17 ÷ 2 = 8 あまり 1

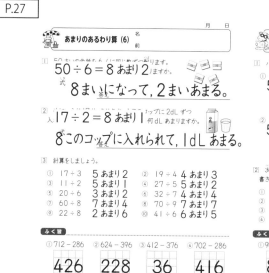

8このコップに入れられて，1dL あまる。

③ 計算をしましょう。
① 17 ÷ 3 = 5 あまり 2　② 19 ÷ 4 = 4 あまり 3
③ 11 ÷ 2 = 5 あまり 1　④ 27 ÷ 5 = 5 あまり 2
⑤ 20 ÷ 6 = 3 あまり 2　⑥ 32 ÷ 7 = 4 あまり 4
⑦ 60 ÷ 8 = 7 あまり 4　⑧ 70 ÷ 9 = 7 あまり 7
⑨ 22 ÷ 8 = 2 あまり 6　⑩ 41 ÷ 6 = 6 あまり 5

ふく習
① 712 − 286 = 426
② 624 − 396 = 228
③ 412 − 376 = 36
④ 702 − 286 = 416

● ソースが420mL あります。236mL 使うと，何mLのこりますか。

420 − 236 = 184　答え 184mL

あまりのあるわり算（7）

① バラの花が53本あります。

① 7本ずつたばにして，花たばをつくります。何たばできて，何本あまりますか。

53 ÷ 7 = 7 あまり 4

式　7たばできて，4本あまる。

② 6人に同じ本数ずつ配ると，1人分は何本になって，何本あまりますか。

53 ÷ 6 = 8 あまり 5

式　8本になって，5本あまる。

② 次の計算が正しければ○を，まちがっていれば正しい答えを，（　）に書きましょう。
① 23 ÷ 4 = 6 あまり 1　（ 5 あまり 3 ）
② 30 ÷ 7 = 5 あまり 1　（ ○ ）
③ 36 ÷ 5 = 6 あまり 6　（ 7 あまり 1 ）
④ 51 ÷ 8 = 6 あまり 4　（ 6 あまり 3 ）

ふく習
① 902 − 28 = 874
② 735 − 696 = 39
③ 1000 − 555 = 445
④ 1000 − 923 = 77

● 公園に赤い花と黄色い花があわせて300本さいています。そのうち168本が赤い花です。黄色い花は何本ですか。

300 − 168 = 132　答え 132 本

P.28

 **あまりのあるわり算（8）**　名前

① 40mのロープを 6mずつに切ります。
6mのロープは何本できますか。
$40 \div 6 = 6 \text{ あまり } 4$　　答え **6本**

② 30人の子どもが，長いす１きゃくに 4人ずつすわります。
みんながすわるためには，長いすは何きゃくあればいいですか。
$30 \div 4 = 7 \text{ あまり } 2$
$7 + 1 = 8$　　答え **8きゃく**

③ たまごが 34こあります。１パックに 6こずつ入れます。
① 6こ入りのパックは，何パックできますか。
$34 \div 6 = 5 \text{ あまり } 4$　　**5パック**

② あと，たまごが何こあれば，もう１パックできますか。
$6 - 4 = 2$　　答え **2こ**

ふく習
①705 − 650　②926 − 868　③1000 − 438　④1000 − 986
55　　**58**　　**562**　　**14**

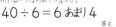 **あまりのあるわり算（9）**　名前

① わり算の答えが同じになる式を，線でむすびましょう。

14 ÷ 3 ——— 34 ÷ 6
17 ÷ 7 ——— 22 ÷ 5
26 ÷ 8 ——— 11 ÷ 4
29 ÷ 5 ——— 29 ÷ 9

② 26 ÷ 4 の式になる問題を２つ作ります。
（　）にあてはまることばや数を下の　　からえらんで書きましょう。
（同じことばや数を２度使ってもよい。）

① いちごが（**26**）こあります。
（**4人**）に同じ数ずつ分けると
（**1人**）分は何こになりますか。

② いちごが（**26**）こあります。
（**1人**）に（**4こ**）ずつ分けると
何人に分けることができますか。

〔 26こ　何人　1人　4こ　4人 〕

P.29

あまりのあるわり算　発てん　名前

① 答えが，5あまり3になる式はどれですか。
□に記号を書きましょう。

⑦ 33 ÷ 6　　① 26 ÷ 7　　② 44 ÷ 8
② 13 ÷ 2　　① 48 ÷ 9　　② 28 ÷ 5
① 23 ÷ 4　　② 18 ÷ 3

⑦ ② ② ②

② 4つの箱に，えんぴつが 8本ずつ入っています。
その 4つの箱に，30本のえんぴつを同じ数ずつ分けて入れます。
１つの箱に入っているえんぴつは，何本になりますか。
$30 \div 4 = 7 \text{ あまり } 2$
$8 + 7 = 15$
答え **15本**

③ 60cmのテープを 9cmずつに切って，4本使いました。
9cmのテープは，何本のこっていますか。
$60 \div 9 = 6 \text{ あまり } 6$
$6 - 4 = 2$
答え **2本**

あまりのあるわり算　まとめ①　名前

① 計算をして，答えのたしかめもしましょう。
① 11 ÷ 4　**2 あまり 3**　　② 43 ÷ 9　**4 あまり 7**
たしかめ（**4**）×（**2**）+（**3**）=（**11**）　たしかめ（**9**）×（**4**）+（**7**）=（**43**）
③ 34 ÷ 5　**6 あまり 4**　　④ 62 ÷ 8　**7 あまり 6**
たしかめ（**5**）×（**6**）+（**4**）=（**34**）　たしかめ（**8**）×（**7**）+（**6**）=（**62**）

② クッキーが 22まいあります。
① 3人で同じまい数ずつ分けると，１人分は何まいになって，
$22 \div 3 = 7 \text{ あまり } 1$
式　**7まいになって，1まいあまる。**

② １ふくろに 6まいずつ入れると，何ふくろできて，何まい
$22 \div 6 = 3 \text{ あまり } 4$
式　**3ふくろできて，4まいあまる。**

③ 計算をしましょう。
① 26 ÷ 3　**8 あまり 2**　　② 38 ÷ 4　**9 あまり 2**
③ 15 ÷ 2　**7 あまり 1**　　④ 29 ÷ 5　**5 あまり 4**
⑤ 40 ÷ 6　**6 あまり 4**　　⑥ 52 ÷ 7　**7 あまり 3**
⑦ 30 ÷ 8　**3 あまり 6**　　⑧ 42 ÷ 9　**4 あまり 6**
⑨ 61 ÷ 7　**8 あまり 5**　　⑩ 53 ÷ 9　**5 あまり 8**

P.30

あまりのあるわり算　まとめ②　名前

① 計算をしましょう。
① 31 ÷ 4　**7 あまり 3**　　② 23 ÷ 9　**2 あまり 5**
③ 11 ÷ 3　**3 あまり 2**　　④ 18 ÷ 4　**4 あまり 2**
⑤ 41 ÷ 6　**6 あまり 5**　　⑥ 50 ÷ 7　**7 あまり 1**
⑦ 62 ÷ 8　**7 あまり 6**　　⑧ 52 ÷ 9　**5 あまり 7**
⑨ 40 ÷ 8　**5 あまり**　　⑩ 20 ÷ 3　**6 あまり 2**
⑪ 83 ÷ 9　**9 あまり 2**　　⑫ 23 ÷ 7　**3 あまり 2**

② 70ページの本があります。１日に 9ページずつ読むと，
全部読み終わるのに，何日かかりますか。
$70 \div 9 = 7 \text{ あまり } 7$
$7 + 1 = 8$
答え **8日**

③ はばが 55cmの本だなに，あつさが同じ 7cmの本をならべていきます。何冊ならべることができますか。
$55 \div 7 = 7 \text{ あまり } 6$
答え **7さつ**

④ 花が 39本あります。6本ずつのたばにして花たばをつくり，2たばプレゼントしました。花たばは，何たばのこっていますか。
$39 \div 6 = 6 \text{ あまり } 3$
$6 - 2 = 4$
答え **4たば**

10000 より大きい数（1）　名前

① 次の数を数字で書きましょう。
① 六万三千二百九十五　（　**63295**　）
② 四万六千七十　（　**46070**　）
③ 七万八千十八　（　**78018**　）
④ 三万六　（　**30006**　）

② 次の数を数字で書きましょう。
① 一万を 4こ，千を 2こ，百を 7こ，十を１こあわせた数
（　**42710**　）
② 一万を 3こ，千を 9こあわせた数
（　**39000**　）
③ 一万を 6こ，百を１こあわせた数
（　**60100**　）
④ 一万を 7こ，十を 5こあわせた数
（　**70050**　）
⑤ 一万を 9こ，一を 9こあわせた数
（　**90009**　）

● （　）にあてはまる数を書きましょう。
① 10000は 1000を（**10**）こ集めた数です。
② 10000は 100を（**100**）こ集めた数です。
③ 10000より 1000小さい数は（**9000**）です。
④ 10000より 100小さい数は（**9900**）です。
⑤ 10000より 10小さい数は（**9990**）です。
⑥ 10000より１小さい数は（**9999**）です。

P.31

10000 より大きい数（2）　名前

① 次の（　）にあてはまる数を書きましょう。
① 1000を 10こ集めた数　（　**1万**　）
② 1万を 10こ集めた数　（　**10万**　）
③ 10万を 10こ集めた数　（**100万**）
④ 100万を 10こ集めた数　**1000万**

② 次の数を数字で書きましょう。
① 千万を 3こ，百万を 6こ，十万を 4こ，一万を 5こあわせた数
36450000
② 千万を 7こ，十万を１こ，一万を 9こあわせた数
70190000
③ 千万を 8こ，一万を 3こあわせた数
80030000

③ 次の（　）にあてはまる数を書きましょう。
① 47050000は，千万を（**4**）こ，百万を（**7**）こ，一万を（**5**）こあわせた数です。
② 90604000は，千万を（**9**）こ，十万を（**6**）こ，千を（**4**）こあわせた数です。

ふく習
● 次の数直線の⑦〜②にあたる数を書きましょう。
⑦ **600**　① **1700**
1000　　2000　　3000　　4000
② **7880**　③ **7970**　② **8110**
7900　　8000　　8100

10000 より大きい数（3）　名前

① 次の数を数字で書きましょう。
① 1000を 10こ集めた数　（　**10000**　）
② 1000を 20こ集めた数　（　**20000**　）
③ 1000を 30こ集めた数　（　**30000**　）
④ 1000を 35こ集めた数　（　**35000**　）
⑤ 1000を 46こ集めた数　（　**46000**　）
⑥ 1000を 580こ集めた数　**580000**

② 次の数を数字で書きましょう。
① 10000は 1000を（**10**）こ集めた数です。
② 20000は 1000を（**20**）こ集めた数です。
③ 27000は 1000を（**27**）こ集めた数です。
④ 62000は 1000を（**62**）こ集めた数です。
⑤ 270000は 1000を（**270**）こ集めた数です。

ふく習
① 7 ÷ 1　**7**　②14 ÷ 2　**7**　③12 ÷ 3　**4**　④21 ÷ 3　**7**
⑤ 24 ÷ 6　**4**　⑥32 ÷ 8　**4**　⑦ 0 ÷ 5　**0**　⑧30 ÷ 5　**6**
⑨ 42 ÷ 7　**6**　⑩54 ÷ 9　**6**　⑪28 ÷ 4　**7**　⑫56 ÷ 7　**8**
⑬ 48 ÷ 6　**8**　⑭72 ÷ 9　**8**　⑮27 ÷ 3　**9**　⑯54 ÷ 6　**9**

P.32

10000 より大きい数 (4)

● 次の数直線の⑦〜⑨にあたる数を書きましょう。

⑦ 4000　⑦ 16000　⑦ 27000　⑨ 41000

⑦ 10万　⑦ 70万　⑨ 110万

⑦ 7500万　8700万　⑨ 1億

④ 8900万　9400万　9900万

ふく習

① 656 + 249　② 497 + 73　③ 8 + 494　④ 497 + 864

905　570　502　1361

● 388円のはさみと，175円ののりを買います。代金は，何円になりますか。

388 + 175 = 563　答え 563 円

10000 より大きい数 (5)

● 次の□にあてはまる等号（＝），不等号（＞，＜）を書きましょう。

① 36822 ＞ 36288　② 700000 ＜ 6000000

③ 45111 ＞ 41555　④ 9999999 ＜ 10000000

⑤ 1234567 ＞ 765421　⑥ 6000 ＝ 2000 + 4000

⑦ 40000 + 30000 ＜ 80000

⑧ 30000 ＝ 50000 − 20000

⑨ 900000 − 500000 ＞ 300000

⑩ 500000 + 500000 ＝ 1000000

ふく習

① 470 + 218　② 676 + 174　③ 79 + 432　④ 684 + 732

688　850　511　1416

● 534円の本を買うと，366円のこりました。はじめに何円持っていましたか。

534 + 366 = 900　答え 900 円

P.33

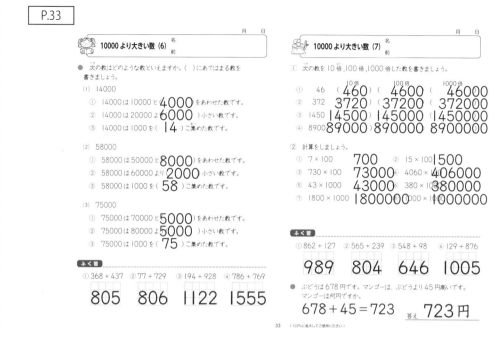

10000 より大きい数 (6)

● 次の数はどのような数といえますか。（ ）にあてはまる数を書きましょう。

(1) 14000
① 14000は10000と（ 4000 ）をあわせた数です。
② 14000は20000より（ 6000 ）小さい数です。
③ 14000は1000を（ 14 ）こ集めた数です。

(2) 58000
① 58000は50000と（ 8000 ）をあわせた数です。
② 58000は60000より（ 2000 ）小さい数です。
③ 58000は1000を（ 58 ）こ集めた数です。

(3) 75000
① 75000は70000と（ 5000 ）をあわせた数です。
② 75000は80000より（ 5000 ）小さい数です。
③ 75000は1000を（ 75 ）こ集めた数です。

ふく習

① 368 + 437　② 77 + 729　③ 194 + 928　④ 786 + 769

805　806　1122　1555

10000 より大きい数 (7)

① 次の数を10倍，100倍，1000倍した数を書きましょう。

	10倍	100倍	1000倍
① 46	460	4600	46000
② 372	3720	37200	372000
③ 1450	14500	145000	1450000
④ 8900	89000	890000	8900000

② 計算をしましょう。

① 7 × 100　700　② 15 × 100　1500

③ 730 × 100　73000　④ 4060 × 100　406000

⑤ 43 × 1000　43000　⑥ 380 × 1000　380000

⑦ 1800 × 1000　1800000　⑧ 1000 × 1000　1000000

ふく習

① 862 + 127　② 565 + 239　③ 548 + 98　④ 129 + 876

989　804　646　1005

● ぶどうは678円です。マンゴーは，ぶどうより45円高いです。マンゴーは何円ですか。

678 + 45 = 723　答え 723 円

P.34

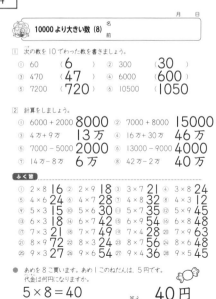

10000 より大きい数 (8)

① 次の数を10でわった数を書きましょう。

① 60（ 6 ）　② 300（ 30 ）

③ 470（ 47 ）　④ 6000（ 600 ）

⑤ 7200（ 720 ）　⑥ 10500（ 1050 ）

② 計算をしましょう。

① 6000 + 2000　8000　② 7000 + 8000　15000

③ 4万 + 9万　13万　④ 16万 + 30万　46万

⑤ 7000 − 5000　2000　⑥ 13000 − 9000　4000

⑦ 14万 − 8万　6万　⑧ 42万 − 2万　40万

ふく習

① 2 × 8　16　② 2 × 9　18　③ 3 × 7　21　④ 3 × 8　24
⑤ 4 × 6　24　⑥ 4 × 7　28　⑦ 4 × 8　32　⑧ 4 × 3　12
⑨ 5 × 3　15　⑩ 5 × 6　30　⑪ 5 × 7　35　⑫ 5 × 9　45
⑬ 6 × 8　48　⑭ 6 × 8　48　⑮ 6 × 4　24　⑯ 6 × 8　48
⑰ 7 × 3　21　⑱ 7 × 7　49　⑲ 7 × 4　28　⑳ 7 × 9　63
㉑ 8 × 9　72　㉒ 8 × 3　24　㉓ 8 × 7　56　㉔ 8 × 6　48
㉕ 9 × 3　27　㉖ 9 × 6　54　㉗ 9 × 4　36　9 × 5　45

● あめを8こ買います。あめ1このねだんは，5円です。代金は何円になりますか。

5 × 8 = 40　答え 40 円

10000 より大きい数 まとめ①

① 次の数を数字で書きましょう。

① 千四百八十六万五千　（14865000）
② 七千二百万六千七十　（72006070）
③ 七百八十万八千十　（7008010）
④ 千万を9こ，百万を4こ，十万を1こ，一万を8こあわせた数（94180000）
⑤ 百万を5こ，一万を7こあわせた数（5070000）

② 次の数を数字で書きましょう。

① 1000を74こ集めた数　（ 74000 ）
② 1000を690こ集めた数　（ 690000 ）
③ 10000を42こ集めた数　（ 420000 ）
④ 10000を180こ集めた数　（ 1800000 ）

③ 次の数直線の⑦〜⑦にあたる数を書きましょう。

1000万　7000万　1億

3800万　4600万　5200万

6370万　6430万　6510万

P.35

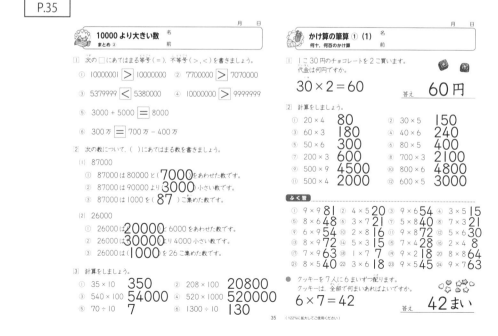

10000 より大きい数 まとめ②

① 次の□にあてはまる等号（＝），不等号（＞，＜）を書きましょう。

① 10000001 ＞ 10000010　② 7700000 ＞ 7070000

③ 5379999 ＜ 5380000　④ 10000000 ＞ 9999999

⑤ 3000 + 5000 ＝ 8000

⑥ 300万 ＝ 700万 − 400万

② 次の数について，（ ）にあてはまる数を書きましょう。

(1) 87000
① 87000は80000と（ 7000 ）をあわせた数です。
② 87000は90000より（ 3000 ）小さい数です。
③ 87000は1000を（ 87 ）こ集めた数です。

(2) 26000
① 26000は（ 20000 ）と6000をあわせた数です。
② 26000は（ 30000 ）より4000小さい数です。
③ 26000は（ 1000 ）を26こ集めた数です。

③ 計算をしましょう。

① 35 × 10　350　② 208 × 100　20800

③ 540 × 100　54000　④ 520 × 1000　520000

⑤ 70 ÷ 10　7　⑥ 1300 ÷ 10　130

かけ算の筆算① (1)
何十，何百のかけ算

① 1こ30円のチョコレートを2こ買います。代金は何円ですか。

30 × 2 = 60　答え 60 円

② 計算をしましょう。

① 20 × 4　80　② 30 × 5　150

③ 60 × 3　180　④ 40 × 6　240

⑤ 50 × 6　300　⑥ 80 × 5　400

⑦ 200 × 3　600　⑧ 700 × 3　2100

⑨ 500 × 9　4500　⑩ 800 × 6　4800

⑪ 500 × 4　2000　⑫ 600 × 5　3000

ふく習

① 9 × 9　81　② 4 × 5　20　③ 9 × 6　54　④ 3 × 5　15
⑤ 8 × 6　48　⑥ 3 × 7　21　⑦ 5 × 8　40　⑧ 7 × 3　21
⑨ 6 × 9　54　⑩ 2 × 8　16　⑪ 9 × 8　72　⑫ 5 × 6　30
⑬ 8 × 9　72　⑭ 5 × 3　15　⑮ 7 × 6　42　⑯ 2 × 4　8
⑰ 7 × 9　63　⑱ 1 × 7　7　⑲ 9 × 2　18　⑳ 8 × 8　64
㉑ 8 × 5　40　㉒ 3 × 6　18　㉓ 9 × 5　45　9 × 7　63

● クッキーを7人に6まいずつ配ります。クッキーは，全部で何まいあればよいですか。

6 × 7 = 42　答え 42 まい

解答

P.36

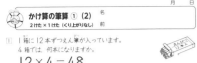

かけ算の筆算 ① (2) 名前
２けた×１けた（くり上がりなし）

① 1箱に12本ずつえん筆が入っています。
4箱では，何本になりますか。

$12 \times 4 = 48$

答え **48本**

② 筆算でしましょう。

① 21×3	② 32×3	③ 13×2	④ 42×2
63	96	26	84

⑤ 23×2	⑥ 43×2	⑦ 11×8	⑧ 20×4
46	86	88	80

ふく習

① 19÷5　**3あまり4**　② 8÷3　**2あまり2**
③ 23÷5　**4あまり3**　④ 44÷6　**7あまり2**
⑤ 8÷1　**8**　⑥ 0÷8　**0**

● チョコレートが51こあります。7人で同じ数ずつ分けると，
1人分は何こになって，何こあまりますか。

$51 \div 7 = 7$ あまり 2

答え **7こになって，2こあまる。**

かけ算の筆算 ① (3) 名前
２けた×１けた（くり上がり１回）

① 1つの辺の長さが16cmの正方形があります。
この正方形のまわりの長さは何cmですか。
正方形 16cm

$16 \times 4 = 64$

答え **64cm**

② 筆算でしましょう。

① 23×4	② 18×4	③ 16×5	④ 19×3
92	72	80	57

⑤ 26×3	⑥ 49×2	⑦ 14×5	⑧ 47×2
78	98	70	94

⑨ 42×4	⑩ 81×3	⑪ 53×3	⑫ 71×9
168	243	159	639

ふく習

① 18÷4　**4あまり2**　② 9÷2　**4あまり1**
③ 14÷3　**4あまり2**　④ 16÷5　**3あまり1**
⑤ 22÷6　**3あまり4**　⑥ 50÷6　**8あまり2**
⑦ 32÷7　**4あまり4**　⑧ 30÷8　**3あまり6**
⑨ 53÷9　**5あまり8**　⑩ 42÷9　**4あまり6**

P.37

かけ算の筆算 ① (4) 名前
２けた×１けた（くり上がり２回）

① 86×5	② 87×9	③ 75×6	④ 46×6
430	783	450	276

⑤ 24×6	⑥ 65×3	⑦ 73×5	⑧ 28×6
144	195	365	168

⑨ 64×7	⑩ 54×9	⑪ 96×7	⑫ 98×8
448	486	672	784

ふく習

① 26÷8　**3あまり2**　② 19÷4　**4あまり3**
③ 49÷5　**9あまり4**　④ 7÷2　**3あまり1**
⑤ 18÷7　**2あまり4**　⑥ 34÷9　**3あまり7**
⑦ 4÷3　**1あまり1**　⑧ 11÷2　**5あまり1**
⑨ 62÷9　**6あまり8**　⑩ 38÷5　**7あまり3**

● 52cmのリボンを7cmずつに切ります。
何本できて，何cmあまりますか。

$52 \div 7 = 7$ あまり 3

式　答え **7本できて，3cmあまる。**

かけ算の筆算 ① (5) 名前
２けた×１けた（くり上がり２回／たし算でもくり上がり）

① 85×6	② 27×8	③ 58×7	④ 69×8
510	216	406	552

⑤ 57×9	⑥ 39×6	⑦ 47×9	⑧ 78×4
513	234	423	312

⑨ 88×6	⑩ 87×7	⑪ 86×6	⑫ 37×9
528	609	516	333

⑬ 75×8	⑭ 78×8	⑮ 73×7	⑯ 46×9
600	624	511	414

ふく習

① 68÷7　**9あまり5**　② 31÷6　**5あまり1**
③ 45÷8　**5あまり5**　④ 29÷4　**7あまり1**
⑤ 37÷7　**5あまり2**　⑥ 9÷2　**4あまり1**
⑦ 31÷4　**7あまり3**　⑧ 52÷6　**8あまり4**

● 1台のテーブルで7人が食事をすることができます。
41人が食事をするには，テーブルは何台いりますか。

$41 \div 7 = 5$ あまり 6
$5 + 1 = 6$

答え **6台**

P.38

かけ算の筆算 ① (6) 名前
３けた×１けた（くり上がりなし）

① 1こ231円のカップケーキを3こ買います。
代金は何円ですか。

$231 \times 3 = 693$

答え **693円**

② 筆算でしましょう。

① 213×2	② 442×2	③ 313×3	④ 112×4
426	884	939	448

⑤ 203×3	⑥ 403×2	⑦ 420×2	⑧ 220×4
609	806	840	880

ふく習

① 390−196	② 726−367	③ 817−139	④ 706−498
194	359	678	208

● なわとびをしました。ひろしさんは392回，みつこさんは430回
とびました。みつこさんの方が何回多くとびましたか。

$430 - 392 = 38$　答え **38回**

かけ算の筆算 ① (7) 名前
３けた×１けた（くり上がり1回・2回）

① 426×2	② 326×3	③ 218×4	④ 119×5
852	978	872	595

⑤ 253×3	⑥ 462×2	⑦ 151×5	⑧ 392×2
759	924	755	784

⑨ 235×4	⑩ 146×5	⑪ 278×2	⑫ 296×3
940	730	556	888

ふく習

① 350−63	② 524−433	③ 1000−453	④ 1003−95
287	91	547	908

● コンビニで合計578円の買い物をしました。
1000円さつではらうと，おつりはいくらですか。

$1000 - 578 = 422$　答え **422円**

P.39

かけ算の筆算 ① (8) 名前
３けた×１けた（答えが4けた）

① 筆算でしましょう。

① 621×4	② 407×5	③ 735×5	④ 896×3
2484	2035	3675	2688

⑤ 386×4	⑥ 924×8	⑦ 796×6	⑧ 329×8
1544	7392	4776	2632

⑨ 867×6	⑩ 125×8	⑪ 676×8	⑫ 769×8
5202	1000	5408	6152

② 1本の長さが480cmのロープを5本買います。
1本のねだんは，268円です。

① 全部で何cmになりますか。

$480 \times 5 = 2400$

答え **2400cm**

② 代金は何円になりますか。

$268 \times 5 = 1340$

答え **1340円**

かけ算の筆算 ① (9) 名前
２けた×１けた・３けた×１けた

① 筆算でしましょう。

① 32×4	② 34×6	③ 45×3	④ 18×2
128	204	135	36

⑤ 46×7	⑥ 26×5	⑦ 75×4	⑧ 67×2
322	130	300	536

⑨ 76×7	⑩ 82×9	⑪ 38×6	⑫ 86×7
532	738	228	602

② 筆算でしましょう。

① 541×6	② 375×4	③ 509×6	④ 927×7
3246	1500	3054	6489

⑤ 919×7	⑥ 168×5	⑦ 469×6	⑧ 126×3
6433	840	2814	378

⑨ 376×8	⑩ 706×4	⑪ 468×9	⑫ 250×8
3008	2824	4212	2000

児童に実施させる前に，必ず指導される方が問題を解いてください。本書の解答は，あくまでも1つの例です。指導される方の作られた解答をもとに，本書の解答例を参考に児童の多様な考えに寄り添って○つけをお願いします。

P.40

かけ算の筆算 ① (10) かけ算のくふう

① （　）にあてはまる数を書きましょう。
① $7 \times 6 = 6 \times (7)$
② $8 \times 5 = (5) \times 8$
③ $3 \times 2 \times 4 = 4 \times 2 \times (3)$
④ $96 \times 5 \times 2 = (5) \times 2 \times 96$

② くふうして計算をします。（　）にあてはまる数を書きましょう。
① $76 \times 5 \times 2 = 76 \times (10)$
　　$= (760)$
② $98 \times 2 \times 5 = 98 \times (10)$
　　$= (980)$
③ $80 \times 3 \times 2 = 80 \times (6)$
　　$= (480)$
④ $125 \times 4 \times 2 = 125 \times (8)$
　　$= (1000)$

ふく習

① $301 - 29$ → 272
② $736 - 688$ → 48
③ $1000 - 361$ → 639
④ $1000 - 915$ → 85

● 326ページの本を読んでいます。249ページ読みました。あと何ページで全部を読み終わりますか。
$326 - 249 = 77$　答え 77ページ

かけ算の筆算 ① まとめ

① 筆算でしましょう。
① 32×3 → 96
② 72×4 → 288
③ 26×4 → 104
④ 87×9 → 783
⑤ 86×5 → 430
⑥ 89×6 → 534
⑦ 37×6 → 222
⑧ 65×8 → 520
⑨ 452×3 → 1356
⑩ 708×9 → 6372
⑪ 386×6 → 2316
⑫ 777×8 → 6216

② 次の計算が正しければ○を，まちがっていれば正しい答えを，（　）に書きましょう。
①
```
  64
×  8
 512
```
（ ○ ）
②
```
  39
×  6
1854
```
（ 234 ）
③
```
 623
×  5
3015
```
（ 3115 ）
④
```
 778
×  4
3112
```
（ ○ ）

③ 1こ125円のパンを8こ買いました。代金は何円になりますか。
$125 \times 8 = 1000$　答え 1000円

P.41

かけ算の筆算 ① まとめ

① 筆算でしましょう。
① 34×3 → 102
② 27×8 → 216
③ 39×6 → 234
④ 48×9 → 432
⑤ 84×5 → 420
⑥ 89×9 → 801
⑦ 75×8 → 600
⑧ 99×9 → 891
⑨ 326×3 → 978
⑩ 374×3 → 1122
⑪ 468×8 → 3744
⑫ 888×7 → 6216
⑬ 809×7 → 5663
⑭ 670×8 → 5360
⑮ 389×6 → 2334
⑯ 999×9 → 8991

② 1本350mLで135円のジュースを8本買います。
① 代金は何円になりますか。
$135 \times 8 = 1080$　答え 1080円
② 全部で何mLですか。
$350 \times 8 = 2800$　答え 2800mL

大きな数のわり算 (1)

① 60まいのおり紙を，3人で同じ数ずつ分けます。1人分は何まいになりますか。
$60 \div 3 = 20$　答え 20まい

② 計算をしましょう。
① $80 \div 4$ → 20
② $40 \div 2$ → 20
③ $90 \div 3$ → 30
④ $80 \div 2$ → 40
⑤ $60 \div 2$ → 30
⑥ $80 \div 8$ → 10
⑦ $50 \div 5$ → 10
⑧ $30 \div 3$ → 10

ふく習
① 33×3 → 99
② 39×2 → 78
③ 46×4 → 184
④ 35×6 → 210

● 1ふくろ23円のもやしを3ふくろ買います。
① 代金は何円になりますか。
$23 \times 3 = 69$　答え 69円
② 500円玉ではらうと，おつりは何円ですか。
$500 - 69 = 431$　答え 431円

P.42

大きな数のわり算 (2)

① 48まいのシールを4人で同じ数ずつ分けます。1人分は何まいになりますか。
$48 \div 4 = 12$　答え 12まい

② 計算をしましょう。
① $69 \div 3$ → 23
② $96 \div 3$ → 32
③ $84 \div 2$ → 42
④ $88 \div 4$ → 22
⑤ $63 \div 3$ → 21
⑥ $64 \div 2$ → 32
⑦ $55 \div 5$ → 11
⑧ $88 \div 8$ → 11

ふく習
① 231×3 → 693
② 236×4 → 944
③ 196×5 → 980
④ 137×6 → 822

● 1ふくろ132円の玉ねぎを3ふくろ買います。
① 代金は何円になりますか。
$132 \times 3 = 396$　答え 396円
② 1000円さつではらうと，おつりは何円ですか。
$1000 - 396 = 604$　答え 604円

分数とわり算

● 次の長さをもとめます。（　）にあてはまる数を書きましょう。
① 8cmの $\frac{1}{4}$ の長さは，（2）cmです。
② 9cmの $\frac{1}{3}$ の長さは，（3）cmです。
③ 60cmの $\frac{1}{3}$ の長さは，（20）cmです。
④ 80cmの $\frac{1}{4}$ の長さは，（20）cmです。
⑤ 69cmの $\frac{1}{3}$ の長さは，（23）cmです。
⑥ 48cmの $\frac{1}{4}$ の長さは，（12）cmです。
⑦ （32）cmの $\frac{1}{4}$ の長さは，8cmです。
⑧ （30）cmの $\frac{1}{3}$ の長さは，10cmです。

ふく習
① 738×3 → 2214
② 468×5 → 2340
③ 748×7 → 5236
④ 338×6 → 2028

● 1しゅうが836mのコースを6しゅう走りました。何mですか。また，何km何mですか。
式 $836 \times 6 = 5016$
答え 5016 m，（5）km（16）m

P.43

円と球 (1)

① 右の図を見て，答えましょう。
(1) 図のア，イ，ウを何といいますか。下の（　）の中に書きましょう。また，ア，イ，ウのせつ明として，あう文を右からえらんで，線でむすびましょう。

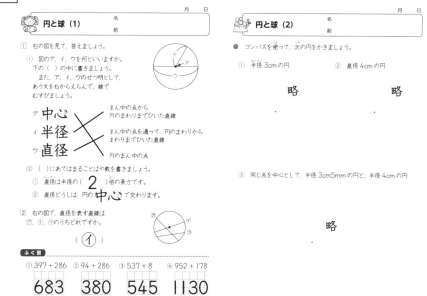

ア 中心 — まん中の点から円のまわりまでひいた直線
イ 半径 — まん中の点を通って，円のまわりからまわりまでひいた直線
ウ 直径 — 円のまん中の点

(2) （　）にあてはまることばや数を書きましょう。
① 直径は半径の（2）倍の長さです。
② 直径どうしは，円の（中心）で交わります。

② 右の図で，直径を表す直線は，ア，イ，ウのうちどれですか。
（イ）

ふく習
① $397 + 286$ → 683
② $94 + 286$ → 380
③ $537 + 8$ → 545
④ $952 + 178$ → 1130

円と球 (2)

● コンパスを使って，次の円をかきましょう。
① 半径3cmの円　② 直径4cmの円

略　　略

③ 同じ点を中心として，半径3cm5mmの円と，直径4cmの円

略

P.44

円と球（3）　名前

① 次の円の半径や直径は何 cm ですか。

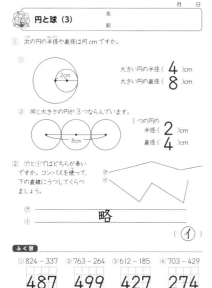

大きい円の半径（ 4 ）cm
大きい円の直径（ 8 ）cm

② 同じ大きさの円が 3 つならんでいます。

1 つの円の
半径（ 2 ）cm
直径（ 4 ）cm

③ ⑦と④ではどちらが長いですか。コンパスを使って，下の直線にうつしてくらべましょう。

⑦　　略
④　　　　　　　　（ ④ ）

ふく習
①824－337　②763－264　③612－185　④703－429
487　　499　　427　　274

円と球（4）　名前

● コンパスを使って，次のもようをかきましょう。

①
　略

②
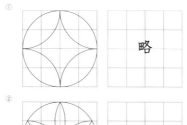　略

ふく習
①721－27　②536－478　③1000－723　④1000－191
694　　58　　277　　809

P.45

円と球（5）　名前

① 下の図は，球をまん中で半分に切ったところです。ア，イ，ウの名前を（ ）に書きましょう。

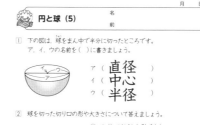

ア（ 直径 ）
イ（ 中心 ）
ウ（ 半径 ）

② 球を切った切り口の形や大きさについて答えましょう。

① 切り口はどんな形ですか。
（ 円 ）

② 切り口がいちばん大きくなるのは，どのように切ったときですか。
（ 半分 ）に切ったとき
（ま2つ）

ふく習
① 28÷4　7　　② 18÷3　6
③ 33÷6　5 あまり 3　④ 40÷7　5 あまり 5
⑤ 29÷3　9 あまり 2　⑥ 37÷5　7 あまり 2
⑦ 52÷8　6 あまり 4　⑧ 60÷7　8 あまり 4

● 荷物が 30 こあります。1 回に 8 こずつ運びます。
30÷8＝3 あまり 6 か。
3＋1＝4　　答え 4 回

円と球（6）　名前

● 直径 4cm のボールがぴったり箱に入っています。この箱のたてと横の長さをもとめましょう。

①

たて（ 4 ）cm
横（ 4 ）cm

②
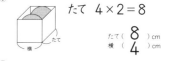
たて　4×2＝8
たて（ 8 ）cm
横（ 4 ）cm

③
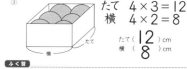
たて　4×3＝12
横　4×2＝8
たて（ 12 ）cm
横（ 8 ）cm

ふく習
① 42÷7　6　　② 24÷6　4
③ 27÷4　6 あまり 3　④ 25÷3　8 あまり 1
⑤ 70÷8　8 あまり 6　⑥ 9÷8　1 あまり 1
⑦ 35÷9　3 あまり 8　⑧ 69÷9　7 あまり 6

P.46

円と球　まとめ①　名前

① 右の図を見て，答えましょう。

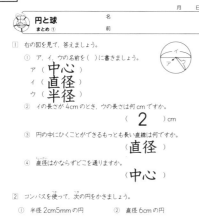

① ア，イ，ウの名前を（ ）に書きましょう。
ア（ 中心 ）
イ（ 直径 ）
ウ（ 半径 ）

② イの長さが 4cm のとき，ウの長さは何 cm ですか。
（ 2 ）cm

③ 円の中にひくことができるもっとも長い直線は何ですか。
（ 直径 ）

④ 直径はかならずどこを通りますか。
（ 中心 ）

② コンパスを使って，次の円をかきましょう。
① 半径 2cm5mm の円　　② 直径 6cm の円

・略　　　・略

円と球　まとめ②　名前

① ⑦，④の長さをコンパスを使って下の直線にうつしとり，長い方の記号を書きましょう。

⑦
④
⑦
④　　略
（ ⑦ ）

② 下の図のように，同じ大きさの 3 つの円が大きい円の中に入っています。

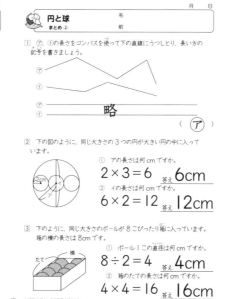

① アの長さは何 cm ですか。
2×3＝6　答え 6cm
② イの長さは何 cm ですか。
6×2＝12　答え 12cm

③ 下のように，同じ大きさのボールが 8 こぴったり箱に入っています。箱の横の長さは 8cm です。

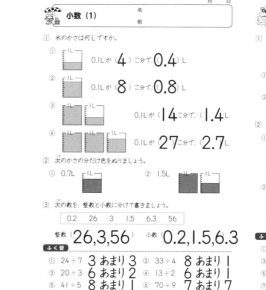

① ボール 1 この直径は何 cm ですか。
8÷2＝4　答え 4cm
② 箱のたての長さは何 cm ですか。
4×4＝16　答え 16cm

P.47

小数（1）　名前

① 水のかさは何 L ですか。

① 0.1L が（ 4 ）こ分で 0.4 L
② 0.1L が（ 8 ）こ分で 0.8 L
③ 0.1L が 14 こ分で（ 1.4 ）L
④ 0.1L が 27 こ分で（ 2.7 ）L

② 次のかさの分だけ色をぬりましょう。
① 0.7L　　② 1.5L

③ 次の数を，整数と小数に分けて書きましょう。
0.2　26　3　1.5　6.3　56
整数 26,3,56　小数 0.2,1.5,6.3

ふく習
① 24÷7　3 あまり 3　② 33÷4　8 あまり 1
③ 20÷3　6 あまり 2　④ 13÷2　6 あまり 1
⑤ 41÷5　8 あまり 1　⑥ 70÷9　7 あまり 7

小数（2）　名前

① 下のテープの長さを調べましょう。

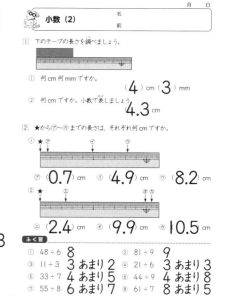

① 何 cm 何 mm ですか。
（ 4 ）cm（ 3 ）mm

② 何 cm ですか。小数で表しましょう。
4.3 cm

② ★から⑦〜⑦までの長さは，それぞれ何 cm ですか。

①
⑦（ 0.7 ）cm　④（ 4.9 ）cm　⑦（ 8.2 ）cm

②
⑪（ 2.4 ）cm　⑤（ 9.9 ）cm　⑪ 10.5 cm

ふく習
① 48÷6　8　　② 81÷9　9
③ 11÷2　5 あまり 2　④ 21÷6　3 あまり 3
⑤ 33÷4　8 あまり 1　⑥ 44÷9　4 あまり 8
⑦ 55÷6　9 あまり 1　⑧ 61÷7　8 あまり 5

P.48

小数（3）

① 長さについて，（ ）にあてはまる数を書きましょう。
① 8mm = (0.8) cm
② 1cm4mm = (1.4) cm
③ 16cm5mm = (16.5) cm
④ 0.4cm = (4) mm
⑤ 2.6cm = (2) cm (6) mm
⑥ 16.7cm = (16) cm (7) mm

② 水のかさについて，（ ）にあてはまる数を書きましょう。
① 7dL = (0.7) L　② 3L2dL = (3.2) L
③ 19L8dL = (19.8) L　④ 0.9L = (9) dL
⑤ 2.7L = (2) L (7) dL
⑥ 10.4L = (10) L (4) dL

ふく習
① 14÷3　4あまり2　② 7÷2　3あまり1
③ 20÷6　3あまり2　④ 11÷4　2あまり3
⑤ 33÷7　4あまり5　⑥ 42÷8　5あまり2
⑦ 35÷9　3あまり8　⑧ 51÷6　8あまり3

● 60このみかんを8こずつふくろに入れます。8こ入りのふくろは何ふくろできますか。
60÷8=7あまり4　答え　7ふくろ

小数（4）

● 次の数について，（ ）にあてはまる数を書きましょう。
① 2.6
2.6は，1を(2)こと，0.1を(6)あわせた数です。
2.6は，0.1を(26)集めた数です。
② 9.3
9.3は，1を(9)こと，0.1を(3)あわせた数です。
9.3は，0.1を(93)集めた数です。
③ 26.4
26.4は，10を(2)こと，1を(6)こと，0.1を(4)こあわせた数です。
26.4は，0.1を(264)集めた数です。
④ 52.7
52.7は，10を(5)こと，1を(2)こと，0.1を(7)こあわせた数です。
52.7は，0.1を(527)集めた数です。

ふく習
① 19÷7　2あまり5　② 3÷2　1あまり1
③ 60÷9　6あまり6　④ 41÷7　5あまり6

● オムレツを1人前作るのに，たまごを2こ使います。たまごが15こあるとき，オムレツは何人前できますか。
15÷2=7あまり1　答え　7人前

P.49

小数（5）

① 次の数を書きましょう。
① 1を4こと，0.1を3こあわせた数　(4.3)
② 10を7こと，1を9こと，0.1を5こあわせた数　(79.5)
③ 100を1こと，10を2こと，1を8こと，0.1を3こあわせた数　128.3
④ 0.1を8こ集めた数　(0.8)
⑤ 0.1を23こ集めた数　(2.3)

② （ ）にあてはまる数を書きましょう。
156.4は，100を(1)こと，10を(5)こと，1を(6)こと，0.1を(4)こあわせた数です。
また，156.4の小数第一位の数字は(4)です。

ふく習
① 327+542　② 376+148　③ 49+562　④ 978+242
869　524　611　1220

● 電車に489人乗っています。次の駅で96人乗ってきました。電車に乗っている人は何人になりましたか。
489+96=585　答え　585人

小数（6）

① 下の数直線の⑦～㋓にあたる数を書きましょう。
⑦ (0.2)　④ (0.6)　㋒ (1.9)　㋓ (2.3)

② 次の数を数直線に↓で表しましょう。
0.3　0.7　1.4　2.6　3.2

ふく習
① 496+542　② 634+82　③ 798+6　④ 848+597
1038　716　804　1445

● 878円の本を買ったので，おこづかいののこりが542円になりました。はじめに持っていたおこづかいは何円でしたか。
878+542=1420　答え　1420円

P.50

小数（7）

① （ ）にあてはまる不等号（>，<）を書きましょう。
① 0.1 (>) 0　② 0.5 (<) 0.7
③ 7.1 (>) 6.8　④ 2 (>) 1.9
⑤ 4 (<) 4.1　⑥ 10 (<) 10.1

② 次の数を数直線に↓で表して，小さい順に□に書きましょう。
0.4　1.6　0.8　2.8　1.3
0.4　0.8　1.3　1.6　2.8
0.4 → 0.8 → 1.3 → 1.6 → 2.8

ふく習
① 729-346　② 920-297　③ 611-477　④ 304-179
383　623　134　125

● おりづるをきのうは237羽，今日は400羽おりました。きのうより今日の方が何羽多くおりましたか。
400-237=163　答え　163羽

小数（8）

① お茶がコップに0.2L，水とうに0.5Lあります。あわせると何Lですか。
0.2+0.5=0.7　答え　0.7L

② 計算をしましょう。
① 0.3+0.4　0.7　② 0.8+0.1　0.9
③ 0.8+0.3　1.1　④ 0.9+0.4　1.3
⑤ 0.6+0.7　1.3　⑥ 0.7+0.8　1.5
⑦ 0.3+0.9　1.2　⑧ 0.3+0.7　1
⑨ 0.5+0.5　1　⑩ 0.8+0.2　1

ふく習
① 716-98　② 538-479　③ 1000-228　④ 1000-496
618　59　772　504

● 1kmの道のりを歩きます。これまでに320m歩きました。
1km=1000m
1000-320=680　答え　680m

P.51

小数（9）

① ジュースが0.7Lあります。そのうち0.2L飲みました。ジュースは何Lのこっていますか。
0.7-0.2=0.5　答え　0.5L

② 計算をしましょう。
① 0.9-0.4　0.5　② 0.8-0.5　0.3
③ 1.7-0.3　1.4　④ 1.6-0.4　1.2
⑤ 1.2-1　0.2　⑥ 2.8-2　0.8
⑦ 1.3-0.6　0.7　⑧ 1.5-0.8　0.7
⑨ 1-0.5　0.5　⑩ 1-0.7　0.3

ふく習
① 32×2　② 24×3　③ 42×6　④ 36×6
64　72　252　216

● 1セット12まい入りの色画用紙を9セット買いました。
12×9=108　答え　108まい

小数（10）

① 筆算でしましょう。
① 2.3+1.9　② 6.7+2.5　③ 4.9+6.8　④ 3.3+3.8
4.2　9.2　11.7　7.1
⑤ 4.2+3.8　⑥ 4.4+2.6　⑦ 5+2.3　⑧ 7.2+6
8.0　7.0　7.3　13.2

② 筆算でしましょう。
① 7.2-3.8　② 9.6-2.7　③ 3.3-2.8　④ 6-2.3
3.4　6.9　0.5　3.7
⑤ 13-3.7　⑥ 4.6-3　⑦ 9.3-2.3　⑧ 12-11.2
9.3　1.6　7.0　0.8

ふく習
① 25×3　② 73×4　③ 87×3　④ 68×6
75　292　261　408

P.52

小数（11）

① 筆算でしましょう。

① 7.5 + 1.8	② 0.7 + 1.6	③ 3 + 4.6	④ 7.0 + 0.2
9.3	2.3	7.6	10.0

⑤ 1.8 + 8	⑥ 1.9 + 6.7	⑦ 8.5 + 3.5	⑧ 1 + 8.1
9.8	8.6	12.0	9.1

② 筆算でしましょう。

① 5 − 1.6	② 2 − 1.7	③ 7.3 − 2.6	④ 3.5 − 2
3.4	0.3	4.7	1.5

⑤ 5.2 − 4.1	⑥ 7 − 6.1	⑦ 8.2 − 4.4	⑧ 4.2 − 3.7
1.1	0.9	3.8	0.5

ふく習

① 231 × 3	② 245 × 3	③ 137 × 6	④ 736 × 8
693	735	822	5888

小数 まとめ①

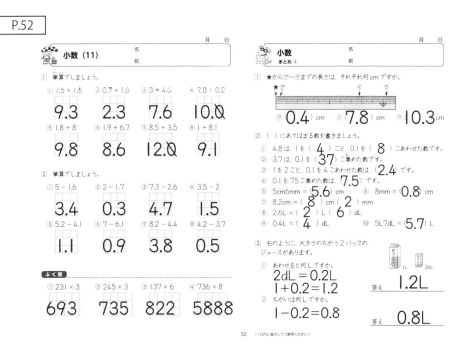

① ★から⑦〜⑨までの長さは、それぞれ何cmですか。
⑦ (0.4) cm　④ (7.8) cm　⑨ (10.3) cm

② （ ）にあてはまる数を書きましょう。
① 4.8は、1を(4)こと、0.1を(8)こあわせた数です。
② 3.7は、0.1を(37)こ集めた数です。
③ 1を2こ、0.1を4こあわせた数は、(2.4)です。
④ 0.1を75こ集めた数は、(7.5)です。
⑤ 5cm6mm = (5.6)cm　⑥ 8mm = (0.8)cm
⑦ 8.2cm = (8)cm(2)mm
⑧ 2.6L = (2)L(6)dL
⑨ 0.4L = (4)dL　⑩ 5L7dL = (5.7)L

③ 右のように、大きさのちがう2パックのジュースがあります。
① あわせると何Lですか。
2dL = 0.2L
1 + 0.2 = 1.2
答え 1.2L
② ちがいは何Lですか。
1 − 0.2 = 0.8
答え 0.8L

P.53

小数 まとめ②

① 下の数直線の⑦〜②にあたる数を書きましょう。
⑦ (0.2)　④ (0.8)　⑨ (1.6)　② (2.1)

② （ ）にあてはまる不等号（>，<）を書きましょう。
① 0.2（ < ）0.3　② 0.9（ > ）0.7
③ 11.1（ > ）11　④ 3（ < ）3.1
⑤ 5（ > ）4.9　⑥ 0（ < ）0.2

③ 筆算でしましょう。

① 2.7 + 3.8	② 2 + 3.5	③ 0.8 + 5.2	④ 1.7 + 8.3
6.5	5.5	6.0	10.0

⑤ 8.1 − 4.7	⑥ 5 − 1.7	⑦ 3.6 − 1.6	⑧ 5.4 − 5
3.4	3.3	2.0	0.4

④ 青いテープの長さは8.6m、赤いテープの長さは9.4mです。
① 2本のテープの長さのちがいは何mですか。
9.4 − 8.6 = 0.8　答え 0.8m
② 2本のテープをあわせると、全部で何mになりますか。
8.6 + 9.4 = 18　答え 18m

重さ（1）

① 重さのたんいgを書く練習をしましょう。
1g 2g 3g 4g 5g 6g 7g　略

② 1円玉1この重さは1gです。次のものの重さをgで表しましょう。
① スプーン　1円玉25ことつりあう　（25g）
② 毛糸玉　1円玉67ことつりあう　（67g）
③ ピーマン　1円玉83ことつりあう　（83g）

ふく習
① 32÷8 = 4　② 72÷9 = 8
③ 27÷9 = 3　④ 48÷6 = 8
⑤ 28÷5 = 5あまり3　⑥ 5÷2 = 2あまり1
⑦ 51÷9 = 5あまり6　⑧ 52÷8 = 6あまり4
⑨ 51÷6 = 8あまり3　⑩ 52÷7 = 7あまり3

P.54

重さ（2）

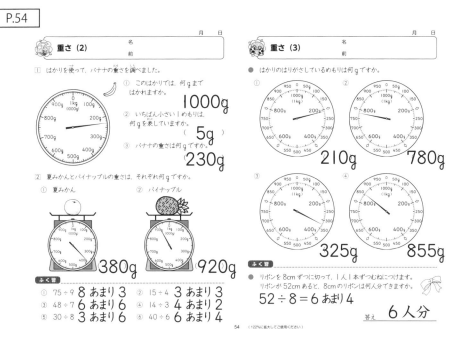

① はかりを使って、バナナの重さを調べました。
① このはかりでは、何gまではかれますか。 1000g
② いちばん小さい1めもりは、何gを表していますか。 （ 5g ）
③ バナナの重さは何gですか。 230g

② 夏みかんとパイナップルの重さは、それぞれ何gですか。
① 夏みかん 380g
② パイナップル 920g

ふく習
① 75÷9 = 8あまり3　② 15÷4 = 3あまり3
③ 48÷7 = 6あまり6　④ 14÷3 = 4あまり2
⑤ 30÷8 = 3あまり6　⑥ 40÷6 = 6あまり4

重さ（3）

● はかりのはりがさしているめもりは何gですか。
① 210g　② 780g
③ 325g　④ 855g

ふく習
● リボンを8cmずつに切って、1人1本ずつむねにつけます。リボンが52cmあると、8cmのリボンは何人分できますか。
52÷8 = 6あまり4
答え 6人分

P.55

重さ（4）

① （ ）にあてはまる数を書きましょう。
① 1kg = (1000)g　② 2kg100g = (2100)g
③ 6kg700g = (6700)g　④ 1kg80g = (1080)g
⑤ 3780g = (3)kg(780)g
⑥ 2700g = (2)kg(700)g
⑦ 4030g = (4)kg(30)g
⑧ 1060g = (1)kg(60)g

② はかりを使って、スイカの重さを調べました。
① このはかりでは、何gまではかれますか。 2000g
② いちばん小さい1めもりは、何gを表していますか。 （ 10g ）
③ スイカの重さは何gですか。 1700g

ふく習
① 8あまり3　② 4あまり7　③ 4
④ 2あまり4　⑤ 9あまり2　⑥ 7
⑦ 7あまり7　⑧ 2あまり1　⑨ 4あまり5

重さ（5）

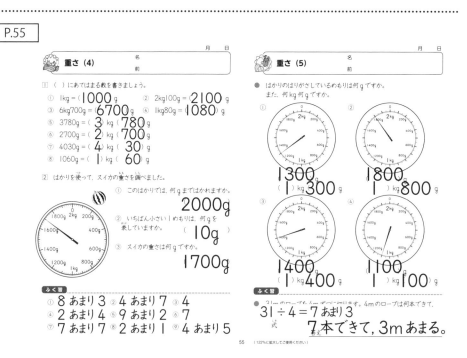

● はかりのはりがさしているめもりは何gですか。また、何kg何gですか。
① 1300　（ 1 ）kg300（ g ）
② 1800　（ 1 ）kg800（ g ）
③ 1400　（ 1 ）kg400（ g ）
④ 1100　（ 1 ）kg100（ g ）

ふく習
● 31mのロープを4mずつに切ります。4mのロープは何本できて、何mあまりますか。
式 31÷4 = 7あまり3
7本できて、3mあまる。

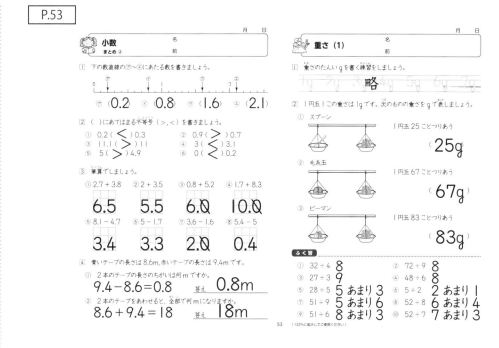

P.56

重さ (6)　名前

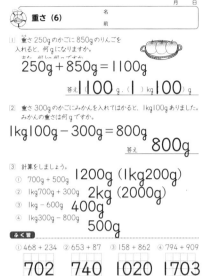

① 重さ250gのかごに850gのりんごを入れると、何gになりますか。

$$250g + 850g = 1100g$$

答え 1100 g、1 kg 100 g

② 重さ300gのかごにみかんを入れてはかると、1kg100gありました。みかんの重さは何gですか。

$$1kg100g - 300g = 800g$$

答え 800g

③ 計算をしましょう。
① 700g + 500g　1200g (1kg200g)
② 1kg700g + 300g　2kg (2000g)
③ 1kg - 600g　400g
④ 1kg300g - 800g　500g

ふく習
① 468 + 234　702
② 653 + 87　740
③ 158 + 862　1020
④ 794 + 909　1703

重さ (7)　名前

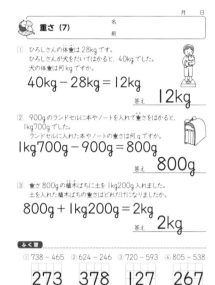

① ひろしさんの体重は28kgです。ひろしさんが犬をだいてはかると、40kgでした。犬の体重は何kgですか。

$$40kg - 28kg = 12kg$$

答え 12kg

② 900gのランドセルに本やノートを入れて重さをはかると、1kg700gでした。ランドセルに入れた本やノートの重さは何gですか。

$$1kg700g - 900g = 800g$$

答え 800g

③ 重さ800gの植木ばちに土を1kg200g入れました。土を入れた植木ばちの重さはどれだけになりましたか。

$$800g + 1kg200g = 2kg$$

答え 2kg

ふく習
① 738 - 465　273
② 624 - 246　378
③ 720 - 593　127
④ 805 - 538　267

56　(122%に拡大してご使用ください)

P.57

重さ (8)　重さ、長さ、かさのたんい　名前

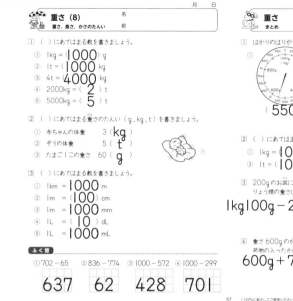

① ( )にあてはまる数を書きましょう。
① 1kg = (1000) g
② 1t = (1000) kg
③ 4t = (4000) kg
④ 2000kg = (2) t
⑤ 5000kg = (5) t

② ( )にあてはまる重さのたんい (g、kg、t) を書きましょう。
① 赤ちゃんの体重　3 (kg)
② ぞうの体重　5 (t)
③ たまご1この重さ　60 (g)

③ ( )にあてはまる数を書きましょう。
① 1km = (1000) m
② 1m = (100) cm
③ 1m = (1000) mm
④ 1L = (10) dL
⑤ 1L = (1000) mL

ふく習
① 702 - 65　637
② 836 - 774　62
③ 1000 - 572　428
④ 1000 - 299　701

重さ まとめ　名前

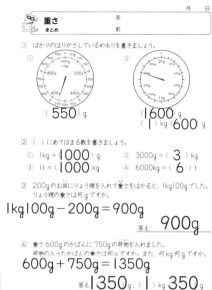

① はかりのはりがさしているめもりを書きましょう。
① (550) g
② (1) kg (600) g

② ( )にあてはまる数を書きましょう。
① 1kg = (1000) g
② 3000g = (3) kg
③ 1t = (1000) kg
④ 6000kg = (6) t

③ 200gのお皿にりょう理を入れて重さをはかると、1kg100gでした。りょう理の重さは何gですか。

$$1kg100g - 200g = 900g$$

答え 900g

④ 重さ600gのかばんに750gの荷物を入れました。荷物の入ったかばんの重さは何gですか。また、何kg何gですか。

$$600g + 750g = 1350g$$

答え 1350 g、1 kg 350 g

57　(122%に拡大してご使用ください)

P.58

分数 (1)　名前

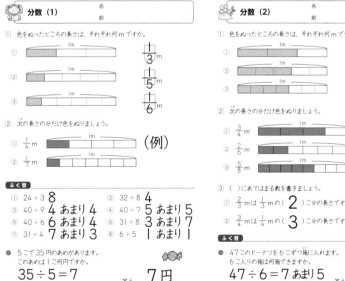

① 色をぬったところの長さは、それぞれ何mですか。
① $\frac{1}{3}$m
② $\frac{1}{5}$m
③ $\frac{1}{6}$m

② 次の長さの分だけ色をぬりましょう。
① $\frac{1}{4}$m　(例)
② $\frac{1}{7}$m

ふく習
① 24 ÷ 3　8
② 32 ÷ 8　4
③ 40 ÷ 9　4 あまり 4
④ 40 ÷ 7　5 あまり 5
⑤ 40 ÷ 6　6 あまり 4
⑥ 31 ÷ 8　3 あまり 7
⑦ 31 ÷ 4　7 あまり 3
⑧ 6 ÷ 5　1 あまり 1

● 5こで35円のあめがあります。このあめは1こ何円ですか。

$$35 ÷ 5 = 7$$

答え 7円

分数 (2)　名前

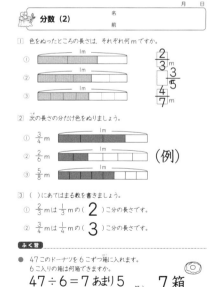

① 色をぬったところの長さは、それぞれ何mですか。
① $\frac{2}{3}$m
② $\frac{3}{5}$m
③ $\frac{4}{7}$m

② 次の長さの分だけ色をぬりましょう。
① $\frac{3}{4}$m　(例)
② $\frac{2}{6}$m
③ $\frac{5}{8}$m

③ ( )にあてはまる数を書きましょう。
① $\frac{2}{3}$mは $\frac{1}{3}$mの (2) こ分の長さです。
② $\frac{3}{4}$mは $\frac{1}{4}$mの (3) こ分の長さです。

ふく習
● 47このドーナツを6こずつ箱に入れます。6こ入りの箱は何箱できますか。

$$47 ÷ 6 = 7 あまり 5$$

答え 7箱

58　(122%に拡大してご使用ください)

P.59

分数 (3)　名前

① 色をぬったところのかさは、それぞれ何Lですか。
① $\frac{3}{4}$L
② $\frac{2}{5}$L
③ $\frac{7}{8}$L

② 次のかさの分だけ色をぬりましょう。
① $\frac{3}{5}$L
② $\frac{5}{6}$L
(例)

③ ( )にあてはまることばや数を書きましょう。
① $\frac{3}{5}$や $\frac{4}{7}$の5や7を**分母**、3や4を**分子**といいます。
② $\frac{3}{5}$は $\frac{1}{5}$を (3) こ集めた数です。
③ $\frac{6}{7}$は ($\frac{1}{7}$)を6こ集めた数です。

ふく習
① 61 ÷ 7　8 あまり 5
② 5 ÷ 2　2 あまり 1
③ 41 ÷ 6　6 あまり 5
④ 27 ÷ 7　3 あまり 6
⑤ 77 ÷ 8　9 あまり 5
⑥ 80 ÷ 9　8 あまり 8

● 70ページの本を1日に9ページずつ読みます。全部読み終わるまでに何日かかりますか。

$$70 ÷ 9 = 7 あまり 7$$
$$7 + 1 = 8$$

答え 8日

分数 (4)　名前

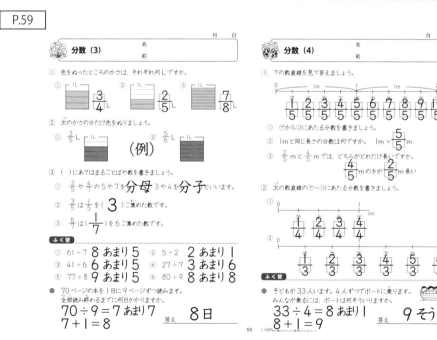

① 下の数直線を見て答えましょう。

① ㋐から㋒にあたる分数を書きましょう。
② 1mと同じ長さの分数は何ですか。　1m = $\frac{5}{5}$m
③ $\frac{2}{5}$mと $\frac{4}{5}$mでは、どちらがどれだけ長いですか。
$\frac{4}{5}$mの方が $\frac{2}{5}$m長い

② 次の数直線の㋐〜㋒にあたる分数を書きましょう。
①
②

ふく習
● 子どもが33人います。4人ずつボートに乗ります。みんなが乗るにはボートは何そういりますか。

$$33 ÷ 4 = 8 あまり 1$$
$$8 + 1 = 9$$

答え 9そう

59　(122%に拡大してご使用ください)

P.60

分数 (5)　名前

① （　）にあてはまる等号（＝）や不等号（＞，＜）を書きましょう。

① $\frac{3}{7}$ （＜） $\frac{5}{7}$ 　　② $\frac{7}{5}$ （＞） $\frac{3}{5}$

③ 1 （＝） $\frac{6}{6}$ 　　④ 1 （＜） $\frac{9}{8}$

② 色をぬったところの長さは，何mですか。分数で表しましょう。

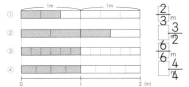

① $\frac{2}{3}$ m
② $\frac{3}{2}$ m
③ $\frac{6}{3}$ m
④ $\frac{4}{4}$ m

ふく習

① $28 \div 4$ 　**7**
② $63 \div 7$ 　**9**
③ $27 \div 4$ 　**6 あまり 3**
④ $52 \div 7$ 　**7 あまり 3**
⑤ $70 \div 9$ 　**7 あまり 7**
⑥ $42 \div 5$ 　**8 あまり 2**
⑦ $14 \div 3$ 　**4 あまり 2**
⑧ $7 \div 1$ 　**1 あまり 2**

● 60円持っています。1こ9円のラムネは何こ買えますか。

$60 \div 9 = 6$ あまり 6 　答え　**6 こ**

分数 (6)　名前

① 下の数直線の⑦～㋔には分数を，㋕～㋛には小数を書きましょう。

$\frac{11}{10}$ 　$\frac{3}{10}$ 　$\frac{5}{10}$ 　$\frac{8}{10}$ 　$\frac{11}{10}$ 　$\frac{12}{10}$

0.1 　**0.4** 　**0.6** 　**0.9** 　**1.2**

② （　）にあてはまる小数や分数を書きましょう。

① $0.4 = （\frac{4}{10}）$ 　　② $0.7 = （\frac{7}{10}）$

③ $\frac{3}{10} = （0.3）$ 　　④ $\frac{9}{10} = （0.9）$

③ （　）にあてはまる等号（＝）や不等号（＞，＜）を書きましょう。

① 0.2 （＜） $\frac{3}{10}$ 　　② 0.7 （＝） $\frac{7}{10}$

③ 1 （＝） $\frac{10}{10}$ 　　④ $\frac{11}{10}$ （＞） 1

ふく習

① $36 \div 9$ 　**4**
② $48 \div 8$ 　**6**
③ $71 \div 8$ 　**8 あまり 7**
④ $58 \div 6$ 　**9 あまり 4**
⑤ $14 \div 6$ 　**2 あまり 2**
⑥ $28 \div 3$ 　**9 あまり 1**
⑦ $29 \div 5$ 　**5 あまり 4**
⑧ $43 \div 9$ 　**4 あまり 7**

60　（122%に拡大してご使用ください）

P.61

分数 (7)　名前

① 水とうに麦茶が $\frac{4}{9}$ L入っています。さらに麦茶を $\frac{3}{9}$ L入れると，何Lになりますか。

$\frac{4}{9} + \frac{3}{9} = \frac{7}{9}$ 　　答え　**$\frac{7}{9}$ L**

② 計算をしましょう。

① $\frac{1}{3} + \frac{1}{3}$ 　$\frac{2}{3}$ 　　② $\frac{3}{6} + \frac{2}{6}$ 　$\frac{5}{6}$
③ $\frac{1}{4} + \frac{2}{4}$ 　$\frac{3}{4}$ 　　④ $\frac{3}{5} + \frac{2}{5}$ 　1
⑤ $\frac{2}{5} + \frac{1}{5}$ 　$\frac{3}{5}$ 　　⑥ $\frac{2}{7} + \frac{5}{7}$ 　1
⑦ $\frac{7}{8} + \frac{1}{8}$ 　1 　　⑧ $\frac{6}{10} + \frac{4}{10}$ 　1

ふく習

① $10 \div 7$ 　**1 あまり 3**
② $8 \div 3$ 　**2 あまり 2**
③ $54 \div 7$ 　**7 あまり 5**
④ $52 \div 8$ 　**6 あまり 4**
⑤ $69 \div 9$ 　**7 あまり 6**
⑥ $23 \div 5$ 　**4 あまり 3**
⑦ $41 \div 4$ 　**9 あまり 5**
⑧ $9 \div 6$ 　**1 あまり 3**

● いちごが60こあります。8このケーキに同じ数ずつのせると，1こ何こあまりますか。

式　$60 \div 8 = 7$ あまり 4

答え　**7 こずつになって，4 こあまる。**

分数 (8)　名前

① ジュースが $\frac{5}{6}$ Lあります。 $\frac{1}{6}$ L飲むと，のこりは何Lになりますか。

$\frac{5}{6} - \frac{1}{6} = \frac{4}{6}$ 　　答え　**$\frac{4}{6}$ L**

② 計算をしましょう。

① $\frac{3}{4} - \frac{1}{4}$ 　$\frac{2}{4}$ 　　② $\frac{6}{8} - \frac{3}{8}$ 　$\frac{3}{8}$
③ $\frac{4}{5} - \frac{2}{5}$ 　$\frac{2}{5}$ 　　④ $\frac{7}{9} - \frac{2}{9}$ 　$\frac{5}{9}$
⑤ $1 - \frac{1}{3}$ 　$\frac{2}{3}$ 　　⑥ $1 - \frac{3}{4}$ 　$\frac{1}{4}$
⑦ $1 - \frac{7}{10}$ 　$\frac{3}{10}$ 　　⑧ $1 - \frac{5}{7}$ 　$\frac{2}{7}$

ふく習

① $41 \div 7$ 　**5 あまり 6**
② $62 \div 7$ 　**7 あまり 6**
③ $41 \div 6$ 　**6 あまり 5**
④ $27 \div 7$ 　**3 あまり 6**
⑤ $13 \div 9$ 　**1 あまり 4**
⑥ $18 \div 4$ 　**4 あまり 2**
⑦ $20 \div 8$ 　**2 あまり 4**
⑧ $74 \div 8$ 　**9 あまり 2**

● 20mのロールケーキがあります。1人3cmずつに切ると，何人に分けられますか。

式　$20 \div 3 = 6$ あまり 2 か

答え　**6 人に分けられて，2cmあまる。**

61　（122%に拡大してご使用ください）

P.62

分数　まとめ①　名前

① 色をぬったところの長さやかさを，分数で表しましょう。

① $\frac{3}{5}$ m
② $\frac{7}{8}$ m
③ $\frac{2}{4}$ L
④ $\frac{3}{6}$ L

② 下の数直線の⑦～㋔にあたる分数を書きましょう。

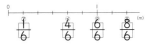

$\frac{1}{6}$ 　$\frac{4}{6}$ 　$\frac{6}{6}$ 　$\frac{8}{6}$

③ 計算をしましょう。

① $\frac{3}{8} + \frac{2}{8}$ 　$\frac{5}{8}$ 　　② $\frac{2}{5} + \frac{1}{5}$ 　$\frac{3}{5}$
③ $\frac{3}{10} + \frac{7}{10}$ 　1 　　④ $\frac{3}{7} + \frac{4}{7}$ 　1
⑤ $\frac{7}{9} - \frac{2}{9}$ 　$\frac{5}{9}$ 　　⑥ $\frac{6}{8} - \frac{3}{8}$ 　$\frac{3}{8}$
⑦ $1 - \frac{1}{4}$ 　$\frac{3}{4}$ 　　⑧ $1 - \frac{3}{8}$ 　$\frac{5}{8}$

分数　まとめ②　名前

① 次の長さやかさの分だけ色をぬりましょう。

（例）

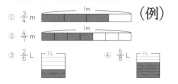

① $\frac{3}{4}$ m
② $\frac{4}{6}$ m
③ $\frac{4}{6}$ L
④ $\frac{5}{8}$ L

② （　）にあてはまる数を書きましょう。

① $\frac{5}{6}$ Lは， $\frac{1}{6}$ Lの（**5**）こ分です。

② $\frac{1}{7}$ の4こ分は（$\frac{4}{7}$）です。

③ 1mを $\frac{1}{9}$ mが（**9**）こ集まった数です。

③ 牛にゅうが1Lあります。 $\frac{2}{6}$ L飲むと，のこりは何Lになりますか。

$1 - \frac{2}{6} = \frac{4}{6}$ 　　答え　**$\frac{4}{6}$ L**

④ リボンを $\frac{3}{9}$ m使うと，のこりが $\frac{4}{9}$ mになりました。はじめにリボンは何mありましたか。

$\frac{3}{9} + \frac{4}{9} = \frac{7}{9}$ 　　答え　**$\frac{7}{9}$ m**

62　（122%に拡大してご使用ください）

P.63

□を使った式 (1)　名前

● わからない数を□としてたし算の式に表し，□にあてはまる数をもとめましょう。

① 16人の子どもが公園で遊んでいます。そこへ友だちが何人か来たので，みんなで28人になりました。

式　$(16) + □ = (28)$
$28 - 16 = 12$ 　　答え　**12 人**

② 200gのかごにみかんを何gか入れて重さをはかると，850gになりました。

$200 + □ = 850$
$850 - 200 = 650$ 　　答え　**650 g**

③ ロープが何mかありました。それに15mのロープをつないで50mにしました。（つなぎめの長さは考えません。）

$□ + 15 = 50$
$50 - 15 = 35$ 　　答え　**35 m**

ふく習

① $325 + 463$ ② $296 + 543$ ③ $76 + 496$ ④ $967 + 348$

788 　**839** 　**572** 　**1315**

□を使った式 (2)　名前

● わからない数を□としてひき算の式に表し，□にあてはまる数をもとめましょう。

① いちごが何こかありました。そのうち34こ食べたので，のこりは12こになりました。

式　$□ - (34) = (12)$
$34 + 12 = 46$ 　　答え　**46 こ**

② お金をいくらか持って買い物に行きました。360円はらうと，のこりは440円になりました。

$□ - 360 = 440$
$360 + 440 = 800$ 　　答え　**800 円**

③ ジュースが何mLかありました。180mL飲むと，のこりは350mLになりました。

$□ - 180 = 350$
$180 + 350 = 530$ 　　答え　**530 mL**

ふく習

① $719 + 184$ ② $52 + 529$ ③ $396 + 732$ ④ $968 + 839$

903 　**581** 　**1128** 　**1807**

63　（122%に拡大してご使用ください）

P.64

□を使った式 (3)　名前

● わからない数を□としてかけ算の式に表し，□にあてはまる数をもとめましょう。

① おにぎりが同じ数ずつのっているお皿が6皿あります。
おにぎりは全部で42こです。
式
$□ × 6 = 42$
$42 ÷ 6 = 7$
答え **7** こ

② 1箱にガムが8まいずつ入っています。
それを何箱か買ったので，ガムは全部で32まいになりました。
$8 × □ = 32$
$32 ÷ 8 = 4$
答え **4** 箱

③ 1まい10円の画用紙を何まいか買いました。
代金は全部で100円でした。
$10 × □ = 100$
$100 ÷ 10 = 10$
答え **10** まい

ふく習

①534−269	②834−239	③712−364	④803−274
265	595	348	529

□を使った式 (4)　名前

● わからない数を□としてたし算，ひき算，かけ算の式に表し，□にあてはまる数をもとめましょう。

① お茶がペットボトルに5dLずつ入っています。
それを何本か買ったので，お茶は全部で40dLになりました。
$5 × □ = 40$
$40 ÷ 5 = 8$
答え **8** 本

② バスに17人乗っています。次のバスていで何人か乗ってきたので，バスに乗っている人は全部で24人になりました。
$17 + □ = 24$
$24 − 17 = 7$
答え **7** 人

③ ちゅう車場に車が何台かとまっていました。18台が出ていったので，のこりは25台になりました。
$□ − 18 = 25$
$18 + 25 = 43$
答え **43** 台

ふく習

①204−67	②625−578	③1000−377	④1000−938
137	47	623	62

P.65

かけ算の筆算 ② (1)　何十をかけるかけ算　名前

① クッキーを1人に8まいずつ30人に配ります。
クッキーは全部で何まいいりますか。
$8 × 30 = 240$
答え **240まい**

② 計算をしましょう。

① 4×20	80	② 4×30	120
③ 6×40	240	④ 8×50	400
⑤ 24×20	480	⑥ 13×30	390
⑦ 40×20	800	⑧ 60×50	3000

ふく習

①23×3	②47×2	③63×3	④37×6
69	94	189	222

● 1こ34円のグミを4こ買うと，代金は何円ですか。
$34 × 4 = 136$
答え **136 円**

かけ算の筆算 ② (2)　2けた×2けた＝3けた　名前

① 13×24の筆算をします。（　）にあてはまる数を書きましょう。
```
    1 3
  × 2 4
```
← 13×4 = （52）
← 13×20 = （260）
← あわせると （312）…答え

② 筆算でしましょう。

①12×24	②13×21	③23×14	④32×13
288	273	322	416

⑤23×23	⑥11×53	⑦45×12	⑧23×31
529	583	540	713

ふく習

①213×2	②458×3	③187×6	④839×4
426	1374	1122	3356

P.66

かけ算の筆算 ② (3)　2けた×2けた＝4けた　名前

① 1本96円の花を32本買います。代金は何円ですか。
$96 × 32 = 3072$
答え **3072円**

② 筆算でしましょう。

①46×43	②56×32	③92×73	④78×46
1978	1792	6716	3588

⑤72×84	⑥77×93	⑦64×87	⑧37×55
6048	7161	5568	2035

⑨76×54	⑩83×65	⑪49×87	⑫66×38
4104	5395	4263	2508

⑬38×69	⑭70×85	⑮49×67	⑯87×67
2622	5950	3283	5829

かけ算の筆算 ② (4)　2けた×2けた＝4けた　名前

① 長さ85cmのリボンを26本つくります。リボンは全部で何cmいりますか。
$85 × 26 = 2210$
答え **2210cm**

② 筆算でしましょう。

①43×63	②80×96	③46×35	④36×45
2709	7680	1610	1620

⑤78×42	⑥47×75	⑦72×47	⑧37×86
3276	3525	3384	3182

⑨97×82	⑩86×45	⑪70×47	⑫69×63
7954	3870	3290	4347

⑬36×59	⑭68×86	⑮68×93	⑯69×98
2124	5848	6324	6762

P.67

かけ算の筆算 ② (5)　かけ算のくふう　名前

① ともきさんの組の人数は28人です。
色紙を1人に4まいずつ配ります。
色紙は全部で何まいいりますか。
$4 × 28 = 112$
答え **112まい**

② くふうして筆算しましょう。

①13×30	②37×20	③68×40	④76×80
390	740	2720	6080

⑤6×34	⑥4×72	⑦5×68	⑧7×46
204	288	340	322

ふく習

①374+514	②278+436	③93+674	④857+763
888	714	767	1620

かけ算の筆算 ② (6)　3けた×2けた＝4けた，5けた　名前

①123×42	②312×25	③212×28	④326×23
5166	7800	5936	7498

⑤362×45	⑥256×73	⑦473×48	⑧932×67
16290	18688	22704	62444

⑨871×76	⑩296×87	⑪489×46	⑫876×94
66196	25752	22494	82344

ふく習

①378+382	②892+49	③673+387	④478+996
760	941	1060	1474

P.68

かけ算の筆算 ②（7）
名前
十の位が0のかけ算・まちがいみつけ

① 筆算でしましょう。

① 206 × 24　② 506 × 38　③ 307 × 68　④ 909 × 86

4944　　20876

　　19228　　78174

⑤ 807 × 40　⑥ 209 × 70　⑦ 708 × 60　⑧ 406 × 50

32280　　42480

　　14630　　20300

② 次の計算が正しければ○を，まちがっていれば正しい答えを，（　）に書きましょう。

① 58 × 50　② 78 × 64　③ 387 × 76　④ 506 × 46

```
   58        78       387       506
 × 50      × 64     ×  76     ×  46
 2540       312      2322      3036
           468      2709       224
           4992     29412      2576
```

2900　4992　（○）　23276

ふく習

① 524 − 238　② 660 − 269　③ 438 − 169　④ 701 − 268

286　391　269　433

かけ算の筆算 ②（8）
名前

① みかんが1ふくろに5こ入って200円で売っています。
このみかん15この代金は何円ですか。

 200円

（例）15 ÷ 5 = 3
　　200 × 3 = 600

答え　**600 円**

② あめが1ふくろに3こ入って96円で売っています。
このあめ18この代金は何円ですか。

96円

（例）18 ÷ 3 = 6
　　96 × 6 = 576

答え　**576 円**

ふく習

① 535 − 77　② 836 − 791　③ 1001 − 326　④ 1004 − 797

458　45　675　207

● 色えんぴつセットは698円，絵の具セットは725円です。
代金のちがいは何円ですか。

725 − 698 = 27

答え　**27 円**

P.69

かけ算の筆算 ②（9）
名前

① 白のテープは赤のテープの4倍の長さで20cmです。

① 下の図の（　）に白，赤のどちらか書きましょう。

（白）のテープ
（赤）のテープ

② 赤のテープの長さを□として，式に表します。
（　）にあてはまる数を書きましょう。

□ × (4) = 20

③ 赤のテープの長さは何cmですか。

20 ÷ 4 = 5　　答え　**5cm**

② 青のテープは黄のテープの6倍の長さで24cmです。

青のテープ
黄のテープ

黄のテープの長さは何cmですか。

24 ÷ 6 = 4　　答え　**4cm**

ふく習

① 2168 + 7654　② 5759 + 2595　③ 7304 − 2369　④ 8002 − 4926

9822　8354　4935　3076

かけ算の筆算 ②
名前
まとめ①

① 筆算でしましょう。

① 34 × 42　② 34 × 84　③ 70 × 84　④ 75 × 60

1428　2856　5880　4500

⑤ 64 × 87　⑥ 63 × 48　⑦ 78 × 74　⑧ 25 × 84

5568　3024　5772　2100

⑨ 256 × 32　⑩ 634 × 36　⑪ 768 × 83　⑫ 804 × 98

8192　　63744

　　22824　　78792

② あめが26こ入っているふくろが15ふくろあります。
あめは全部で何こありますか。

26 × 15 = 390

答え　**390 こ**

③ 1こ125円のドーナツ12ことと180円のジュースを1本買います。
代金は何円になりますか。

125 × 12 = 1500
1500 + 180 = 1680　　答え　**1680 円**

P.70

かけ算の筆算 ②
名前
まとめ②

① 次の計算が正しければ○を，まちがっていれば正しい答えを，（　）に書きましょう。

① 86 × 37　② 77 × 48　③ 67 × 54　④ 508 × 48

```
   86        77        67       508
 × 37      × 48      × 54     ×  48
  502       616       268      4064
  258       308       335      2032
 3082      3696       603     24384
```

3182　（○）　（3618）　24384

② 子ども会では，48人でバスに乗って遠足に行きます。
バス代は1人750円です。
バス代は全部で何円になりますか。

750 × 48 = 36000

答え　**36000 円**

③ 1まい65円の色画用紙を12まい買いました。
1000円さつではらうと，おつりは何円ですか。

65 × 12 = 780
1000 − 780 = 220　　答え　**220 円**

④ 長さ70cmのテープを56本つくります。テープは全部で何cmいりますか。また，何m何cmですか。

70 × 56 = 3920

答え　**3920 cm.　39 m（20）cm**

倍の計算（1）
名前

① 青のテープは6mです。赤のテープは2mです。
青のテープの長さは，赤のテープの長さの何倍ですか。

2 × □ = 6

6 ÷ 2 = 3　　答え　**3 倍**

青のテープ
赤のテープ

② おり紙をたろうさんは8まい，ひかるさんは40まい持っています。ひかるさんのまい数は，たろうさんのまい数の何倍ですか。

40 ÷ 8 = 5　　答え　**5 倍**

③ 犬の体重は12kgで，ねこの体重は3kgです。
犬の体重は，ねこの体重の何倍ですか。

12 ÷ 3 = 4　　答え　**4 倍**

ふく習

① 18 ÷ 6　3　　② 27 ÷ 9　3
③ 41 ÷ 7　5 あまり 6　④ 62 ÷ 8　7 あまり 6
⑤ 41 ÷ 6　6 あまり 5　⑥ 27 ÷ 7　3 あまり 6
⑦ 13 ÷ 9　1 あまり 4　⑧ 18 ÷ 4　4 あまり 2

● 油が20dLあります。1本のびんに3dLずつ入れると，びんは何本できますか。

20 ÷ 3 = 6 あまり 2

答え　**6 本できて，2dL あまる。**

P.71

倍の計算（2）
名前

① 赤のテープの長さは10cmです。白のテープの長さは，赤の長さの3倍です。白のテープの長さは何cmですか。

10 × 3 = 30　**30cm**

白のテープ
赤のテープ

② コップに2dLの水が入っています。やかんには，コップの7倍の水が入っています。やかんに入っている水のかさは何dLですか。

2 × 7 = 14　　答え　**14dL**

③ みかん1この重さは110gです。すいか1この重さはみかん1この重さの10倍です。すいか1この重さは何gですか。

110 × 10 = 1100　　答え　**1100g**

ふく習

① 32 ÷ 8　4　　② 42 ÷ 7　6
③ 37 ÷ 5　7 あまり 2　④ 74 ÷ 9　8 あまり 2
⑤ 57 ÷ 7　9 あまり 3　⑥ 13 ÷ 6　2 あまり 1
⑦ 84 ÷ 9　9 あまり 3　⑧ 35 ÷ 6　5 あまり 5

● お金を52円持っています。1こ9円のあめが何こ買えますか。

52 ÷ 9 = 5 あまり 7

答え　**5 こ**

倍の計算（3）
名前

① 青のテープの長さは24cmで，黄のテープの長さの4倍です。黄のテープの長さは何cmですか。

24 ÷ 4 = 6　**6cm**

青のテープ
黄のテープ

② ひまわりの高さは10日前の高さの3倍で，27cmになりました。ひまわりの10日前の高さは何cmでしたか。

27 ÷ 3 = 9　　答え　**9cm**

③ 親犬の重さは18kgで，子犬の重さの6倍です。子犬の重さは何kgですか。

18 ÷ 6 = 3　　答え　**3kg**

ふく習

① 48 ÷ 6　8　　② 36 ÷ 9　4
③ 37 ÷ 5　7 あまり 2　④ 28 ÷ 5　5 あまり 3
⑤ 39 ÷ 4　9 あまり 3　⑥ 52 ÷ 7　7 あまり 3
⑦ 37 ÷ 8　4 あまり 5　⑧ 32 ÷ 7　4 あまり 4

● 荷物が40こあります。1回に6こずつ台車にのせて運びます。何回運べばよいですか。

40 ÷ 6 = 6 あまり 4
6 + 1 = 7　　答え　**7 回**

P.72

倍の計算（4）
倍の倍
名前

① マラソン大会で，小学生は２km走ります。
中学生は小学生の３倍走ります。
高校生は中学生の２倍走ります。
高校生は何km走りますか。
高校生は，小学生の何倍走ったかを考えてからもとめましょう。

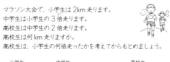

$3 \times 2 = 6$
$2 \times 6 = 12$

答え **12km**

② マグカップには３dLの水が入ります。
ビンにはマグカップの２倍の水が入ります。
金魚ばちにはビンの４倍の水が入ります。
金魚ばちには何dLの水が入りますか。
金魚ばちには，マグカップの何倍の水が入るかを考えてからもとめましょう。

$2 \times 4 = 8$
$3 \times 8 = 24$

答え **24dL**

倍の計算
まとめ
名前

① 二重とびの練習をしています。
きのうは15回とびました。今日はきのうの３倍とびました。
今日は何回とびましたか。

$15 \times 3 = 45$

答え **45回**

② 箱にはチョコレートが32こ入っています。
ふくろにはチョコレートが８こ入っています。
箱のチョコレートの数は，ふくろのチョコレートの数の何倍ですか。

$32 \div 8 = 4$

答え **4倍**

③ 大なわとびで，ひかるさんのはんは，はるかさんのはんの３倍の27回とびました。はるかさんのはんは何回とびましたか。

$27 \div 3 = 9$

答え **9回**

P.73

三角形（1）
名前

① 次の三角形は何という三角形ですか。
① 直角のかどがある三角形 （ **直角三角形** ）
② ２つの辺の長さが等しい三角形 （ **二等辺三角形** ）
③ ３つの辺の長さが等しい三角形 （ **正三角形** ）

② コンパスを使って，下の図から二等辺三角形と正三角形をみつけて，（ ）に記号を書きましょう。

二等辺三角形 （ア）（エ）（キ）　正三角形 （ウ）（カ）（ケ）

③ 下の図の①と②の辺の長さを書きましょう。

二等辺三角形
① **4** cm

正三角形
② **3** cm

ふく習
① $\frac{4}{5} + \frac{1}{5}$　$\frac{3}{5}$　② $\frac{1}{4} + \frac{2}{4}$　$\frac{3}{4}$
③ $\frac{4}{6} + \frac{2}{6}$　1　④ $\frac{1}{3} + \frac{2}{3}$　1

三角形（2）
名前

● 次の二等辺三角形をコンパスを使ってかきましょう。
①
略
② 辺の長さが3cm，6cm，6cm
略
③ 辺の長さが5cm，5cm，8cm
略

ふく習
① $\frac{4}{7} + \frac{2}{7}$　$\frac{6}{7}$　② $\frac{4}{10} + \frac{3}{10}$　$\frac{7}{10}$
③ $\frac{5}{8} + \frac{3}{8}$　1　④ $\frac{5}{9} + \frac{4}{9}$　1

P.74

三角形（3）
名前

● 次の正三角形をコンパスを使ってかきましょう。
①
略
② １辺の長さが6cm
略
③ １辺の長さが5cm
略

ふく習
① $\frac{4}{5} - \frac{2}{5}$　$\frac{2}{5}$　② $\frac{7}{8} - \frac{2}{8}$　$\frac{5}{8}$
③ $1 - \frac{3}{10}$　$\frac{7}{10}$　④ $1 - \frac{2}{4}$　$\frac{2}{4}$

● ジュースがペットボトルに$\frac{1}{3}$L，紙パックに$\frac{2}{3}$L入っています。
① $\frac{1}{3} + \frac{2}{3} = 1$　　答え **1L**
② $\frac{2}{3} - \frac{1}{3} = \frac{1}{3}$　　答え **$\frac{1}{3}$L**

三角形（4）
名前

● 次の円とその中心を使って，二等辺三角形や正三角形をかきましょう。
① 辺の長さが2cm，2cm，3cmの二等辺三角形
略
② １辺の長さが2cmの正三角形
略
③ 辺の長さが3cm，3cm，5cmの二等辺三角形
略
④ １辺の長さが3cmの正三角形
略

ふく習
① $\frac{7}{9} - \frac{4}{9}$　$\frac{3}{9}$　② $\frac{6}{7} - \frac{2}{7}$　$\frac{4}{7}$
③ $1 - \frac{2}{3}$　$\frac{1}{3}$　④ $1 - \frac{2}{6}$　$\frac{4}{6}$

P.75

三角形（5）
名前

① （ ）にあてはまることばを，右の□□からえらんで書きましょう。

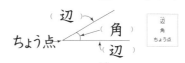

（ **辺** ）
（ **角** ）
ちょう点
（ **辺** ）

□ 辺　角　ちょう点

② 三角じょうぎのかどの形を見て，記号で答えましょう。
① 直角になっているかどは，どれとどれですか。
（ **ウ** ）（ **エ** ）
② いちばんとがっているかどは，どれですか。
（ **イ** ）

ふく習
① $\frac{3}{7} + \frac{4}{7}$　$\frac{5}{7}$　② $\frac{5}{9} + \frac{4}{9}$　1
③ $\frac{3}{8} + \frac{2}{8}$　$\frac{5}{8}$　④ $\frac{4}{5} + \frac{1}{5}$　1

● テープが何mかありました。$\frac{2}{9}$m使うと，のこりは$\frac{5}{9}$mになりました。はじめにテープは何mありましたか。
$\frac{2}{9} + \frac{5}{9} = \frac{7}{9}$　　答え **$\frac{7}{9}$m**

三角形（6）
名前

① 角の大きさをくらべて，大きい方に○をつけましょう。

② 下の角の大きさをくらべて，大きいじゅんに記号を書きましょう。

（ア）→（オ）→（イ）→（ウ）→（エ）

ふく習
① $\frac{3}{6} + \frac{6}{6}$　$1\frac{3}{6}$　② $\frac{4}{7} + \frac{6}{7}$　$1\frac{3}{7}$　③ $\frac{5}{8} + \frac{4}{8}$　$1\frac{1}{8}$　④ $\frac{4}{8} + \frac{5}{8}$　$1\frac{1}{8}$... $\frac{5}{8}$
⑤ $\frac{7}{9} - \frac{4}{9}$　$\frac{3}{9}$　⑥ $\frac{7}{10} - \frac{2}{10}$　$\frac{5}{10}$... ⑦ $1 - \frac{4}{7}$　$\frac{3}{7}$　⑧ $1 - \frac{7}{12}$　$\frac{5}{12}$

P.76

三角形 (7)

① 次の文は，二等辺三角形，正三角形のどちらのことですか。
( )にあてはまる方の名前を書きましょう。

① 3つの角の大きさがみんな等しい三角形 **正三角形**
② 2つの角の大きさが等しい三角形 **二等辺三角形**

② 2まいの三角じょうぎを使ってできた次の三角形の名前を( )に書きましょう。

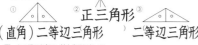

① (直角)二等辺三角形
② 正三角形
③ 二等辺三角形

③ 右の図のように，紙を半分におって，点線のところで切りました。

① 紙を広げると，何という三角形ができますか。
二等辺三角形

② イウの長さを何cmにすれば，広げた形が正三角形になりますか。
3cm

ふく習
● 金色のテープは $\frac{5}{8}$ mあります。銀色のテープは1mあります。

$$1 - \frac{5}{8} = \frac{3}{8}$$

銀色のテープが $\frac{3}{8}$ m長い。

三角形 まとめ

① コンパスを使って，下の図から二等辺三角形と正三角形をみつけて，( )に記号を書きましょう。

二等辺三角形 (え)(か) 正三角形 (う)(お)

② 右の二等辺三角形と正三角形を見て，答えましょう。

① 辺アウの長さは何cmですか。 (5)cm
② 角ア，角イ，角ウのうち，角の大きさが等しいのは，どの角とどの角ですか。
角(イ)と角(ウ)
③ 辺カキと辺カクは何cmですか。 (4)cm
④ 正三角形には，大きさが等しい角は何こありますか。(3)こ

③ 次の三角形をかきましょう。
① 辺の長さが 3cm，4cm，4cmの二等辺三角形
② 1辺の長さが4cmの正三角形

略　　　略

P.77

ぼうグラフと表 (1)

● 3年1組で，すきなやさいの絵を1つえらんで黒板にはりました。

① 「正」の字を書いて，すきなやさいごとに人数を調べましょう。

すきなやさい調べ

しゅるい	人数と角
キャベツ	正下
きゅうり	正丅
玉ねぎ	正
かぼちゃ	丅
なす	丅
にんじん	一

② ①の表の「正」の字を使って，表した数を数字になおして，下の表に書きましょう。合計も書きましょう。

すきなやさい調べ

しゅるい	人数（人）
キャベツ	8
きゅうり	7
玉ねぎ	4
かぼちゃ	3
その他	3
合計	25

ふく習
① 276＋359 **635**　② 186＋329 **515**　③ 67＋823 **890**　④ 546＋78 **624**

ぼうグラフと表 (2)

● 下のぼうグラフは，すきな遊びのしゅるいを調べたものです。

① グラフの1めもりは，何人を表していますか。 (1)人

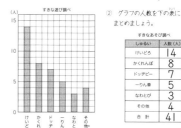

② ①のグラフの人数を下の表にまとめましょう。

すきなあそび調べ

しゅるい	人数（人）
けいどろ	14
かくれんぼ	8
ドッヂビー	7
一りん車	5
なわとび	3
その他	4
合計	41

③ けいどろがすきな人は，ドッヂビーがすきな人より何人多いですか。
(7)人

ふく習
① 856＋744 **1600**　② 984＋89 **1073**　③ 736＋784 **1520**　④ 639＋492 **1131**

P.78

ぼうグラフと表 (3)

● 下のぼうグラフは，小学校で1週間に休んだ人数を調べたものです。

① グラフの1めもりは，何人を表していますか。 (2)人

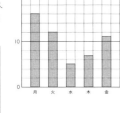

② ①のグラフの人数を下の表にまとめましょう。

休んだ人数調べ

曜日	人数（人）
月	16
火	12
水	5
木	7
金	11
合計	51

ふく習
① 731＋146 **877**　② 166＋455 **621**　③ 83＋738 **821**　④ 566＋638 **1204**

● かおりさんは，シールを278まい持っています。あやさんは，かおりさんより68まい多くシールを持っています。あやさんは，シールを何まい持っていますか。

278＋68＝346　答え **346まい**

ぼうグラフと表 (4)

● 下の①〜③のぼうグラフで，1めもりが表している大きさと，ぼうが表している大きさを書きましょう。

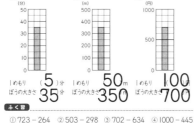

① 1めもり (5)分　ぼうの大きさ **35分**
② 1めもり (50)m　ぼうの大きさ **350m**
③ 1めもり (100)円　ぼうの大きさ **700円**

ふく習
① 723－264 **459**　② 503－298 **205**　③ 702－634 **68**　④ 1000－445 **555**

● お折り紙でつるを1000羽おって，千羽づるをつくります。これまでに，813羽おりました。あと何羽おればいいですか。

1000－813＝187　答え **187羽**

● ももかさんは，405ページの本を読んでいます。きのうまでに267ページ読みました。のこりは何ページですか。

405－267＝138　答え **138ページ**

P.79

ぼうグラフと表 (5)

● 下の表は，すきなパン調べの人数を表したものです。

① この表を，ぼうグラフに表しましょう。（多いじゅんにかきましょう。）

すきなパン調べ

しゅるい	人数（人）
メロンパン	11
あんパン	15
クリームパン	7
カレーパン	9
クロワッサン	3
その他	5
合計	50

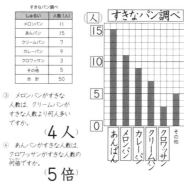

③ メロンパンがすきな人数は，クリームパンがすきな人数より何人多いですか。
(4人)

④ あんパンがすきな人数は，クロワッサンがすきな人数の何倍ですか。
(5倍)

ふく習
① 738＋169 **907**　② 354＋262 **616**　③ 932＋79 **1011**　④ 739＋264 **1003**

ぼうグラフと表 (6)

● 右の表は，駅からいろいろな場所までの道のりを表したものです。

駅からの道のり

場所	道のり（m）
小学校	900
中学校	1200
高校	600
病院	300
役場	400

① この表を，ぼうグラフに表しましょう。（長いじゅんにかきましょう。）

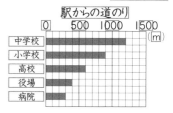

② 小学校までの道のりは，中学校までの道のりより何m短いですか。
300m

ふく習
① 329－66 **263**　② 402－364 **38**　③ 1000－283 **717**　④ 1005－939 **66**

P.80

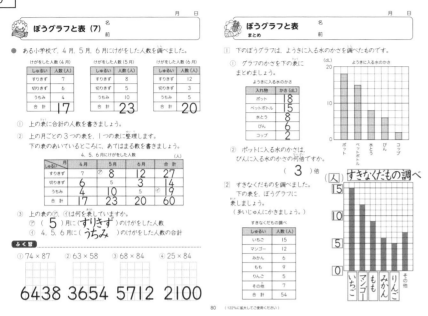

P.81

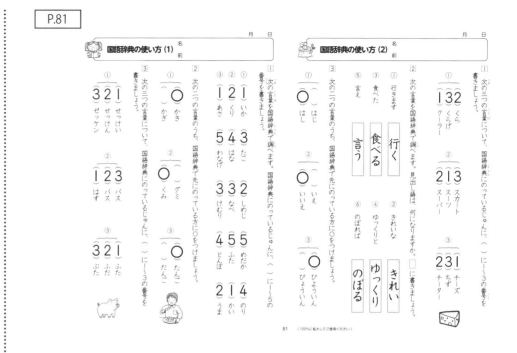

P.82

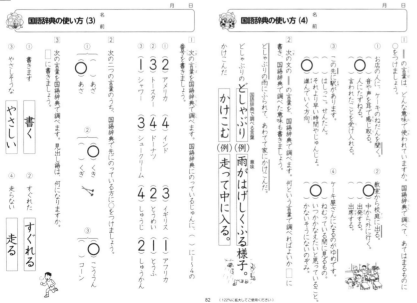

P.83

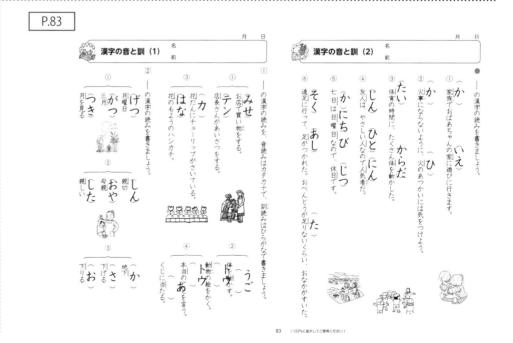

解答

P.84

漢字の音と訓（3）

漢字の音と訓（4）

P.85

こそあど言葉（1）

こそあど言葉（2）

P.86

こそあど言葉（3）

こそあど言葉（4）

P.87

こそあど言葉（5）

こそあど言葉（6）

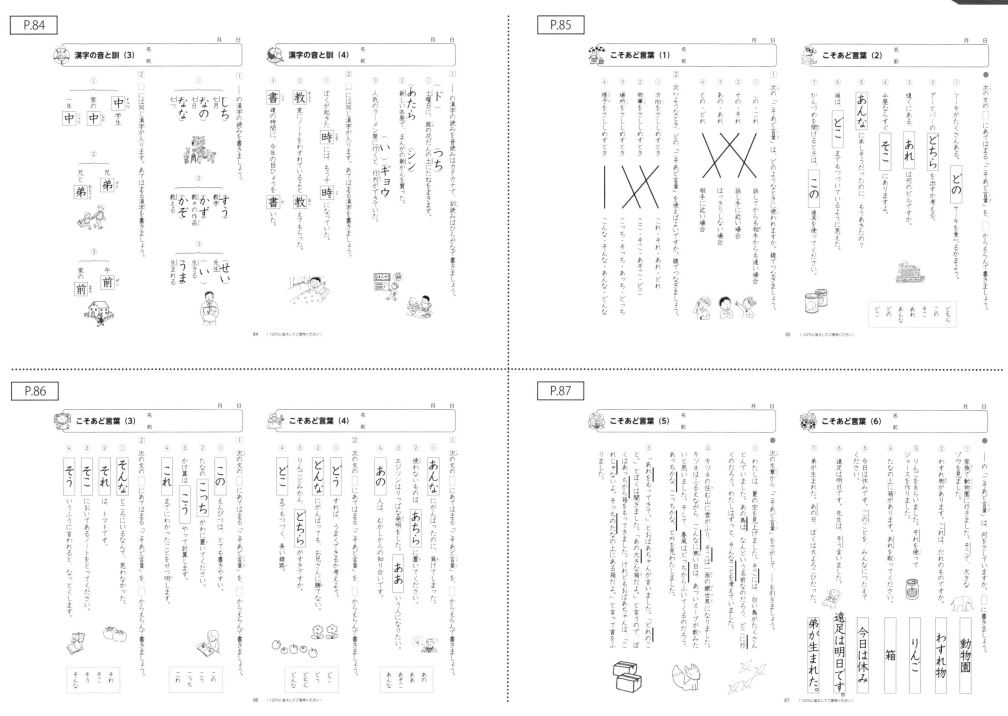

児童に実施させる前に，必ず指導される方が問題を解いてください。本書の解答は，あくまでも１つの例です。指導される方の作られた解答をもとに，本書の解答例を参考に児童の多様な考えに寄り添って○つけをお願いします。

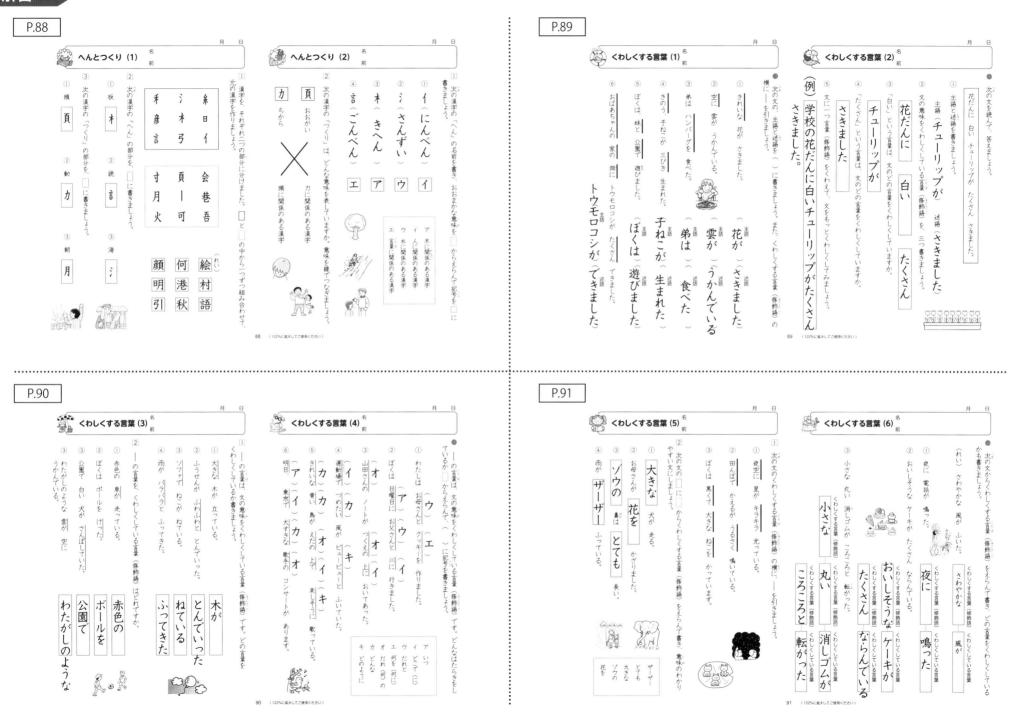

P.88 へんとつくり (1) ／ へんとつくり (2)

P.89 くわしくする言葉 (1) ／ くわしくする言葉 (2)

P.90 くわしくする言葉 (3) ／ くわしくする言葉 (4)

P.91 くわしくする言葉 (5) ／ くわしくする言葉 (6)

P.92

ことわざ・慣用句 (1)
名前

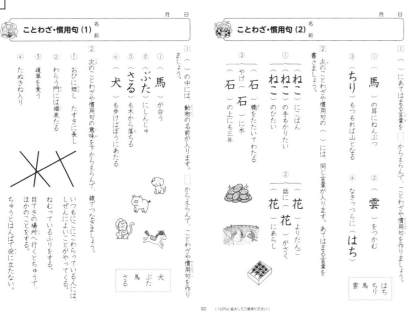

⑴ 次のことわざや慣用句の意味を下からえらんで，線でつなぎましょう。

- ① たぬきねね入り
- ② 道草を食う
- ③ わらじ門には福来たる
- ④ おびに短したすきに長し

⑵ （　）の中には，動物の名前が入ります。

- ① （馬）が合う
- ② （ぶた）にしんじゅ
- ③ （さる）も木から落ちる
- ④ （犬）も歩けばぼうにあたる

さる　馬　ぶた　犬

ことわざ・慣用句 (2)
名前

⑴ 次のことわざや慣用句の（　）には，同じ言葉が入ります。あてはまる言葉を□からえらんで，ことわざや慣用句を作りましょう。

- ① （ねこ）ににぼん
- （ねこ）の手もかりたい
- （ねこ）のひたい
- ② （石）橋をたたいてわたる
- （石）の上にも三年
- やけ（石）に水

⑵ （　）にあてはまる言葉を□からえらんで，ことわざや慣用句を作りましょう。

- ① （馬）の耳にねんぶつ
- ② （花）よりだんご
- 話に（花）がさく
- 言葉の（花）にあらし
- ③ （ちり）もつもれば山となる
- ④ （雲）をつかむ
- なきっつらに（はち）

雲　馬　ちり　はち

P.93

漢字の意味 (1)
名前

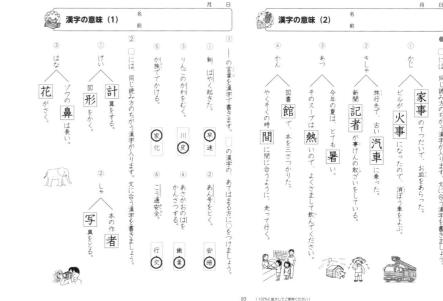

⑴ ──の漢字の，あてはまる方に○をつけましょう。

- ① （はな）（花）がさく。
- ② （けい）（計）算をする。
- ③ （ず）（図）形をかく。
- ④ ゾウの（はな・鼻）は長い。
- ⑤ （しゃ・写）真をとる。本の作（者）。

⑵ □には，同じ読み方のちがう漢字が入ります。文に合う漢字を書きましょう。

- ① 朝、はやく起きた。（早速）
- ② りんごのかわをむく。（川皮）
- ③ か族で出かける。（家化）
- ④ あさがおのたねをまく。（家化）
- ⑤ あん号をとく。（安暗）
- ⑥ こう通安全。（行交）

家化　川皮　早速
行交　歯葉　安暗

漢字の意味 (2)
名前

□には，同じ読み方のちがう漢字が入ります。文に合う漢字を書きましょう。

- ① （かじ・家事）のてつだいをして、お皿をあらった。
- ビルが（火事）になったので、消ぼう車をよぶ。
- ② （きしゃ・汽車）に乗った。旅行先で、古い（汽車）に乗った。（記者）が事けんの取ざいをしている。
- ③ （あつ・熱）い。今年の夏は、とても（暑）い。そのスープは（熱）いので、よくさまして飲んでください。
- ④ （かん・館）図書（館）で、本を三さつ借りた。（間）時間に間に合うように、走って行く。

P.94

ローマ字 (1)
アルファベット・五十音
名前

● A～Zまでのアルファベットを書きましょう。うすい文字は、なぞりましょう。

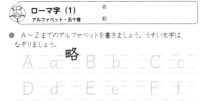
略

ローマ字 (2)
アルファベット・五十音
名前

● ローマ字の表をかんせいさせましょう。

	ア段 A	イ段 I	ウ段 U	エ段 E	オ段 O			
ア行	a	i	u	e	o			
カ行 K k	(ka)	(ki)	(ku)	(ke)	(ko)	kya	kyu	kyo
サ行 S s	(sa)	(si)	(su)	(se)	(so)	sya	syu	syo
タ行 T t	(ta)	(ti)	(tu)	(te)	(to)	tya	tyu	tyo
ナ行 N n	(na)	(ni)	(nu)	(ne)	(no)	nya	nyu	nyo
ハ行 H h	(ha)	(hi)	(hu)	(he)	(ho)	hya	hyu	hyo
マ行 M m	ma	(mi)	mu	me	ma	mya	myu	myo
ヤ行 Y y	(ya)		(yu)	(e)	(yo)			
ラ行 R r	(ra)	(ri)	(ru)	(re)	(ro)	rya	ryu	rya
ワ行 W w	wa	(i)	(u)	(e)	wo			
ン	(n)							
ガ行 G g	ga	(gi)	gu	ge	go	gya	gyu	gyo
ザ行 Z z	(za)	(zi)	zu	(ze)	(zo)	zya	zyu	zyo
ダ行 D d	da	(di)	du	de	do	dya	dyu	dyo
バ行 B b	ba	(bi)	bu	be	bo	bya	byu	byo
パ行 P p	(pa)	(pi)	pu	(pe)	po	pya	pyu	pyo

P.95

ローマ字 (3)
五十音・濁音・半濁音
名前

① 次のローマ字の読みを書きましょう。

- ① akikan（あきかん）
- ② zubon（ズボン）
- ③ panda（パンダ）
- ④ tosyokan（としょかん）
- ⑤ zyanken（じゃんけん）
- ⑥ takoyaki（たこやき）
- ⑦ ebi（えび）
- ⑧ hyaku（ひゃく）

② 次の言葉をローマ字で書きましょう。

- haru（はる）
- sakura（さくら）
- donburi（どんぶり）
- kanransya（かんらんしゃ）
- sanpo（さんぽ）
- kyabetu（キャベツ）（tsu）

ローマ字 (4)
五十音・濁音・半濁音
名前

● 次の言葉をローマ字で書きましょう。

- onigiri（おにぎり）
- posuto（ポスト）
- syukudai（shu）
- goma（ごま）
- tomato（トマト）
- buranko（ブランコ）
- tyairo（cha）
- mitubati（tsu）
- asagao（chi）（あさがお）
- medaka（メダカ）
- huraipan（fu）（フライパン）
- kyoku（きょく）
- piano（ピアノ）
- sinkansen（shi）
- zyunbi（ju）

P.96

ローマ字 (5)
のばす音，つまる音，'を使う言葉　名前

① 次のローマ字の読みを書きましょう。

① obâchan　おばあちゃん
② ojîchan　おじいちゃん
③ tôhu　とうふ
④ rappa　ラッパ
⑤ gakkô　がっこう
⑥ kon'ya　こんや
⑦ nyûgakusiki　にゅうがくしき
⑧ batto　バット
⑨ hon'ya　ほんや

② 次の言葉をローマ字で書きましょう。

man'in　まんいん
ippun　いっぷん
sûzi (ji)　すうじ
hikkosi (shi)　ひっこし
kûki　くうき
kôtya (cha)　こうちゃ

ローマ字 (6)
のばす音，つまる音，'を使う言葉　名前

● 次の言葉をローマ字で書きましょう。

syôgakko (shô)
tyûi (chû)
kyûkyûsya きゅうき(sha)
oppepan コッペパン
batta バッタ
syokki (sho)
cyâhan (châ)
kekkon けっこん
sîtu (shi)(tsu)
takkyû たっきゅう
nekko ねっこ
hûsen (fû)
kon'ya こんや
râmen ラーメン
kin'iro きんいろ

P.97

ローマ字 (7)
地名，名前　前

① 次のローマ字は，地名です。読みを書きましょう。

① TÔKYÔ　（とうきょう）
② Isikawa-ken　いしかわけん
③ Shinjuku　（しんじゅく）
④ HOKKAIDÔ　ほっかいどう

② 自分の名前をローマ字で書きましょう。

略

③ 友だちの名前をローマ字で書きましょう。

略

④ 先生の名前をローマ字で書きましょう。

略

ローマ字 (8)
地名，名前　前

① ローマ字で住所が書いてあります。読みを書きましょう。

TÔKYÔ-TO CHIYODA-KU CHIYODA
（とうきょうと ちよだく ちよだ）

② 自分の家の住所をローマ字で書きましょう。

略

③ 身のまわりにあるものを，ローマ字で書きましょう。

略

P.98

ローマ字 (9)
二つの書き方，ローマ字入力　前

● 次のローマ字には，書き方が二つあります。二つの書き方を，ローマ字で書きましょう。

① し　si / shi
② しゃ　sya / sha
③ しゅ　syu / shu
④ しょ　syo / sho
⑤ ち　ti / chi
⑥ つ　tu / tsu
⑦ ちゃ　tya / cha
⑧ ちゅ　tyu / chu
⑨ ちょ　tyo / cho
⑩ ふ　hu / fu
⑪ を　o / wo
⑫ じ　zi / ji
⑬ じゃ　zya / ja
⑭ じゅ　zyu / ju
⑮ じょ　zyo / jo
⑯ ぢ　zi / di
⑰ づ　zu / du
⑱ ぢゃ　zya / dya
⑲ ぢゅ　zyu / dyu
⑳ ぢょ　zyo / dyo

ローマ字 (10)
二つの書き方，ローマ字入力　前

● 次の言葉をコンピューターに入力するとき，キーボードではどのようにローマ字を打てばよいですか。打つキーのローマ字や記号（ー）を書きましょう。

【れい】 空気 → KUUKI　プール → PU-RU

① キーボード　KI-BO-DO
② 動物　DOUBUTU (TSU)
③ 大きい　OOKII
④ テーブル　TE-BURU
⑤ 教科書　KYOUKASYO(SHO)
⑥ スーパーマーケット　SU-PA-MA-KETTO
⑦ ぶどうジュース　BUDOUZYU(JU)-SU

P.99

家の近所と方角
名前

① 方向を表す方位について答えましょう。

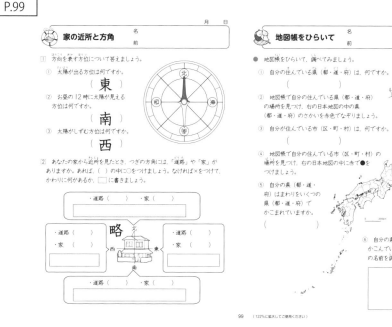

① 太陽が出る方位は何ですか。　東
② お昼の12時に太陽が見える方位は何ですか。　南
③ 太陽がしずむ方位は何ですか。　西

② あなたの家から近所を見たとき，つぎの方向には，「道路」や「家」がありますか。あれば，（　）の中に○をつけて，なければ×をつけて，かわりに何があるか，□に書きましょう。

略

地図帳をひらいて
名前

● 地図帳をひらいて，調べてみましょう。

略

① 自分の住んでいる県（都・道・府）は，何ですか。
（　）

② 地図帳で自分の住んでいる県（都・道・府）の場所を見つけ，右の日本地図の中の県（都・道・府）のさかいを赤色でなぞりましょう。

③ 自分の住んでいる市（区・町・村）は，何ですか。
（　）

④ 地図帳で自分の住んでいる市（区・町・村）の場所を見つけ，右の日本地図に赤で●をつけましょう。

⑤ 自分の県（都・道・府）はまわりをいくつの県（都・道・府）でかこまれていますか。
（　）

⑥ 自分の県（都・道・府）をかこんでいる県（都・道・府）の名前を調べて書きましょう。

P.100

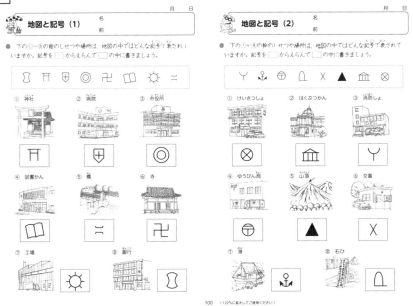

地図と記号（1）

P.101

地図と記号（3）

市町村のようす（1）

略

(例) スーパーマーケット，パン屋，
コンビニエンスストア，レストラン，
ラーメン屋，くすり屋，本屋，
おもちゃ屋

② 絵の中にある乗り物を見つけて，どんなものがあるか書きましょう。

(例) 鉄道（電車），バス，タクシー，
自動車，救急車，バイク

P.102

市町村のようす（2）

略

(例) 畑，トラック，畑ではたらく人，
林，ビニールハウス，学校，
川・橋，田んぼ

市町村のようす（3）

略

(例) 魚市場，つりぐ屋，つりぶね屋，
ひもの屋，かまぼこ屋，
みんしゅく，学校，図書かん

P.103

市町村のようす（4）

● 地図を見るときに四方位だけでは，方角をいい表せないときがあります。
東・西・南・北のあいだの方角はどう表すのか答えましょう。

北

| 北西 | | 北東 |

西　　　　　　　　　東

| 南西 | | 南東 |

南

<ヒント1> 北と西のあいだだから…
<ヒント2> 北と東のあいだだから…
<ヒント3> 南と西のあいだだから…
<ヒント4> 南と東のあいだだから…

市町村のようす（5）

① 下の町の地図で，学校を中心にして見ると，①〜④の場所は，どの方角にあるでしょうか。八つの方角で表しましょう。

① 市役所 （ 北東 ）
② 市民プール （ 南 ）
③ ○○製菓 （ 北西 ）
④ 消防しょ （ 南西 ）

② 右の地図を見て，次の文の（ ）にあてはまる方角を書きましょう。

① 東京駅の（ 西 ）の方に，国立きょうぎ場がある。
② 東京駅の（ 北 ）の方に，動物園がある。
③ 公園は東京駅の（ 南西 ）の方向にある。

③ 右の地図を見て，あっているほうに○をつけましょう。

① 新かん線はだいたい（ 南北　⦿東西 ）に走っている。
② 公園から東京駅に行くより，公園からタワーに行くほうが（ ⦿遠い　近い ）。

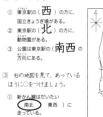

P.104

古くからのこる たて物 (1)　名前

● 地いきにある昔のもの（たて物）について調べましょう。昔のものの名前やせつ明を，下からえらんで，名前や記号を書きましょう。

① 地ぞう堂　エ　　② 神社　ウ

③ お寺　ア　　④ 灯ろう　イ

<名前>
お寺
地ぞう堂
灯ろう
神社

<せつ明>
㋐ おはかがあり，仏像があるところ。
㋑ 一ばん中，灯りがつけられているもの。
㋒ 鳥居があり，神様をまつっているお社。
㋓ 小さなじぞうのほこら。（中に石仏がおさめられている。）

古くからのこる たて物 (2)　名前

● 地いきにある昔のもの（たて物）について調べましょう。昔のものの名前やせつ明を，下からえらんで，名前や記号を書きましょう。

① 格子戸の家　ア　　② 道しるべ　ウ

③ レンガづくりのたて物　エ　　④ 石の記念ひ　イ

<名前>
レンガづくりのたて物
道しるべ
格子戸の家
石の記念ひ

<せつ明>
㋐ まど入り口に，格子に組んだ戸をつけた古い家。
㋑ てつぼうがかんせいしたことを記念した石ひ。
㋒ 昔からある道の，曲がり角に立てられたたん内。
㋓ れんがをつんでつくったたて物で，たてる方法は140年前に日本に伝わった。

104　(122%に拡大してご使用ください)

P.105

田や畑で つくられる物　名前

① 次のものの名前を下からえらんで（ ）に書きましょう。

（大根）（キャベツ）（魚）（きゅうり）
（牛にゅう）（すいか）（なす）（米）
（ほうれんそう）（肉）（じゃがいも）（トマト）

| トマト | すいか | 肉 | 大根 | きゅうり | じゃがいも |
| 魚 | 米 | キャベツ | なす | 牛にゅう | ほうれんそう |

② あなたは，きのう何を食べましたか。①の①〜⑫の中にきのう食べたものがあれば，○でかこみましょう。　　略

③ ①の⑧は，ほとんどの人が毎日食べる大事な食べ物です。あなたはきのうそれを何回食べましたか。（ ）回　略

米づくり　名前

● ①〜⑥は，いねが育つじゅん番を表しています。

(1) 絵に色をぬりましょう。（①，②，⑥は実物大です。）　略

(2) □の中は，上の絵のせつ明です。あうものを（ ）に書きましょう。

| もみ　ほが出た　葉がふえて大きくなった |
| 本葉が出た　芽と根が出た |

① （もみ）　② （芽と根が出た）
③ （本葉が出た）　④ （葉がふえて大きくなった）
⑤ （ほが出た）　⑥　もみ

105　(122%に拡大してご使用ください)

P.106

農家の仕事　名前

① 次の絵は米づくりの仕事を表しています。下の□から，絵にあうせつ明をえらんで，（ ）に書きましょう。

① もみをまいてなえを育てる　② しろかきをする
③ 田植えをする　④ いねかり・だっこくをする

| しろかきをする　もみをまいてなえを育てる |
| いねかり・だっこくをする　田植えをする |

※ しろかき……田んぼをならして田植えのじゅんびをすること。

② 農家ではいろいろなきかいを使って仕事をしています。仕事と，そのときに使うきかいを線でむすびましょう。

しろかき　　　田植えき
田植え　　　　コンバイン
いねかり・だっこく　トラクター

工場の仕事　名前

① 工場では，原料をきかいを使って加工して，原料とはべつの品物（せい品）をつくっています。原料とせい品を線でつないでつなぎましょう。

① 大豆　　　かまぼこ
② 牛にゅう　バター
③ カカオ豆　とうふ
④ 魚　　　　ちゃわん
⑤ ねんど　　チョコレート

② □にはどんなことばが入るか，下の□からえらんで書きましょう。

原料 → 工場（きかい）（はたらく人）→ せい品

せい品　原料

③ 次の絵の中で，工業せい品（工場でつくられたもの）に○をつけましょう。

（ ）（ ○ ）（ ○ ）（ ）（ ○ ）

106　(122%に拡大してご使用ください)

P.107

おかし工場　名前

● 下の絵はクッキーをつくるおかし工場のようすです。

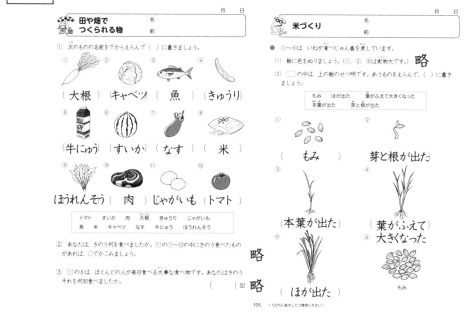
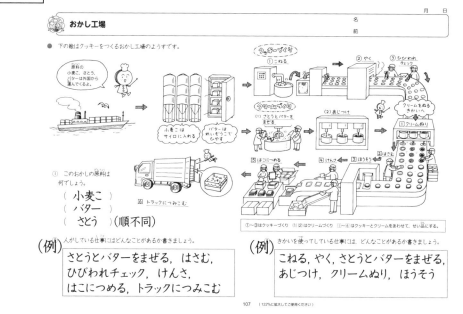

① このおかしの原料は何でしょう。

（小麦こ）
（バター）
（さとう）　（順不同）

① 人がしている仕事にはどんなことがあるか書きましょう。

（例）
さとうとバターをまぜる，はさむ，ひびわれチェック，けんさ，はこにつめる，トラックにつみこむ

② きかいを使ってしている仕事には，どんなことがあるか書きましょう。

（例）
こねる，やく，さとうとバターをまぜる，あじつけ，クリームぬり，ほうそう

107　(122%に拡大してご使用ください)

160

P.108

近所のお店を たんけんしよう

● 家族と買い物に行き，八百屋さんや魚屋さん，パン屋さんで売っている品物を見つけ，□の中に書きましょう。

お店に行けないときには，スーパーマーケットの品物コーナーで見つけたり，下の絵からえらんだりして書きましょう。

(例)

八百屋さん（野菜コーナー）	魚屋さん（魚コーナー）	パン屋さん（パンコーナー）
もやし ほうれんそう きゅうり トマト 玉ねぎ	たい いか たこ さんま はまぐり	パン 食パン クッキー

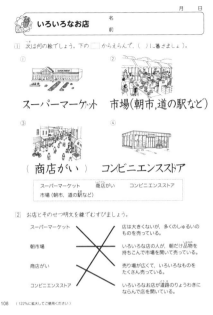

いろいろなお店

① 次は何の絵でしょう。下の□からえらんで，（ ）に番さよしう。

① スーパーマーケット
② 市場（朝市，道の駅など）
③ （商店がい）
④ コンビニエンスストア

> スーパーマーケット　商店がい
> 市場（朝市，道の駅など）　コンビニエンスストア

② お店とそのせつ明文を線でむすびましょう。

スーパーマーケット ─ 店は大きくないが，多くのしゅるいのものを売っている。

朝市 ─ いろいろな店の人が，朝だけ品物を持ちこんで市場を開いて売っている。

商店がい ─ 売り場が広くて，いろいろなものをたくさん売っている。

コンビニエンスストア ─ いろいろなお店が道路のりょうわきにならんで店を開いている。

108　（122%に拡大してご使用ください）

P.109

スーパーマーケットのようすと仕事

① 下の絵から，スーパーマーケットではどんなものを売っているのか，見つけて書きましょう。

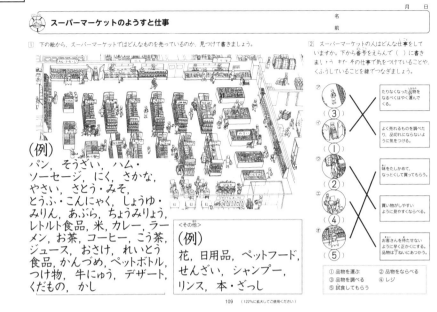

(例)
パン，そうざい，ハム・ソーセージ，にく，さかな，やさい，さとう・みそ，とうふ・こんにゃく，しょうゆ・みりん，あぶら，ちょうみりょう，レトルト食品，米，カレー，ラーメン，お茶，コーヒー，こう茶，ジュース，おさけ，れいとう食品，かんづめ，ペットボトル，つけ物，牛にゅう，デザート，くだもの，かし

＜その他＞

(例)
花，日用品，ペットフード，せんざい，シャンプー，リンス，本・ざっし

② スーパーマーケットの人はどんな仕事をしていますか。下から番号をえらんで（ ）に書きましょう。また，その仕事で気をつけていることも，くふうしていることを線でつなぎましょう。

（③）たりなくなった品物をなるべくはやく運んでくる。

（④）よく売れるものを調べたり，品切れにならないように気をつける。

（①）味をたしかめて，なっとくして買ってもらう。

（②）買い物がしやすいように見やすくならべる。

（④）お客さんを待たせないように早く正かくにする。品物はていねいにあつかう。

① 品物を運ぶ　② 品物をならべる
③ 品物を調べる　④ レジ
⑤ 試食してもらう

109　（122%に拡大してご使用ください）

P.110

コンビニを調べよう

① 次の品物のうち，コンビニに売っていないもの2つに×をつけましょう。

（ ）サンドイッチ　（ ）お茶
（×）たんす　（ ）ボールペン
（ ）紙コップ　（×）テレビ
（ ）おでん　（ ）かさ
（ ）おべんとう
（ ）えいようドリンク
（ ）下着のパンツ

② コンビニについて，あっているものに6つ○をつけましょう。

（○）食べ物・飲み物・日用品など，生活に必要なものを売っている。
（ ）お店では10人以上の人がはたらいている。
（○）コンサートやスポーツのしあいのチケット（前売りけん）が買える。
（ ）コンビニのお店の人は，品物を仕入れるために，おろし売り市場へ行く。
（○）たくはい便で，にもつを送れる。
（○）お金をおろしたり，電気や電話料金をはらうことができる。
（○）売っている品物のしゅるいが多い。
（○）コピーやプリントなどを行うことができる。

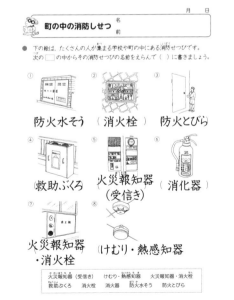

町の中の消防しせつ

● 下の絵は，たくさんの人が集まる学校や町の中にある消防せつびです。次の□の中からその消防せつびの名前をえらんで（ ）に書きましょう。

① 防火水そう
② （消火栓）
③ 防火とびら
④ （救助ぶくろ）
⑤ 火災報知器（受信き）
⑥ 消化器
⑦ 火災報知器・消火栓
⑧ （けむり・熱感知器）

> 火災報知器（受信き）　けむり・熱感知器　火災報知器・消火栓
> 救助ぶくろ　消火栓　消火器　防火水そう　防火とびら

110　（122%に拡大してご使用ください）

P.111

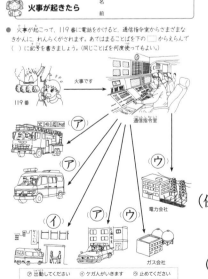

火事が起きたら

● 火事が起こって，119番に電話をかけると，通信指令室からさまざまなきかんに，れんらくがされます。あてはまることばを下の□からえらんで（ ）に記号を書きましょう。（同じことばを何度使ってもよい。）

119番　火事です
通信指令室
電力会社
ガス会社

⑦ 出動してください　⑦ ケガ人がいきます　⑦ 止めてください

消防しさんの仕事

● 消防しさんの仕事について，下の仕事表を見ながら考えましょう。

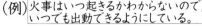
うんどう時間

① 仕事が始まって，はじめにする仕事は何ですか。下のことばを○でかこみましょう。

（ くんれん ・ 勉強会 ・ **器具の手入れ** ）

② 消防しさんは，何時間続けて消防しょにいますか。　**24時間**

③ 会社につとめている人の，ふつうのきんむ時間（8時間）と，どうちがっていますか。

(例) ふつうは朝から夕方までの仕事だが，消防しさんは，夜も続けて仕事をしている。

④ 消防しさんのきんむは，どうしてこのようになっていると思いますか。

(例) 火事はいつ起きるかわからないので，いつでも出動できるようにしている。

111　（122%に拡大してご使用ください）

161

P.112

交通安全のしせつ　名前

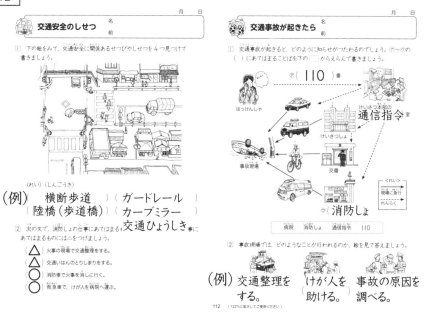

① 下の絵をみて、交通安全に関係あるせつびやしせつを4つ見つけて書きましょう。

（れい）（しんごうき）

（例）　横断歩道　（ガードレール）
　　　陸橋（歩道橋）（カーブミラー）
　　　交通ひょうしき

② 次の文で、消防しょの仕事にあてはまるものには○、あてはまるものには△をつけましょう。

（△）火事の現場で交通整理をする。
（△）交通いはんのとりしまりをする。
（○）消防車で火事を消しに行く。
（○）救急車で、けが人を病院へ運ぶ。

交通事故が起きたら　名前

① 交通事故が起きると、どのように知らせがつたわるのでしょう。⑦～⑦の（ ）にあてはまることばを下の□からえらんで書きましょう。

⑦（110）番
通信指令（室）
⑦消防しょ

〔病院　消防しょ　通信指令　110〕

② 事故現場では、どのようなことが行われるのか、絵を見て答えましょう。

（例）交通整理をする。　けが人を助ける。　事故の原因を調べる。

P.113

生活のうつりかわり　名前

● 下の絵は、昔と今のくらしの様子を表しています。

① 下の絵の（ ）にあてはまることばを、□からえらんで書きましょう。

〔せんたく　あかり　だんぼう　すいじ〕

② 昔のくらしと今のくらしはどのようにかわってきたのか、つながりのある絵を線でむすび、今のくらしの様子を□に書きましょう。

昔のくらし	今のくらし
あかり	（例）エアコンであたためたり、すずしくしたりする。
せんたく	（例）すいはんきや電子レンジを使う。
すいじ	（例）せんたくきを使う。
だんぼう	（例）けいこうとうやLEDしょうめいで明るくする。

交通のうつりかわり　名前

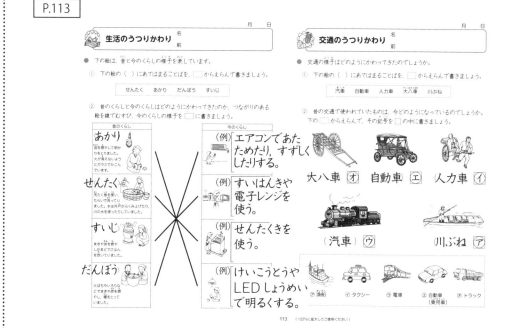

● 交通の様子はどのようにかわってきたのでしょうか。

① 下の絵の（ ）にあてはまることばを、□からえらんで書きましょう。

〔汽車　自動車　人力車　大八車　川ぶね〕

② 昔の交通で使われていたものは、今どのようになっているのでしょうか。下の□からえらんで、その記号を□の中に書きましょう。

大八車 ⑦　自動車 ⑦　人力車 ⑦
（汽車）⑦　川ぶね ⑦

⑦漁船　⑦タクシー　⑦電車　⑦自動車（乗用車）　⑦トラック

P.114

昔の道具（1）　名前

● 古い道具について調べましょう。①～④の道具の名前や使われ方を下の□からえらんで書きましょう。

道具の名前	使われ方
① ランプ	⑦
② ダイヤル式電話き	⑦
③ 氷れいぞうこ	⑦
④ 炭アイロン	⑦

＜道具の名前＞
ダイヤル式電話き　炭アイロン　ランプ　氷れいぞうこ

＜使われ方＞
⑦ 着物のしわをのばすのに使う。
⑦ 夜、明りをともすのに使う。
⑦ 氷を入れて、れいぞうに使う。
⑦ ダイヤルを回して電話をかけるのに使う。

昔の道具（2）　名前

● 古い道具について調べましょう。①～④の道具の名前や使われ方を下の□からえらんで書きましょう。

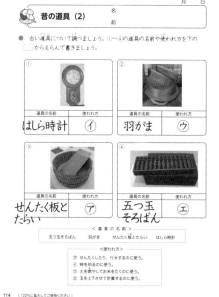

道具の名前	使われ方
① はしら時計	⑦
② 羽がま	⑦
③ せんたく板とたらい	⑦
④ 五つ玉そろばん	⑦

＜道具の名前＞
五つ玉そろばん　羽がま　せんたく板とたらい　はしら時計

＜使われ方＞
⑦ せんたくしたり、行水するのに使う。
⑦ 時を知るのに使う。
⑦ 火を燃やして米をたくのに使う。
⑦ 玉を上下させて計算するのに使う。

P.115

しぜんのかんさつ　名前

① 春に見られる「植物」に、○をつけましょう。

①（○）オオイヌノフグリ　②（○）ナズナ　③（ ）エノコログサ

② 春に見られる「こん虫」に、○をつけましょう。

①（○）ナナホシテントウ　②（ ）アブラゼミ　③（○）モンシロチョウ

③ 生き物をかんさつするときのことで、正しいものには○を、まちがっているものには×をつけましょう。

①（○）生き物を細かくかんさつするのに、虫めがねを使う。
②（○）目をいためるので、ぜったいに虫めがねで太陽を見ない。
③（○）動物と植物は生き物である。
④（×）植物の花の色は、すべて白である。
⑤（×）校ていや野原には1年中、同じ草花がさいている。
⑥（×）動物は草しか食べない。

草花のつくりと育ち（1）　名前

① 下に書いてあるものを、動物には○、植物には△をつけて、なかま分けをしましょう。

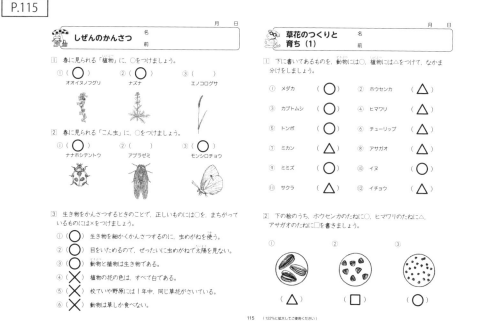

① メダカ	（○）	② ホウセンカ	（△）
③ カブトムシ	（○）	④ ヒマワリ	（△）
⑤ トンボ	（○）	⑥ チューリップ	（△）
⑦ ミカン	（△）	⑧ アサガオ	（△）
⑨ ミミズ	（○）	⑩ イヌ	（○）
⑪ サクラ	（△）	⑫ イチョウ	（△）

② 下の絵のうち、ホウセンカのたねに○、ヒマワリのたねに△、アサガオのたねに□を書きましょう。

（△）　（□）　（○）

P.116

草花のつくりと育ち (2)　名前

① ホウセンカがたねから育つじゅんに，（　）に番号を書きましょう。

⑦ (**2**)　⑦ (**1**)　⑦ (**4**)　⑦ (**3**)

② ホウセンカのたねをまくとき，どんな注意がいりますか。正しいもの すべてに○をしましょう。

① (　)　土の上に，たねをまくだけよい。

② (**○**)　土をかけて，水をやる。

③ (**○**)　たねをまく前に，土をよくたがやしておく。

③ ホウセンカのたねのまき方で，正しい方に○をつけましょう。

土を少しかける　　　　土をたくさんかける
(**○**)　　　　　　　　(　)

草花のつくりと育ち (3)　名前

① 下の絵は，ホウセンカの一生がかかれています。じゅん番になるように，（　）に番号を書きましょう。

⑦ (**2**)　⑦ (**6**)　⑦ (**1**)
⑦ (**4**)　⑦ (**3**)　⑦ (**5**)

② 下の絵は，ヒマワリとホウセンカです。⑦〜⑦の□の中に，根，くき，葉，子葉 のうち，あてはまることばを書きましょう。

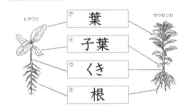

葉
子葉
くき
根

P.117

草花のつくりと育ち (4)　名前

① 下の植物の（　）に，根，くき，葉 のうち，あてはまることばを書きましょう。

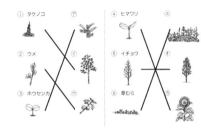

① ホウセンカ（ **葉** ）（ **くき** ）（ **根** ）
② ヨモギ（ **葉** ）（ **くき** ）（ **根** ）
③ ハルジオン（ **葉** ）（ **くき** ）（ **根** ）

② 下の図は，春の植物のようすと，生長した夏の植物のようすを表しています。同じものを線でむすびましょう。

① タケノコ — ⑦
② ウメ — ⑦
③ ホウセンカ — ⑦
④ ヒマワリ — ⑦
⑤ イチョウ — ⑦
⑥ 草むら — ⑦

チョウの一生 (1)　名前

① モンシロチョウやアゲハのたまごは，どこにうみつけられますか。（　）に，モンシロチョウなら「モ」，アゲハなら「ア」と書きましょう。

① キャベツの葉（ **モ** ）
② ミカンの葉（ **ア** ）
③ アブラナの葉（ **モ** ）
④ サンショウの葉（ **ア** ）

② 下の⑦〜⑦の図は，モンシロチョウの育つようすを表しています。（　）に育つじゅんの番号を書き，□にあてはまることばを□からえらんで書きましょう。

(**2**)　(**1**)　(**4**)　(**3**)
よう虫　**たまご**　**せい虫**　**さなぎ**

たまご　よう虫　さなぎ　せい虫

P.118

チョウの一生 (2)　名前

① 下の⑦〜⑦の図は，アゲハの育つようすを表しています。（　）に育つじゅんの番号を書き，□にあてはまることばを□からえらんで書きましょう。

(**4**)　(**3**)　(**1**)　(**2**)
せい虫　**さなぎ**　**たまご**　**よう虫**

たまご　よう虫　さなぎ　せい虫

② モンシロチョウの体のつくりを調べました。下の問題に答えましょう。

(1) モンシロチョウの絵の⑦〜⑦の部分の名前を，右の□の中からえらんで書きましょう。

⑦ **しょっ角**
① **頭**
⑦ **むね**
⑦ **はら**
⑦ **はね**
⑦ **あし**

頭　あし　むね　しょっ角　はね　はら

(2) モンシロチョウの，はね，あしの数はいくつですか。
① はねは（ **4** ）まい　② あしは（ **6** ）本

チョウの一生 (3)　名前

● 下の文は，モンシロチョウのことについて，せつ明したものです。正しいものには○，まちがっているものには×をつけましょう。

① たまごは，キャベツの葉などにうみつけられる。　(**○**)
② たまごからかえったばかりのよう虫と，大きくなったよう虫では，色や大きさがちがう。　(**○**)
③ はらには，あしやはねがついている。　(**×**)
④ よう虫は，かわをぬいで大きくなる。　(**○**)
⑤ せい虫のはねは4まい，あしは8本である。　(**×**)
⑥ たまごのときや，さなぎのときには，えさを食べない。　(**○**)
⑦ よう虫の口は，葉をかむようにできているが，せい虫の口は，みつをすうようにできている。　(**○**)
⑧ たまご→よう虫→さなぎ→せい虫のじゅんに育つ。　(**○**)

P.119

こん虫 (1)　名前

① シオカラトンボの絵を見て，下の□から，あてはまることばや数をえらんで，（　）に書きましょう。（同じことばを何回使ってもよい。）

(1) シオカラトンボの体は，（ **頭** ），（ **むね** ），（ **はら** ）の（ **3** ）つにわかれている。
(2) あしは，（ **6** ）本あって，（ **むね** ）についている。
(3) はねは，（ **4** ）まいあって，（ **むね** ）についている。
(4) たまご→ **よう虫** →せい虫になる。チョウのように，せい虫になる前に，（ **さなぎ** ）にはならない。

よう虫	4	むね	3
はら	さなぎ	6	頭

※ (1)「頭」「むね」「はら」は順不同

② 下のいろいろな動物を見て，こん虫には○，こん虫でないものには△をつけましょう。

① クモ (**△**)
② カブトムシ (**○**)
③ ミミズ (**△**)
④ チョウ (**○**)
⑤ ダンゴムシ (**△**)
⑥ カタツムリ (**△**)
⑦ カマキリ (**○**)
⑧ セミ (**○**)
⑨ トノサマバッタ (**○**)
⑩ ハエ (**○**)

こん虫 (2)　名前

① 下の絵のこん虫の育ちかたについて，(1)，(2)にあてはまるこん虫の名前を⑦〜⑦の記号で答えましょう。

⑦ シオカラトンボ　① アゲハ　⑦ カブトムシ　⑦ オオカマキリ

(1) たまご→よう虫→さなぎ→せい虫のじゅんに育つもの。
（ **①** ）と（ **⑦** ）（順不同）

(2) たまご→よう虫→せい虫のじゅんに育つもの。
（ **⑦** ）と（ **⑦** ）（順不同）

② こん虫のせつ明で，正しいことばや数を○でかこみましょう。

(1) こん虫の体は（ 2 **3** ）つの部分に分かれている。
(2) 頭には，2本の（ **しょっ角** 手 ）があり，（ はら **むね** ）には，ふつう（ 2 **4** ）まいのはねと（ **6** 8 ）本のあしがある。しかし，はねの数は，アゲハやカブトムシのように（ 0 **2** ）まいのものや，アリなどのように（ **0** 2 ）まいのものもいる。

163

P.120

こん虫（3）　名前　月　日

① 下の図は，こん虫の体のつくりをわかりやすくかいたものです。こん虫には○，こん虫でないものには×をつけましょう。

（×）（×）（×）（×）（○）

② 下の絵は，いろいろなこん虫のせい虫やよう虫の口です。絵を見て，（　）の中に，かむ口には（カ），なめる口には（ナ），すう口には（ス）と書きましょう。

① チョウ（せい虫）　　（　ス　）

② ハエ（せい虫）　（　ナ　）

③ チョウ（よう虫）　　（　カ　）

こん虫（4）　名前　月　日

● 下のこん虫の体を，頭，むね，はらに色分けしてぬりましょう。
（あたま―青色，むね―赤色，はら―黄色）

① トンボのなかま

② チョウのなかま　　略

③ カマキリのなかま　④ コオロギのなかま　⑤ バッタのなかま

120　（122%に拡大してご使用ください）

P.121

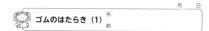
ゴムのはたらき（1）　名前　月　日

① ゴムで動くおもちゃは，ゴムの力のどんなところをり用していますか。下の□から１つえらび，（　）に書きましょう。

元にもどろうとする力をり用している。

たたく力　おす力　元にもどろうとする力

② 下の図のように，わゴムの，①のびの長さ（引っぱる長さ），②数をかえて，車の走り方を調べました。（　）の中のことばの正しい方に○をしましょう。

① わゴムののびの長さ（引っぱる長さ）をかえて，走るきょりを調べました。引っぱったときの手ごたえは，⑧のほうが（ 強い ・ 弱い ）。

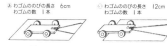
⑧ わゴムののびの長さ　6cm　わゴムの数　1本
⑥ わゴムののびの長さ　12cm　わゴムの数　1本

② わゴムの数をかえて，走るきょりを調べました。
・調べるとき，わゴムの引っぱる長さを（ 同じにする ・ かえる ）。
・引っぱったときの手ごたえは⑥のほうが（ 強い ・ 弱い ）。

 ⑧ わゴムののびの長さ　6cm　わゴムの数　1本

 ⑥ わゴムののびの長さ　6cm　わゴムの数　2本

ゴムのはたらき（2）　名前　月　日

① わゴムの引っぱる長さをかえて，車を動かしました。どちらの方が遠くまで車が走りましたか。遠くまで走った方に○をつけましょう。

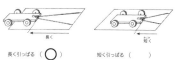
長く　　　　　短く

長く引っぱる（　○　）　短く引っぱる（　　）

② わゴムの本数をかえて，車を動かしました。どちらの方が遠くまで車が走りましたか。遠くまで走った方に○をつけましょう。

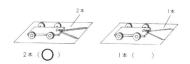
2本　　　　　1本

2本（　○　）　1本（　　）

121　（122%に拡大してご使用ください）

P.122

風のはたらき（1）　名前　月　日

① 風の力で動いているものを，右の□からえらんで３つ書きましょう。

（　風車　）
（　ヨット　）
（　かざぐるま　）（順不同）

風車
水車
ヨット
かざぐるま

② 風の力で動く車の形や向きをかえて走らせました。よく風をうける方に○をしましょう。

① 小さいトレー　　大きいトレー（○）

② 丸い紙コップ　　半分に切った丸い紙コップ（○）

③（○）トレーの向きを風のふいてくる方向にかたむける　　トレーの向きをかえる

風のはたらき（2）　名前　月　日

① 風の強さと車が走るきょりを調べました。強い風と弱い風では，どちらの方が走ったきょりが長くなりますか。

（　強い風　）

強い風　　弱い風

② 下のはたの動き方を見て，強い風が当たっているものからじゅんに1，2，3の番号を書きましょう。

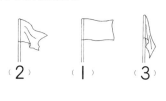
（2）　（1）　（3）

122　（122%に拡大してご使用ください）

P.123

音（1）　名前　月　日

● わゴムを使って，音の出るもの（わゴムギター）を作りました。

① わゴムをどのようにすると，音が出ますか。

（（例）指ではじく。）

② 音はどこから出ていますか。

（　わゴム　）

③ 音が出ているとき，わゴムはどうなっていますか。正しい方に○をつけましょう。

（ 動いている ・ 止まっている ）

④ 音が出ているときのわゴムの動きとして，下の３つの中から正しいもの１つに○をつけましょう。

⑦（　）　④（　）　⑦（○）
わゴムは小さく上下に動く。　わゴムは3つに分かれて動く。　わゴムは上下にはやく動く。

音（2）　名前　月　日

① （　）にあてはまることばを下の□からえらんで書きましょう。

① トライアングルを たたく と音が出ます。水の入った水そうに入れてたたくと，（ 水 ）が ふるえて，小さな（ なみ ）がおこります。

なみ　水　たたく

② びんとはった わゴム を指で はじく と音が出ます。大きい音が出ているときのわゴムのふれはばは，大きく なります。小さな音が出ているときのわゴムのふれはばは，小さく なります。

大きく　わゴム　小さく　はじく

② 下の図は，わゴムを強くはじいたり，弱くはじいたりしたときのようすを表しています。

⑧　⑥

① 強くはじいたのは，どちらですか。（　い　）
② 弱くはじいたのは，どちらですか。（　あ　）
③ 大きい音が出たのは，どちらですか。（　い　）
④ 小さい音が出たのは，どちらですか。（　あ　）

123　（122%に拡大してご使用ください）

P.124

音（3）　名前

● 音のつたわり方を調べてみました。

① つくえ（木）に耳をあて，つくえのはしをぼうでそっとたたくと，音は聞こえますか。

（　聞こえる。　）

② 手すり（鉄）のはしに耳をあて，もう一方のはしをぼうでそっとたたくと，音は聞こえますか。

（　聞こえる。　）

③ ①，②のことから，どのようなことが分かりますか。（　）にあてはまることばを下のからえらんで書きましょう。

つくえ（木）や手すり（鉄）は（音）をよく（つたえる）

| 音 | つたえる | つたえない |

音（4）　名前

● 糸電話とトライアングルをつないで，音のつたわり方を調べました。

① 紙コップを耳にあて，トライアングルをたたくと，音は聞こえますか。

（　聞こえる。　）

② 音が出ているとき，糸はどうなりますか。

（　ふるえている。　）

③ 音が出ているとき，糸を指でつまむと，音はどうなりますか。

（　聞こえなくなる。　）

④ 糸電話の音のつたわり方について，（　）にあてはまることばを下のからえらんで書きましょう。

トライアングルをたたくと，トライアングルが（ふるえ），つながっている糸電話の糸に（つたわり），糸電話につながっている紙コップを（ふるわす）。

| つたわり　ふるえ　ふるわす |

P.125

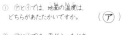
かげと太陽の動き（1）　名前

□ 右の図を見て，次の問題に答えましょう。

① ⑦と⑦では，地面の温度は，どちらがあたたかいですか。（⑦）

② ⑦と⑦では，雨がふったとき，どちらがはやくかわきますか。（⑦）

③ ⑦と⑦では，どちらがすずしいですか。（⑦）

② 温度計について答えましょう。

① 上の図で，正しい温度計のめもりの読み方は，⑦～⑦のどれですか。（⑦）

② 下の温度計の目もりを読んで，（　）に数字を書きましょう。

（8）℃　　25℃　　18℃

かげと太陽の動き（2）　名前

□ 右のしゃ光ばんで，太陽のかんさつをしました。（ぜったいに太陽を直せつ見ない。）

① 太陽は，どんな形に見えましたか。

（　丸い形　）

② 太陽いがいのものは，見えますか。

（　見えない。　）

② 太陽とかげのでき方について，問題に答えましょう。

① 電柱のかげのでき方から，太陽のあるところは，⑦，⑦，⑦のうち，どれですか。（⑦）

太陽　　電柱　　電柱のかげ

② 木のかげをよく見て，立っているぼうのかげを図にかきこみましょう。

P.126

かげと太陽の動き（3）　名前

□ 次の文のうち，正しいものには○，まちがっているものには×を書きましょう。

① （×）かげは，太陽と反対がわにできる。
② （×）時間がたつと，太陽は動くが，かげは動かない。
③ （×）かげは，太陽と同じ方にできる。
④ （○）太陽は，東からのぼり，南の空をとおって，西にしずむ。
⑤ （×）かげも，東→南→西へ動く。
⑥ （×）一日のうちで，正午のかげがいちばん長い。
⑦ （○）時間がたつと，太陽が動くので，もののかげも動く。
⑧ （○）方位じしんのはりは，北と南を向いて止まる。色のついたはりが北を向く。

② 右の図のように，かげの動きをかんさつしました。

① ⑦の方角を書きましょう。（西）

② 図のぼうのかげは，午後2時ごろのものです。このあと，ぼうのかげは⑦と⑦のどちらに動きますか。（⑦）

③ かげが，時間がたつと，動くわけを書きましょう。

（　太陽が動くから。　）

光の学習（1）　名前

□ 自分から光を出しているものには，どんなものがありますか。2つ書きましょう。

（例）かいちゅうでんとう，ろうそく，たき火，けいこう灯

② かがみを使って，まと当てをしました。下の図をよく見て，問題に答えましょう。

(1) かがみを③の方にかたむけると，光は，⑦～⑦のうち，どちらに動きますか。（⑦）

(2) 木に光を当てようとすると，①～④のどの方に動かすとよいですか。（③）

P.127

光の学習（2）　名前

□ （　）にあてはまることばを，下のからえらんで，記号で書きましょう。

右の図のかべにうつっている光は，（⑦）からきた光が，（⑦）ではね返されて，うつっているものです。光は，かがみからかべまで，（⑦）進みます。

| ⑦曲がって　⑦かがみ　⑦太陽 |
| ⑦まっすぐ　⑦月　⑦手 |

② ろうそくのほのおを，下の図のように⑦，⑦の2本のホースで見ました。ほのおがホースのあなから見えるのは，どちらですか。また，そのわけも書きましょう。

見えるのは（⑦）

わけ

光はまっすぐ進むから。

光の学習（3）　名前

● ⑦，⑦，⑦の図のように，かがみを使って，かべに日光をはね返しました。

(1) いちばん明るくなるのはどれですか。（⑦）

(2) 光の集まったところの温度を調べてみて，いちばんあたたかくなるのはどれですか。（⑦）

(3) 次の文で，正しい文には○を，まちがっている文には×をつけましょう。

① （○）光をたくさん重ね合わせると，かがみ1まいのときより明るくなる。

② （×）光をたくさん重ね合わせても，かがみ1まいのときと明るさはかわらない。

③ （○）光をたくさん重ね合わせると，かがみ1まいのときより温度が高くなる。

④ （×）光をたくさん重ね合わせても，かがみ1まいのときと温度はかわらない。

児童に実施させる前に，必ず指導される方が問題を解いてください。本書の解答は，あくまでも1つの例です。指導される方の作られた解答をもとに，本書の解答例を参考に児童の多様な考えに寄り添って○つけをお願いします。

P.128

光の学習（4）

① 2本のしけんかんに，同じりょうの水を入れ，②の方のしけんかんのまわりを黒くして，かがみで日光をあてました。（　）にあてはまることばを□からえらんで書きましょう。

しけんかんを（黒く）して，かがみで日光を集めた方が，温度が（高く）なる。

| ひくく　黒く　高く |

② 下の家の図の中で，日光をうまく取り入れて，あたたかさを利用しているところを赤くぬりましょう。

※○印が赤くぬるところ

光の学習（5）

① 大きな虫めがねと小さな虫めがねで，紙をこがしてみました。（　）にあてはまることばを下の□からえらんで書きましょう。（同じことばを何回使ってもよい。）

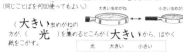

大きい虫めがねの方が，（光）を集めるところが（大きい）から，はやく紙をこがす。

| 光　大きい　小さい |

② 虫めがねを使って，光の進み方を調べました。白い紙を虫めがねに近いところから，少しずつはなしていくと，①，②，③，④の4つのところで明るさがちがいました。

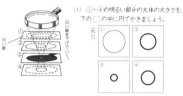

(1) ①～④の明るい部分の大体の大きさを，下の□の中に円でかきましょう。

（れい）
①	②
○	○

③	④
○	○

(2) （　）にあてはまることばを下の□からえらんで書きましょう。
虫めがねを通った光は，明るい部分が（小さく）なるように進み，やがて，明るい部分ははなして（点）になる。そのあと，明るい部分は，また，（大きく）なる。ガラス板を通った光は，まっすぐにすすむ。

| まっすぐに　小さく　同じ　大きく　点 |

128　（122％に拡大してご使用ください）

P.129

電気で明かりをつける（1）

① 下の絵の（　）にあてはまる名前を書きましょう。

①導線
②ソケット
豆電球
④（＋きょく）
かん電池
⑥（－きょく）

② 下の図で，豆電球（ソケットあり）に明かりがつくものに○，つかないものに×を，（　）に書き入れましょう。

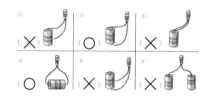

①	②	③
×	○	×

④	⑤	⑥
○	×	×

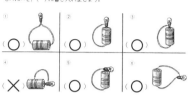

電気で明かりをつける（2）

① 下の図で，豆電球（ソケットなし）に明かりがつくものに○，つかないものに×を，（　）に書き入れましょう。

○	○	○
×	○	○

② 下のいろいろなものの中で，電気を通すものには○，通さないものには×をしましょう。

① 鉄のくぎ	○	② プラスチックじょうぎ	×
③ わゴム	×	④ 10円玉	○
⑤ 画びょう	○	⑥ 紙	×
⑦ 1円玉	○	⑧ アルミホイル	○
⑨ 木	×	⑩ はさみ（はの部分）	○
⑪ ガラス	×	⑫ ぬの	×

129　（122％に拡大してご使用ください）

P.130

電気で明かりをつける（3）

① 右の図のように，かん電池と豆電球をつなぎましたが，明かりがつきません。つかないわけとして考えられるもの4つに○をしましょう。

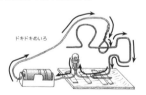

① （○） かん電池の電気がなくなっている。
② （　） 導線が，かた方だけ長い。
③ （○） 豆電球のソケットがゆるんでいる。
④ （○） 導線が，ビニールの中で切れている。
⑤ （　） かん電池と，導線のつなぎ方がまちがっている。
⑥ （○） 豆電球の中の細い線（フィラメント）が切れている。

② （　）にあてはまることばを，下の□からえらんで，記号で書きましょう。

(1) 豆電球の明かりをつけるためには，（エ）の（イ）きょくから出た（カ）が（キ）の中の細い線（フィラメント）を通り，かん電池の（ウ）きょくに入るようにします。電気の通り道が（オ）のわになっていることがたいせつです。

(2) （ア）は，電気を通すせいしつがあります。

| ⑦ 金ぞく　　④ ＋　　⑦ －　　④ かん電池 |
| ⑦ ひとつながり　⑦ 電気　⑦ 豆電球 |

電気で明かりをつける（4）

● 明かりがつくおもちゃを作りました。下のおもちゃの電気の通り道を，絵の中に赤えんぴつでかいてみましょう。

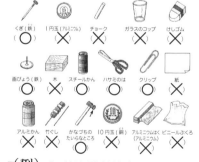

ドキドキめいろ

ヘッドライト

130　（122％に拡大してご使用ください）

P.131

じしゃく（1）

① じしゃくにつくものに○，つかないものに×をつけましょう。

くぎ（鉄）	1円玉（アルミニウム）	チョーク	ガラスのコップ	けしゴム
○	×	×	×	×

画びょう（鉄）	木	スチールかん	ハサミのは	クリップ	紙
○	×	○	○	○	×

アルミかん	竹ぐし	かなづちのたいらなところ（鉄）	10円玉（銅）	アルミニウムはく（アルミニウム）	ビニールぶくろ
×	×	○	×	×	×

② （例）じしゃくにつくものを，下に書きましょう。

教室のつくえのあし	黒板
鉄ぼう	金あみ
れいぞう庫のとびら	フライパン

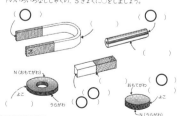

じしゃく（2）

① 下の図のじしゃくのどこに，鉄くぎがよく引きつけられますか。

(1) 下のじしゃくの図で，鉄くぎがよく引きつけられるところ2つに○をつけましょう。

鉄くぎ　じしゃく

（○）（　）（○）

(2) （　）にあてはまることばを，下の□からえらんで書きましょう。

・じしゃくが，鉄をもっとも強く引きつけるところを（きょく）といいます。
・じしゃくには（Nきょく）と（Sきょく）があります。

| Sきょく　　Nきょく |

② 下のいろいろなじしゃくの，Sきょくに○をしましょう。

N（おもてがわ）
よこ
うらがわ
おもてがわ
N（うらがわ）

131　（122％に拡大してご使用ください）

166

P.132

じしゃく（3）
名前

● じしゃくのきょくについて，調べました。

(1) 下の図のように，2つのじしゃくをおいて，引き合うか，しりぞけ合うか，調べました。引き合うものに○を，しりぞけ合うものに×をつけましょう。

（ **×** ）　（ **○** ）　（ **○** ）　（ **×** ）

(2) 図のように，じしゃくのNきょくに鉄くぎをつけました。

① 鉄くぎの頭の⑦と⑦は，それぞれNとSの，どちらのきょくになりますか。

⑦（ **S** ）　⑦（ **S** ）

② じしゃくからはなした鉄くぎに，さ鉄をふりかけました。さ鉄は，くぎにどのようにつきましたか。正しいものを1つえらんで，○をつけましょう。

（　）　（　）　（ **○** ）

じしゃく（4）
名前

① じしゃくを下の図のようにつるして，自由に動けるようにしておきます。じしゃくは，どの方向を向いて止まりますか。

(1) ①〜③のうち，正しいものに○をしましょう。

① （　）勝手な方向を向いて止まる。

② （ **○** ）じしゃくのNきょくが，北を向いて止まる。

③ （　）じしゃくのNきょくが，南を向いて止まる。

(2) このようなじしゃくのせいしつを使った道具の名前を書きましょう。

（ **方位じしん** ）

② 下の図のように，じしゃくを使って，クリップを空中にうかせました。そして，じしゃくとクリップの間にプラスチックの下じきをいれました。クリップは，どうなりましたか。

空中にういたままになる。

P.133

じしゃく（5）
名前

① 下の図のように，ぼうじしゃくが真ん中でおれました。おれたじしゃくのはたらきは，どうなりましたか。次の文で正しいものを2つえらんで，○をつけましょう。

① （　）2つとも，じしゃくのはたらきがない。

② （ **○** ）2つとも，じしゃくのはたらきがある。

③ （　）じしゃくのきょくが，なくなる。

④ （ **○** ）じしゃくのきょくは，それぞれにある。

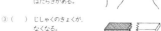

② ゴムのぼうじしゃくを下の図のように3つに切りました。切ったぼうじしゃくの（　）にN，Sのきょくを書き入れましょう。Nでも，Sでもないと思うときは，×を書きましょう。

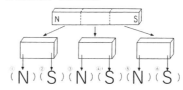

①（ **N** ）②（ **S** ）③（ **N** ）④（ **S** ）⑤（ **N** ）⑥（ **S** ）

物の重さ（1）
名前

① 下の図の中で，てんびんがつり合うものはどれですか。つり合うものに○，つり合わないものに×をつけましょう。

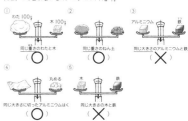

① わた100g　木100g　同じ重さのわたと木
② 同じ重さのねん土
③ 同じ大きさのアルミニウムと鉄　（ **×** ）

④ 同じ大きさに切ったアルミニウムはく
⑤ 同じ大きさの木と鉄

② 同じかさ（体積）の鉄，木，銅，アルミニウムを使って，てんびんで重さくらべをしました。てんびんが下がる方に○をしましょう。

① 木　鉄（　）（ **○** ）
② 木　アルミニウム（　）（ **○** ）
③ 鉄　銅（　）（ **○** ）
④ アルミニウム　銅（　）（ **○** ）

P.134

物の重さ（2）
名前

① 次のもので，重さがあるものに○を，ないものに×をつけましょう。

・土（ **○** ）　・水（ **○** ）　・はっぽうスチロール（ **○** ）
・空気（ **○** ）　・氷（ **○** ）　・ぬいばり（ **○** ）
・鉄（ **○** ）　・しおのつぶ（ **○** ）　・ティッシュペーパー1まい（ **○** ）

② はじめに，同じ形で同じ重さのねん土をのせて，天びんをつり合わせておきました。その後，かた方だけをいろいろな形にかえました。下の図で，かえた後の形で，重さがかわらないものに○をつけましょう。

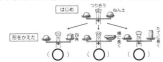

（ **○** ）　（ **○** ）　（ **○** ）

③ はじめに，天びんに角ざとうとおもりをのせて，①の図のようにつり合わせておきました。この角ざとうを②の図のようにこなごなにすると，天びんは，どうなりますか。正しいものに○をつけましょう。

○ つり合う。
（　）つり合わない。

④ はじめに，①の図のように，石をビーカーの外において，重さをつり合わせました。この石を②の図のようにビーカーの水の中に入れると，天びんはどうなりますか。正しいものに○をつけましょう。

○ つり合う。
（　）つり合わない。

物の重さ（3）
名前

① 同じかさ（体積）の木，アルミニウム，鉄，銅の重さをはかってはかりました。重たいじゅんにならべましょう。

（ **銅** ）→（ **鉄** ）→（ **アルミニウム** ）→（ **木** ）

② 次の文の正しい方に○をつけましょう。

① つり合っているものの一方の形をかえても，天びんは（ **つり合う**　つり合わない ）。

② 同じ体積のもので，もののしゅるいがちがうと天びんは（　つり合う　**つり合わない** ）。

③ 同じ重さのもので，もののしゅるいがちがうと天びんは（ **つり合う**　つり合わない ）。

コピーしてすぐ使える

まるごと宿題プリント　3年

2022 年 3 月 10 日　　第 1 刷発行

執 筆 協 力 者： 新川 雄也・中楯 洋・中村 幸成・羽田 純一・平田 庄三郎 他
イ ラ ス ト： 山口 亜耶 他
企 画 ・ 編 著： 原田 善造・あおい えむ・今井 はじめ・さくら りこ・
　　　　　　　　 ほしの ひかり・堀越 じゅん（他 5 名）
編 集 担 当： 川瀬 佳世

発　 行 　者： 岸本 なおこ
発 　行 　所： 喜楽研（わかる喜び学ぶ楽しさを創造する教育研究所：略称）
　　　　　　　　 〒604-0827　京都府京都市中京区高倉通二条下ル瓦町 543-1
　　　　　　　　 TEL　075-213-7701　FAX　075-213-7706
　　　　　　　　 HP　https://www.kirakuken.co.jp
印　 　　　刷： 株式会社米谷

ISBN:978-4-86277-343-2

Printed in Japan

喜楽研 WEB サイト
書籍の最新情報（正誤表含む）は
喜楽研 WEB サイトをご覧下さい。

学校現場では，本書ワークシートをコピー・印刷して児童に配布できます。
学習する児童の実態にあわせて，拡大してお使い下さい。